Estudos de Direito do Trabalho

(CÓDIGO DO TRABALHO)

Estudos de Direito do Trabalho

(CÓDIGO DO TRABALHO)

VOLUME II

2019

Luís Gonçalves da Silva
Doutor em Direito
Professor da Faculdade de Direito da Universidade de Lisboa
Investigador do Centro de Investigação de Direito Privado (CIDP)
Advogado e Jurisconsulto

ALMEDINA

ESTUDOS DE DIREITO DO TRABALHO (CÓDIGO DO TRABALHO) – VOLUME II

AUTOR
Luís Gonçalves da Silva

EDITOR
EDIÇÕES ALMEDINA, S.A.
Rua Fernandes Tomás, nºs 76-80
3000-167 Coimbra
Tel.: 239 851 904 · Fax: 239 851 901
www.almedina.net · editora@almedina.net

Design de colecção: FBA.
Capa: Edições Almedina

PRÉ-IMPRESSÃO
EDIÇÕES ALMEDINA, SA

IMPRESSÃO E ACABAMENTO
DPS - Digital Printing Services
novembro, 2019

DEPÓSITO LEGAL
463257/19

ALMEDINA | GRUPOALMEDINA

BIBLIOTECA NACIONAL DE PORTUGAL – CATALOGAÇÃO NA PUBLICAÇÃO

SILVA, Luís Gonçalves da

Estudos de direito de trabalho : (código do trabalho)
. – (Estudos)
V. 2: p. - ISBN 978-972-40-8220-2

CDU 349

Aos meus filhos,
Manuel Maria, Vasco Maria e João Maria.

TRABALHOS DO AUTOR

A) Direito Administrativo

1) "A Difícil Relação entre a Acção para o Reconhecimento de Direitos e a Acção (chamada Recurso) de Anulação" - Anotação ao Acórdão do Supremo Tribunal Administrativo, de 23 de Junho de 1999, *Cadernos de Justiça Administrativa*, nº 23, pp. 32-35.
2) "Os Contra-Interessados na Suspensão da Eficácia dos Actos Administrativos - anotação ao Acórdão do Supremo Tribunal Administrativo, de 4 de Fevereiro de 1998", *Cadernos de Justiça Administrativa*, nº 12, 1998, pp. 44-49.
3) "Ainda..., e Sempre a Recorribilidade do Acto Administrativo - anotação ao Acórdão do Supremo Tribunal Administrativo, de 12 de Dezembro de 1996, *Cadernos de Justiça Administrativa*, nº 8, 1998, pp. 14-17.

B) Direito do Arrendamento

- "Cessação do Contrato de Arrendamento para Aumento da Capacidade do Prédio", AAVV, *Estudos em Homenagem ao Professor Doutor Inocêncio Galvão Telles*, volume III (Direito do Arrendamento Urbano), coordenação de Menezes Cordeiro, Menezes Leitão e Costa Gomes, Almedina, Coimbra, 2002, pp. 537-571.

C) Direito das Obrigações

- em co-autoria com Luís Menezes Leitão, José Alberto Vieira e Leonor Francisco, *Jurisprudência de Direito das Obrigações*, AAFDL, Lisboa, 2ª edição, 2001.
- em co-autoria com Luís Menezes Leitão, José Alberto Vieira e Leonor Francisco, *Jurisprudência de Direito das Obrigações*, AAFDL, Lisboa, 2000.

D) Direito do Trabalho

I) *Livros*

1) *Estudos de Direito do Trabalho*, volume I, 2ª edição, Almedina, Coimbra, 2008.
2) *Estudos de Direito do Trabalho*, volume I, Almedina, Coimbra, 2004.
3) *Notas Sobre a Eficácia Normativa das Convenções Colectivas*, Cadernos Laborais do Instituto de Direito do Trabalho, nº 1, Almedina, Coimbra, 2002.
4) *A Greve e os Acidentes de Trabalho*, Associação Académica da Faculdade de Direito de Lisboa, 1998.
5) com Romano Martinez, Luís Miguel Monteiro, Joana Vasconcelos, Pedro Madeira de Brito e Guilherme Dray – *Código do Trabalho Anotado*, Almedina, Coimbra, 11ª edição, 2017.
6) com Romano Martinez, Luís Miguel Monteiro, Joana Vasconcelos, Pedro Madeira de Brito e Guilherme Dray – *Código do Trabalho Anotado*, Almedina, Coimbra, 10ª edição, 2016.
7) com Romano Martinez, Luís Miguel Monteiro, Joana Vasconcelos, Pedro Madeira de Brito e Guilherme Dray – *Código do Trabalho Anotado*, Almedina, Coimbra, 9ª edição, 2013.
8) com Romano Martinez, Luís Miguel Monteiro, Joana Vasconcelos, Pedro Madeira de Brito e Guilherme Dray – *Código do Trabalho Anotado*, Almedina, Coimbra, 8ª edição, 2009.
9) com Romano Martinez, Luís Miguel Monteiro, Joana Vasconcelos, Pedro Madeira de Brito e Guilherme Dray – *Código do Trabalho Anotado*, Almedina, Coimbra, 7ª edição, 2009.
10) com Romano Martinez, Luís Miguel Monteiro, Joana Vasconcelos, José Manuel Vilalonga, Pedro Madeira de Brito e Guilherme Dray – *Código do Trabalho Anotado*, Almedina, Coimbra, 6ª edição, 2008.
11) com Romano Martinez, Luís Miguel Monteiro, Joana Vasconcelos, Pedro Madeira de Brito e Guilherme Dray – *Código do Trabalho Anotado*, Almedina, Coimbra, 5ª edição, 2007.
12) com Romano Martinez, Luís Miguel Monteiro, Joana Vasconcelos, Pedro Madeira de Brito e Guilherme Dray – *Código do Trabalho Anotado*, Almedina, Coimbra, 4ª edição, 2005.
13) com Romano Martinez, Luís Miguel Monteiro, Joana Vasconcelos, Pedro Madeira de Brito e Guilherme Dray – *Código do Trabalho Anotado*, Almedina, Coimbra, 3ª edição, 2004.
14) com Romano Martinez, Luís Miguel Monteiro, Joana Vasconcelos, Pedro Madeira de Brito e Guilherme Dray – *Código do Trabalho Anotado*, Almedina, Coimbra, 2ª edição, 2004.
15) com Romano Martinez, Luís Miguel Monteiro, Joana Vasconcelos, Pedro Madeira de Brito e Guilherme Dray – *Código do Trabalho Anotado*, Almedina, Coimbra, 2003.

II) *Artigos*

1) "Da Escolha do Trabalhador da Convenção Colectiva Aplicável", *Revista Jurídica Luso Brasileira,* ano 4, 2018, nº 4, www.cidp.pt, pp. 1969-2034, bem como em *Revista de Direito e de Estudos Sociais,* ano LIX (XXXII da 2ª série), 2018, nºs 1-4, pp. 145-212.
2) "A Administração Laboral e a Convenção Coletiva: Algumas Questões", AAVV, *Trabalho sem Fronteiras? – O Papel da Regulação,* coordenação de Manuel M. Roxo, Almedina, Coimbra, 2017, pp. 179-220.
3) "A Troika e Contratação Colectiva", AAVV, *Estudos Comemorativos dos 20 Anos da Abreu Advogados,* «colecção estudos», nº 4, coordenação de Ricardo Costa e Luís Gonçalves da Silva, Almedina/Instituto do Conhecimento AB, 2015, pp. 483-510;
4) "A Relevância do Local de Trabalho na Aplicação da Convenção Colectiva", *Estudos Dedicados ao Professor Doutor Bernardo da Gama Lobo Xavier, Revista Direito e Justiça,* Volume II, Universidade Católica Editora, Lisboa, 2015, pp. 387-409;
5) "Crisis Economica y Negociación Colectiva [Economic Crisis and Collective Bargaining]", *Anuario Coruñés de Derecho Comparado del Trabajo,* volume V, año 2013, pp. 63-75; também publicado, com o título, *Crise Económica e Negociação Colectiva, AB Instantia – Revista do Instituto do Conhecimento AB,* ano I, nº 2, 2013, pp. 75-85;
6) "Aplicação de Convenção Colectiva e de Portaria de Extensão. Tempo de Trabalho", *Revista de Direito e de Estudos Sociais,* ano LII (XXV da 2ª série), 2011, nºs 3 e 4, pp. 317-387.
7) "Considerações Gerais sobre a Reforma do Trabalho Temporário", AAVV, *VIII Congresso Nacional de Direito do Trabalho – Memórias,* coordenação de António José Moreira, Almedina, Coimbra, 2005, pp. 255-262.
8) "Breves Reflexões sobre a Convenção Colectiva Aplicável à Pensão de Reforma no Sector bancário", *Revista de Direito e de Estudos Sociais,* ano XLV (XVIII da 2ª série), 2004, nºs 1, 2 e 3, pp. 255-277.
9) "Traços Gerais da Arbitragem Obrigatória", AAVV, *VII Congresso Nacional de Direito do Trabalho – Memórias,* coordenação de António Moreira, Almedina, Coimbra, 2004, pp. 245-270.
10) "Visita Guiada à Primeira Fase da Reforma Laboral: Código do Trabalho", AAVV, *A Reforma do Código do Trabalho,* Centro de Estudos Judiciários/Inspecção-Geral do Trabalho, Coimbra Editora, 2004, pp. 45-109.
11) "O Código do Trabalho face à Constituição", AAVV, *Código do Trabalho – Pareceres,* volume III, Ministério da Segurança Social e do Trabalho, Lisboa, 2004, pp. 401-484.

12) "Princípios Gerais da Contratação Colectiva no Código do Trabalho", AAVV, *VI Congresso Nacional de Direito do Trabalho – Memórias*, coordenação de António José Moreira, Almedina, Coimbra, 2004, pp. 227-257.
13) "Do Âmbito Temporal da Convenção Colectiva", *Estudos de Direito do Trabalho em Homenagem ao Professor Alonso Olea*, coordenação de Monteiro Fernandes, Almedina, Coimbra, 2004, pp. 457-506.
14) "Nótula sobre os Efeitos Colectivos da Transmissão da Empresa", *Subjudice – Justiça e Sociedade*, n.º 27, 2004, pp. 127-136.
15) "Sujeitos Colectivos", AAVV, *Estudos do Instituto de Direito do Trabalho*, volume III, coordenação de Romano Martinez, Almedina, Coimbra, 2002, pp. 287-388.
16) "Breve Apreciação do Capítulo I (Âmbito e Fontes) da Proposta da Comissão de Análise e Sistematização da Legislação Laboral", *Revista da Faculdade de Direito da Universidade de Lisboa*, volume XLII, nº 2, 2001, pp. 1591-1606.
17) "Pressupostos, Requisitos e Eficácia da Portaria de Extensão", AAVV, *Estudos do Instituto de Direito do Trabalho*, volume I, coordenação de Romano Martinez, Almedina, Coimbra, 2001, pp. 669-776.
18) "Da Eficácia Normativa das Convenções Colectivas", AAVV, *Estudos do Instituto de Direito do Trabalho*, volume I, coordenação de Romano Martinez, Almedina, Coimbra, 2001, pp. 597-667.
19) "Prepare-se para uma Inspecção do Trabalho", *Manual de Processamento Laboral*, coordenação de Romano Martinez, Verlag Dashofer, Lisboa, 1999.
20) "A Lei nº 21/96: Redução da Duração do Trabalho e Organização dos Horários de Trabalho", AAVV, *Francisco Lucas Pires: Exemplo Presente*, Ediual, Lisboa, 1999, pp. 183-199.
21) "A Conciliação da Actividade Profissional com a Vida Familiar", AAVV, *Estudos das Práticas de Responsabilidade Social no Alentejo e Extremadura*, coordenação de Fundação Eugénio de Almeida, s.d.
22) com Romano Martinez, "A Constitucionalidade da Redução Salarial – Parecer", *Revista de Direito e de Estudos Sociais*, ano LII (XXV da 2ª série), 2011, nºs 1-2, pp. 85-143.
23) com Romano Martinez, "Caducidade de Convenção Colectiva de Trabalho – Parecer", *Revista de Direito e de Estudos Sociais*, ano XLVIII (XXI da 2ª série), 2007, nºs 3 e 4, pp. 107-148.
24) com Romano Martinez, "O Âmbito do Regulamento de Condições Mínimas", *Revista de Direito e de Estudos Sociais*, ano XLV (XVIII da 2ª série), 2005, nº 4, pp. 353-419.

E) Outros

– "Aborto: o Contraceptivo do Século XXI?", AAVV, *Reflexões Sobre um Referendo – Vida e Direito*, Principia, Lisboa, 1998, p. 98.

F) Recensões

- "Estudos do Instituto de Direito do Trabalho – A Justa Causa", II volume, coordenação de Romano Martinez, Almedina, Coimbra, 2001", *Revista de Direito e de Estudos Sociais*, 2001, nºs 3 e 4, pp. 447-449.
- "Conferência sobre o Despedimento nos Ordenamentos Jurídicos Europeus", *Revista de Economia e Direito*, UAL, volume II, n.º 1, 1997, pp. 127-128.

G) Trabalhos não Publicados

1) *Da Eficácia da Convenção Colectiva*, Dissertação de Doutoramento, Faculdade de Direito da Universidade de Lisboa, 2012.
2) *Portaria de Extensão: Contributo para o seu Estudo*, Dissertação de Mestrado apresentada na Faculdade de Direito da Universidade de Lisboa, policopiado, 1999;
3) *Inquérito Parlamentar: Alguns Aspectos Jurídicos*, relatório de mestrado, Faculdade de Direito da Universidade de Lisboa, 1997;
4) *A Portaria de Extensão: Alguns Aspectos Jurídicos*, relatório de mestrado, policopiado, Faculdade de Direito da Universidade de Lisboa, 1997.

NOTA PRÉVIA

Depois do interesse demonstrado pelos leitores relativamente ao volume I (esgotada a 1ª edição e publicada uma 2ª edição), voltámos a entender que a (re)publicação num único volume dos presentes textos, tem a clara vantagem de facilitar o acesso do público.

LGS
FDL, 5 de Agosto de 2019

PLANO DO LIVRO

Crisis Economica y Negociación Colectiva
[Economic Crisis and Collective Bargaining][1]

A "Troika" e a Contratação Colectiva[2]

A Administração Laboral e a Convenção Coletiva: Algumas Questões[3]

Aplicação de Convenção Colectiva e de Portaria de Extensão. Tempo de Trabalho[4]

A Relevância do Local de Trabalho na Aplicação da Convenção Colectiva[5]

Da Escolha do Trabalhador da Convenção Colectiva Aplicável[6]

[1] Publicado em *Anuario Coruñés de Derecho Comparado del Trabajo*, volume V, año 2013, pp. 63-75; também publicado, com o título, *Crise Económica e Negociação Colectiva*, *AB Instantia – Revista do Instituto do Conhecimento AB*, ano I, nº 2, 2013, pp. 75-85.
[2] Publicado em AAVV, *Estudos Comemorativos dos 20 Anos da Abreu Advogados*, «colecccção estudos», nº 4, coordenação de Ricardo Costa e Luís Gonçalves da Silva, Almedina/Instituto do Conhecimento AB, 2015, pp. 483-510.
[3] Publicado em AAVV, *Trabalho sem Fronteiras? – O Papel da Regulação*, coordenação de Manuel M. Roxo, Almedina, Coimbra, 2017, pp. 179-220.
[4] Publicado em *Revista de Direito e de Estudos Sociais*, ano LII (XXV da 2ª série), 2011, nºs 3 e 4, pp. 317-387.
[5] Publicado em *Estudos Dedicados ao Professor Doutor Bernardo da Gama Lobo Xavier, Revista Direito e Justiça*, Volume II, Universidade Católica Editora, Lisboa, 2015, pp. 387-409.
[6] Publicado em *Revista Jurídica Luso Brasileira*, ano 4, 2018, nº 4, www.cidp.pt, pp. 1969-2034, bem como em *Revista de Direito e de Estudos Sociais*, ano LIX (XXXII da 2ª série), 2018, nºs 1-4, pp. 145-212.

Crise Económica e Contratação Colectiva*

Sumário: § 1º Introdução. 1.1. Considerações prévias. 1.2. Delimitação do objecto. § 2º Alteração das circunstâncias. § 3º Empresas em situação económica difícil.

§ 1º Introdução

1.1. Considerações prévias

I. Compulsando a Constituição portuguesa facilmente se constata que o Estado não detém o monopólio da elaboração normativa (*v.g.*,

* O presente texto corresponde, no essencial, à intervenção feita na *Conferência Internacional sobre Modificação Substancial das Condições de Trabalho em Situação de Crise Económica*, no dia 7 de Maio de 2013, na Faculdade de Direito da Universidade de Lisboa, sob a coordenação do Senhor Professor Doutor Pedro Romano Martinez, cuja organização esteve a cargo do Instituto de Direito do Trabalho da Faculdade de Direito da Universidade de Lisboa; ao Senhor Professor Doutor Romano Martinez agradecemos o convite para participar.
O texto será também publicado, em língua castelhana, no *Anuario Coruñés de Derecho Comparado del Trabajo* (ACDCT), Instituto de Investigación de la Associación Coruñesa de Derecho Comparado del Trabajo y de la Seguridad Social, volume V, 2013, agradecendo aos Professores Doutores Martínez Girón e Arufe Varela o convite para escrever nesta edição e a respectiva autorização de divulgação em Portugal.
Relativamente à presente publicação, agradecemos igualmente o convite e desejamos o maior sucesso a esta revista que recentemente iniciou a sua caminhada, no quadro da prestigiada marca (nacional e internacional) que é a Abreu Advogados.
Foram aditadas apenas algumas notas, com vista a permitir um melhor enquadramento do tema.
Todos os artigos sem indicação de fonte referem-se ao Código do Trabalho.

artigos 56º, nº 3, 227º e 241º). De facto, o nosso ordenamento apresenta uma concepção pluralista da produção jurídica, em especial, no que respeita às condições de trabalho, o que demonstra que o Estado não possui o exclusivo da produção normativa[1]. Assim sendo, cabe invocar, desde logo, a autonomia normativa que confere a determinadas entidades intermédias, nomeadamente aos representantes dos trabalhadores e dos empregadores, "... uma verdadeira *potestas normandi*, ou seja, um poder de criação de autênticas regras de conduta, de atribuição de direitos e deveres relacionados com a sua situação de assalariados (artigo 56º/3)" da Constituição[2].

II. A autonomia colectiva, mais exactamente o direito de contratação colectiva[3], corolário natural da liberdade sindical, encontra, como decorre do exposto, arrimo na Constituição Portuguesa (artigo 56º, nº 3), tal como em diversos documentos internacionais[4]. Prescreve a Lei

[1] Jorge Leite, *Direito do Trabalho*, volume I, Serviços de Acção Social da Universidade de Coimbra, Coimbra, 2004, p. 53.

[2] Jorge Leite, *Direito do Trabalho*, cit., p. 53.

[3] Sobre o conteúdo do direito de contratação colectiva, *vd.*, entre outros, João Caupers, *Os Direitos Fundamentais dos Trabalhadores e a Constituição, Almedina*, Coimbra, 1985, pp. 105-106; do mesmo Autor, "Direitos dos Trabalhadores em Geral e Direito de Contratação Colectiva em Especial", AAVV, *Nos Dez Anos da Constituição*, organização de Jorge Miranda, Imprensa Nacional Casa da Moeda, Lisboa, 1986, pp. 50-51; Ribeiro Lopes, "Contratação Colectiva", AAVV, *I Congresso Nacional de Direito do Trabalho – Memórias*, coordenação de António Moreira, Almedina, Coimbra, 1998, pp. 49-50; Mário Pinto, *Direito do Trabalho – Introdução, Relações Colectivas de Trabalho*, Universidade Católica Editora, pp. 287 e ss; Gonçalves da Silva, *Contributo para o Estudo da Portaria de Extensão*, Dissertação de Mestrado, policopiado, Lisboa, 1999, pp. 319 e ss. Numa perspectiva comparatística, Martínez Girón e Arufe Varela, *Fundamentos de Derecho Comunitario y Comparado, Europeo y Norteamericano, del Trabajo y de la Seguridad Social*, 2ª edición, Netbiblo, Coruña, 2010, pp. 137 e ss.

[4] Entre os diversos textos internacionais, saliente-se, desde logo, da Organização Internacional do Trabalho: a) Convenção nº 87, datada de 1948, aprovada pelo Decreto-Lei nº 45/77, de 19 de Abril; b) Convenção nº 98, de 1949, aprovada pelo Decreto-Lei nº 45 758, de 12 de Junho de 1964; c) Recomendação nº 91, de 1951.

Como observa Ribeiro Lopes, "Contratação Colectiva", cit., p. 50, existe uma diferente abordagem dos instrumentos internacionais ratificados por Portugal e aquela que é apresentada pela nossa Lei Fundamental.

Com efeito, enquanto as convenções nºs 87 – versa a liberdade sindical e a protecção do direito sindical – e 98 – incide sobre o direito de organização e de negociação colectiva – revelam uma igualdade de tratamento entre trabalhadores e empregadores, a nossa Lei Fundamental não consagrou expressamente o direito de os empregadores se associarem através

Fundamental, no preceito referido, que "compete às associações sindicais exercer o direito de contratação colectiva, o qual é garantido nos termos da lei". Pode, então, inferir-se que o poder normativo das associações sindicais e de empregadores[5] se alicerça directamente na Constituição, sendo assegurado pela lei. Ou seja: com base no preceito constitucional, o direito de contratação colectiva não necessita do posterior reconhecimento de qualquer acto infra-constitucional, cabendo apenas à lei garanti-lo, conforme prescrição constitucional.

III. Celebradas por associações de direito privado, como são considerados as associações sindicais e de empregadores[6] [7], as convenções colectivas[8], depois de uma fase de negociação (artigos 486º e ss), e para que possam produzir os efeitos legalmente previstos, têm de ser depositadas nos serviços do Ministério do Trabalho (artigos 494º e 495º).

Não ocorrendo nenhum dos casos taxativamente previstos para a recusa do depósito, segue-se a publicação da convenção no *Boletim do Tra-*

de associações para defesa dos seus direitos e, consequentemente, o direito de contratação colectiva, bem como qualquer referência à participação na elaboração da legislação do trabalho.
Dizemos que a Constituição não consagrou expressamente, pois, pelo menos no que respeita ao direito de contratação colectiva, entendemos que tal faz parte do conteúdo da liberdade de iniciativa económica – na sua vertente de direito de contratação –, que é considerado pela doutrina como um direito fundamental de natureza análoga aos direitos, liberdades e garantias (neste sentido, Gomes Canotilho e Vital Moreira, *Constituição da República Portuguesa Anotada*, volume I, 4ª edição, 2007, p. 789 (II); Ferreira Mendes, em Jorge Miranda e Rui Medeiros, *Constituição Portuguesa Anotada*, tomo I, 2ª edição, Coimbra Editora, 2010, p. 1184).

[5] Cfr. nota anterior.

[6] Neste sentido, em relação às associações sindicais e de empregadores, por exemplo, Menezes Cordeiro, *Manual de Direito do Trabalho*, Almedina, Coimbra, 1989, pp. 119 e ss e 121-122, respectivamente; Romano Martinez, *Direito do Trabalho*, 5ª edição, Instituto de Direito do Trabalho da Faculdade de Direito de Lisboa, Almedina, Coimbra, 2010, pp. 159 e 163; Mário Pinto, *Direito do Trabalho – Introdução e Relações Colectivas de Trabalho*, cit., p. 197.

[7] Apesar de qualquer modalidade de associação sindical – i.e., sindicato, federação, união ou confederação geral – possuir capacidade para outorgar convenções colectivas, na prática apenas os sindicatos e as federações sindicais usam tal faculdade. Para mais desenvolvimentos, *vd.* Ribeiro Lopes, "A Contratação Colectiva", cit., pp. 51-52.

[8] Como se sabe a expressão convenção colectiva abrange, quer os contratos colectivos, quer os acordos colectivos, quer ainda os acordos de empresa, (artigo 2º, nº 3).

balho e Emprego (artigo 519º, nºs 1 e 3); uma vez publicada, a convenção entra em vigor nos mesmos termos das leis (artigo 519º, nº 1, *in fine*)[9].

IV. Completado o ciclo final de procedimento da convenção – i.e., depósito, publicação e entrada em vigor –, esta produz os efeitos legal e contratualmente previstos; o facto de esses efeitos serem, em regra, gerais e abstractos[10], leva a que a doutrina[11] considere estarmos, situação que também já decorria do anteriormente exposto, ante uma fonte específica de Direito do Trabalho, posição que tem, como decorre dos artigos 56º, nº 4, *in fine*, da CRP, e do artigo 1º, acolhimento no direito positivo[12].

V. A eficácia da convenção colectiva deve ser analisada com base em três elementos gerais que delimitam os seus efeitos: por um lado, o *âmbito pessoal* (artigo 496º e ss); por outro, o *âmbito temporal* (artigos 499º e ss); e, ainda, a *área geográfica*[13].

[9] Sobre a entrada em vigor da lei, cfr. Lei nº 74/98, de 11 de Novembro, com diversas alterações.

[10] Neste sentido, Barros Moura, *A Convenção Colectiva entre as Fontes de Direito do Trabalho*, Almedina, Coimbra, 1984, por exemplo, pp. 125 e 129-130. Não ignoramos, contudo, a possibilidade de uma convenção ter uma cláusula normativa individual e concreta, mas será uma excepção e não a regra, sob pena de descaracterização do interesse colectivo. Sobre a questão, *vd.* Nikitas Aliprantis, *La Place de la Convention Collective dans la Hierarchie des Normes*, «Bibliothèque d`Ouvrages de Droit Social», Tome XXII, Libraire Generale de Droit et de Jurisprudence, Paris, 1980, pp. 78-79.

[11] Neste sentido, entre outros, Menezes Cordeiro, *Manual de Direito do Trabalho*, cit., pp. 172-173, 322, que a considera uma fonte mediata; Júlio Gomes, *Direito do Trabalho – Relações Individuais de Trabalho*, volume I, Coimbra Editora, Coimbra, 2007, pp. 45 e ss; Menezes Leitão, *Direito do Trabalho*, 3ª edição, Almedina, Coimbra, 2012, pp. 70 e ss e 515 e ss; Romano Martinez, *Direito do Trabalho*, cit., por exemplo, pp. 204 e ss; Barros Moura, *A Convenção Colectiva entre as Fontes de Direito do Trabalho*, cit., por exemplo, pp. 117 e 125; Palma Ramalho, *Tratado de Direito do Trabalho, Parte III – Situações Laborais Colectivas*, Almedina, Coimbra, 2012, em especial, pp. 51 e ss; Lobo Xavier, com a colaboração de Furtado Martins, A. Nunes de Carvalho, Joana Vasconcelos, e Guerra de Almeida, *Manual de Direito do Trabalho*, Verbo, Lisboa, 2011, por exemplo, p. 263.

[12] Também a jurisprudência tem considerado que a convenção colectiva é fonte de Direito do Trabalho, *vd.*, por exemplo, Acórdão da Relação do Porto, de 8 de Outubro de 1984, *CJ*, 1984, nº 4, pp. 277 e ss; Acórdão do STJ, de 21 de Outubro de 1998, *BMJ* nº 480, pp. 205 e ss.

[13] A *área* e o *âmbito de aplicação* fazem parte do conteúdo obrigatório da convenção (artigo 492º, nº 1, alínea c)). A ausência destas cláusulas legitima a recusa do depósito (artigo 494º, nº 4, alínea c)), por parte dos serviços do Ministério do Trabalho. Para uma análise dos pre-

VI. Importa ter presente, como sublinha MENEZES CORDEIRO, que a convenção colectiva "... tem um papel científico-cultural de primeira grandeza. Ela domina a panorâmica dos instrumentos colectivos de regulação laboral, de tal modo que todos os que lhe não possam ser reconduzidos, ou estão funcionalmente virados para servir ou operam como seus sucedâneos"[14]. Compreende-se, por isso, que, como ensina PALMA RAMALHO, estejamos perante "um instrumento da maior valia para a diminuição da tradicional conflitualidade laboral" (*plano sociológico*), contribuindo para "desenvolver as soluções empresariais que melhor adaptem os regimes legais aos diversos interesses em jogo na organização empresarial: os interesses da gestão empresarial e dos titulares das empresas e os interesses dos trabalhadores" (*plano da gestão de recursos humanos*)[15].

A abertura à autonomia colectiva, decorre do reconhecimento do Estado "da existência, na sociedade industrial dinâmica, de poderes sociais diversificados, de entre os quais se isolam alguns para o cumprimento de funções particulares"[16]. E estas funções são mais um elemento demonstrativo da singular importância desta fonte laboral. A pluri-funcionalidade da convenção[17] está há muito documentada e doutrinariamente identificada.

ceitos, e com indicações doutrinárias, GONÇALVES DA SILVA, em ROMANO MARTINEZ, LUÍS MIGUEL MONTEIRO, MADEIRA DE BRITO, GUILHERME DRAY e GONÇALVES DA SILVA, *Código do Trabalho Anotado*, 9ª edição, Almedina, Coimbra, 2013, respectivas anotações.

[14] MENEZES CORDEIRO, *Manual de Direito do Trabalho*, cit., p. 232.

[15] PALMA RAMALHO, *Tratado de Direito do Trabalho, Parte I – Dogmática Geral*, 3ª edição, Almedina, Coimbra, 2012, pp. 251-252, que se refere ainda aos planos sistemático e dogmático.

[16] BRUNO VENEZIANI, *Stato e Autonomia Collettiva, Diritto Sindicale Italiano e Comparato*, Cacucci Edotire, Bari, 1992, p. 129.

[17] UMBERTO ROMAGNOLI, "Autonomia Collettiva e Legislazione", AAVV, *Le Ragioni del Diritto, Scritti in Onere di Luigi Mengoni*, Tomo II, Giuffrè, Milano, 1995, p. 1194. Alguns Autores analisam a questão como objectivos da negociação colectiva, por exemplo, KAHN-FREUND, *Labour and the Law*, with Paul Davies and Mark Freedland, third edition, Stevens & Sons, London, 1983, pp. 65 e ss. A identificação das funções e vantagens da convenção colectiva foram especialmente debatidas nos estudos iniciais sobre a matéria, o que se compreende, pois estava em causa o seu reconhecimento. Para mais desenvolvimentos, *vd.*, por exemplo, MENEZES CORDEIRO, *Tratado de Direito Civil Português, Direito das Obrigações*, II, Tomo II, Almedina, Coimbra, 2010, pp. 139-140; GALLART FOLCH, *Las Convenciones Colectivas de Condiciones de Trabajo*, «Crítica del Derecho», Comares, Granada, 2000, reedição de 1932, pp. 27 e ss; GINO GIUGNI, "Direito do Trabalho", *RDES*, ano XXVIII, I da 2ª série, 1986, nº 3, pp. 305-365 (tradução de João Cortez, revista por Mário Pinto, *Diritto del Lavoro* – Voce per

Em suma, e para utilizar as palavras de MICHEL DESPAX, "a importância da contribuição do direito convencional em relação ao direito de origem legal, nada tem de espantosa: é direito consentido e modelado pelos próprios interessados, à sua maneira; apresenta, em matéria jurídica, as vantagens da roupa feita sob medida, em matéria de elegância de vestuário, em relação à comprada feita. O sucesso desta instituição é explicável, igualmente, sob outro ponto de vista: os trabalhadores participando, através dos seus representantes sindicais, na elaboração da própria lei profissional, adquirem o sentimento justo de assegurarem o seu próprio destino. Há melhor técnica de «promoção social»?"[18].

VII. E se a relevância da convenção colectiva, em termos qualitativos não suscita reservas, o mesmo se poderá dizer da dimensão quantitativa. Na verdade, mesmo perante números reduzidos da fonte convencional[19], o instrumento colectivo regula as condições de trabalho de centenas de milhares de trabalhadores[20], o que demonstra a importância desta fonte.

1.2. Delimitação do objecto

Na breve análise que vamos efectuar, escolhemos dois regimes particularmente relevantes face à presente crise económica: alteração das circunstâncias e empresas em situação económica difícil.

É certo que a sua utilização tem sido diminuta, mas nem por isso se pode considerar destituída de particular importância, em especial num momento em que o nosso país está sob ajuda financeira, ou seja, está em execução o *Memorando de Entendimento sobre as Condicionalidades de Polí-*

una Enciclopedia –, Instituto dell'Enciclopedia Italiana, Treccani), pp. 337 e ss; MONEREO PEREZ, "El Tratamento de la Relacion Post-Contractual en el Marco de una Negociación Colectiva Renovada", AAVV, *La Negociación Colectiva en el Escenario del Año 2000 – XII Jornadas de Estudio sobre la Negociación Colectiva*, «Coleccion informes y estudios», Serie Relaciones Laborales, número 27, Ministerio de Trabajo y Asuntos Sociales, Madrid, em especial, pp. 93 e ss; RIVERO LAMAS, "Estructuras e Funciones de la Negociación Colectiva tras la Reforma Laboral de 1997", *REDT*, nº 89, 1998, pp. 381 e ss e 397 e ss.

[18] MICHEL DESPAX, *Le Droit du Travail*, «Que Sais-Je?», Presses Universitaires de France, Paris, 1967, p. 84.

[19] Em 2011, foram celebradas 170 convenções colectivas; em 2012, 85, cfr. *www.dgert.mtss.gov.pt.*

[20] Em 2011, 1 236 919 trabalhadores; em 2012, 327 622, cfr. fonte referida na nota anterior.

tica Económica com a União Europeia (17 de Maio de 2011)[21], através do qual o Estado português ficou adstrito a diversas obrigações, entre outras, em matéria laboral[22].

§ 2º Alteração das circunstâncias

I. Com o Código de Trabalho 2003, a legislação laboral passou a fazer alusão ao instituto da alteração das circunstâncias, tendo sido mantido, ainda que com modificações, nas revisões posteriores[23]. Com efeito, o actual diploma determina, depois de prescrever a obrigação dos destinatários dos instrumentos de regulamentação colectiva procederem de boa fé (artigo 520º, nº 1):

> "Na aplicação de convenção colectiva ou acordo de adesão, atende-se às circunstâncias em que as partes fundamentaram a decisão de contratar" (artigo 520º, nº 2)[24].

A doutrina tem interpretado o preceito com o sentido de uma remissão para o regime da alteração das circunstâncias previsto no Código Civil (artigos 437º e ss)[25], da qual resulta, portanto, a aplicação da resolução por esse motivo[26].

[21] O *Memorando de Entendimento sobre as Condicionalidades de Política Económica* com a União Europeia pode ser consultado em *www.portugal.gov.pt*, bem como as alterações. Foi também celebrado, na mesma altura, com o Fundo Monetário Internacional, o *Memorando de Políticas Económica e Financeiras*, que pode ser consultado no mesmo endereço electrónico.

[22] *Memorando de Entendimento sobre as Condicionalidades de Política Económica* com a União Europeia, cit., pp. 20 e ss.

[23] Com as alterações de 2009, e relativamente à obrigação de proceder de boa fé, a norma passou a abranger expressamente todos os instrumentos de regulamentação colectiva (art. 520º, nº 1, do CT2009); enquanto, em matéria de alteração de circunstâncias, a redacção actual do preceito passou a referir-se à aplicação e incluiu o acordo de adesão. Para uma indicação mais pormenorizada das alterações, Gonçalves da Silva, em Romano Martinez, Luís Miguel Monteiro, Madeira de Brito, Guilherme Dray e Gonçalves da Silva, *Código do Trabalho Anotado*, cit., pp. 1046 e ss.
Em 2012, a norma não foi objecto de qualquer modificação.

[24] A alteração das circunstâncias releva também em matéria de declaração de greve (artigo 542º, nº 2, alínea a)).

[25] Posição já defendida, antes da sua consagração legislativa, por Menezes Cordeiro, em *Convenções Colectivas de Trabalho e Alterações de Circunstâncias*, Lex, Lisboa, 1995.

E consideramos que esta posição é a mais correcta, uma vez que o legislador ao determinar a aplicação do instituto sem qualquer restrição, fê-lo na sua plenitude, admitindo, portanto, "um confronto entre a estabilidade e a segurança jurídica, por um lado, e a justiça comutativa, por outro; noutro plano, dir-se-á que existe uma contraposição entre a autonomia das partes e a boa fé"[27].

Pode, por isso, dizer-se que a consagração expressa da sua aplicação à convenção colectiva constitui o reconhecimento de que o instrumento convencional carece de meios jurídicos que lhe confiram alguma flexibilidade, não devendo o equilíbrio alcançado ficar imune às vicissitudes das circunstâncias em que as partes decidiram outorgar; constitui, deste modo, um importante mecanismo para manter o equilíbrio convencionado[28].

[26] Menezes Leitão, *Código do Trabalho Anotado*, 2ª edição, Almedina, Coimbra, 2004, p. 398, bem como *Direito do Trabalho*, cit., p. 514; Gonçalves da Silva, em Romano Martinez, Luís Miguel Monteiro, Joana Vasconcelos, Pedro Madeira de Brito, Guilherme Dray e Gonçalves da Silva, *Código do Trabalho Anotado*, cit., p. 1047.
Noutras ordens jurídicas, como acontece em Espanha, a aplicação do instituto divide a doutrina e jurisprudência, cfr. Pastor Martínez, La Vigencia del Convenio Colectivo Estatutario – Análisis Jurídico de su Dimensión Temporal, Lex Nova, Valladolid, 2008, pp. 357 e ss; Arufe Varela, La Denuncia del Convenio Colectivo, «Estudios de Derecho Laboral», Civitas, Madrid, 2000, pp. 55 e ss. O Tribunal Constitucional espanhol já admitiu expressamente a sua relevância, cfr. Sentencia nº 11/1981, de 8 de Abril, Jurisprudencia Constitucional, tomo primeiro, *Boletín Oficial del Estado*, 1982, pp. 198-199.

[27] Romano Martinez, *Da Cessação do Contrato*, 2ª edição, Almedina, Coimbra, 2006, p. 157.

[28] Não se pode, no entanto, ignorar e deixar de sublinhar que o instituto da alteração das circunstâncias tem sido objecto de uma aplicação restrita por parte dos tribunais, tendo mesmo sido recusado, por exemplo, relativamente aos acontecimentos verificados durante a Revolução de 1974-75. Para uma análise jurisprudencial, Menezes Cordeiro, *Da Alteração das Circunstâncias*, Separata dos Estudos em Memória do Professor Doutor Paulo Cunha, Lisboa, 1989, pp. 360 e ss, referindo-se, aliás, às grandes alterações das circunstâncias (ou seja, "modificações estruturais que venham bulir com a generalidade das variáveis económico-sociais que caracterizam uma sociedade", (p. 359); bem como Pinto Monteiro e Júlio Gomes, "A «Hardship Clause» e o Problema da Alteração das Circunstâncias (Breve Apontamento)", AAVV, *Juris et de Jure, Nos Vinte Anos da Faculdade de Direito da Universidade Católica Portuguesa – Porto*, coordenação de Afonso Vaz e Azeredo Lopes, Universidade Católica, Porto, 1998, pp. 28 e ss.
Em Espanha, e relativamente ao âmbito laboral, as alterações legislativas têm relevado para a aplicação do instituto, Arufe Varela, *La Denuncia del Convenio Colectivo*, cit., pp. 58-59. Veja-se também, Bejarano Hernández, *Principio de Condición Más Beneficiosa y Reglas de Absorcíon y Supresión de la Misma*, Bosch, Barcelona, 2001, pp. 172 e ss.

II. Assim, ao consagrar a aplicação do instituto da alteração das circunstâncias à convenção colectiva, o legislador juntou às duas situações previstas para a cessação de vigência de convenção colectiva (revogação e caducidade, artigo 502º, nº 1), a resolução com este fundamento; e, por outro lado, ao não estabelecer um regime específico, o legislador determinou ainda a aplicação do quadro geral constante do Código Civil (artigos 437º e ss).

Esta remissão abrange também a modificação, o que constitui mais um importante "caminho" de adaptação da fonte convencional em momentos, como os actuais, de abruptas e imprevisíveis alterações económicas.

Em suma, e como bem nota MENEZES CORDEIRO, "na falta de leis adequadas, [o instituto da alteração das circunstâncias,] será mesmo a única fórmula capaz de conciliar a palavra dada com as novas condições económica-sociais"[29].

III. Há que ter presente que a remissão para o regime geral da alteração das circunstâncias é susceptível de se deparar com diversos problemas, uma vez que o quadro consagrado no Código Civil (artigos 437º e ss) não foi pensado para atender às particularidades da situação laboral, para mais quando está em causa uma fonte específica do Direito do Trabalho.

Verificados os pressupostos do instituto (artigos 437º e 438º do CC), pode a parte lesada resolver a convenção, aplicando-se as regras gerais plasmadas para a figura comum da resolução do contrato (artigos 439º e 432º a 436º do CC)[30].

IV. O regime legal pode ser objecto de intervenção da autonomia colectiva. De facto, não se identificam motivos impeditivos de regulação convencional no sentido de afastar ou modelar o regime de alteração das circunstâncias, como tendo sido admitido no âmbito do Código Civil[31], posição que, atendendo à igualdade das partes e ao princípio da

[29] MENEZES CORDEIRO, "Introdução: Dilemas Existenciais do Direito do Trabalho", *Temas de Direito do Trabalho. Da sucessão de CCT ao Respeito pelo Direito à Reforma, Cadernos O Direito*, 2007, nº 1, p. 12.

[30] Sobre os requisitos, ROMANO MARTINEZ, *Da Cessação do Contrato*, cit., pp. 157 e ss.

[31] Assim, referindo-se ao artigo 437º do CC, PINTO MONTEIRO e JÚLIO GOMES, "A «Hardship Clause» e o Problema da Alteração das Circunstâncias (Breve Apontamento)", cit., pp. 33

autonomia colectiva, deve ser igualmente mantida face ao preceito laboral (artigo 520º, nº 2).

V. Os efeitos da resolução são equiparados aos da nulidade ou anulabilidade do negócio jurídico (artigos 433º e 289º do CC); por outro lado, o legislador sublinha ainda a retroactividade dos efeitos, salvo se contrariar a vontade das partes ou a finalidade da resolução (artigo 434º, nº 1, CC); por sua vez, nos contratos de execução continuada, a resolução não abrange, em regra, as prestações já efectuadas (artigo 434º, nº 2, CC), devendo subsumir-se a fonte convencional na previsão da norma.

Não podemos, no entanto, ignorar que, e não obstante a sua particular relevância, como escreve MENEZES CORDEIRO, "a alteração das circunstâncias ... é um remédio de equidade, de concretização difícil e de saída imprevisível"[32], para mais perante um articulado, como referimos, que não foi pensado para a parte laboral.

§ 3º EMPRESAS EM SITUAÇÃO ECONÓMICA DIFÍCIL

I. Outro regime que pode ter relevância na análise da presente matéria é a hipótese legal de suspensão de aplicação de convenção colectiva. Trata-se do antigo Decreto-Lei nº 353-H/77, 29 de Agosto, relativo ao regime das empresas em situação económica difícil, que se insere na legislação laboral de emergência ou de crise, em que as medidas surgem "... destituídas de uma inspiração coerente e, até, de condições operatórias adequadas; e, sobretudo, ao contrário do que noutros ordenamentos se tem verificado, caracterizam-se pela ausência de consenso social e político, e, consequentemente, por uma limitada efectividade"[33].

e 39, considerando nomeadamente admissível as cláusulas de *hardship*, que são "aquelas que estabelecem um *dever de renegociar* um contrato quando ocorre uma modificação substancial das circunstâncias, modificação essa susceptível de afectar o equilíbrio global do contrato" (pp. 21-22, itálico no original); bem como GALVÃO TELLES, "Contrato Duradouro com Termo Final. Denúncia", *CJ*, ano XI, 1986, tomo III, p. 23, escrevendo: "Mas nada impede que esse regime geral [constante do Código Civil] seja, *no todo ou em parte, substituído por um regime particular*, convencionado para cada contrato pelas próprias partes", itálico no original.

[32] MENEZES CORDEIRO, *Da Alteração das Circunstâncias*, cit., p. 332.

[33] MONTEIRO FERNANDES, *Direito do Trabalho*, 16ª edição, Almedina, Coimbra, 2012, p. 43.

Este diploma estabelece que podem ser declaradas "em situação económica difícil empresas públicas ou privadas cuja exploração se revele fortemente deficitária, prevendo-se que a sua recuperação seja problemática ou demorada" (artigo 1º, nº 1, do Decreto-Lei cit.)[34]. E entre as empresas que podem ser objecto desta declaração encontram-se quaisquer que assumam natureza privada, desde que exista acordo da maioria dos trabalhadores, expresso através de voto secreto (artigo 1º, nº 2, alínea d), Decreto-Lei cit.).

Este acordo, sob a forma escrita e assinado pelos intervenientes, deve especificar o regime sucedâneo das relações de trabalho e o prazo da sua vigência (artigo 3º, nº 3; veja-se também o artigo 6º do Decreto-Lei cit.), competindo a respectiva declaração – após requerimento da empresa dirigido ao Ministro da Tutela ou ao Ministro responsável pelo sector a que pertençam (artigo 3º, nº 1, do Decreto-Lei cit.) – aos Ministros da Tutela, ou responsável pelo sector, e do Trabalho, mediante despacho conjunto (artigo 4º, nº 1, *in fine*, do Decreto-Lei cit.; *vd.* ainda o artigo 4º, nº 2, do Decreto-Lei cit.).

II. Entre os efeitos da declaração da empresa em situação económica difícil, encontram-se:

1) Por um lado, a redução das condições de trabalho vigentes na empresa aos mínimos fixados nos instrumentos de regulamentação colectiva (artigo 5º, nº 1, alínea a), 1ª parte, do Decreto-Lei cit.);

2) Por outro, a cessação imediata da aplicação das condições que contrariem normas legais de carácter imperativo, (artigo 5º, nº 1, alínea a), 2ª parte, do Decreto-Lei cit.);

3) Acresce, e o que interessa agora sublinhar, a não aplicação, total ou parcial, das cláusulas dos instrumentos de regulamentação colectiva de trabalho e o estabelecimento do respectivo regime sucedâneo (artigo 5º, nº 1, alínea b), do Decreto-Lei cit.);

[34] Pode ver-se, a título de exemplo, a Resolução de Conselho de Ministros nº 244/80, de 3 de Julho, publicada no *DR*, de 12 de Julho de 1980, I série, nº 159, pp. 1621-1622.

4) Em quaisquer dos casos, existe a proibição de afectar os benefícios sociais e as restantes garantias mínimas fixadas por lei (artigo 5º, nº 2, do Decreto-Lei cit.).

III. Concentrando a nossa análise apenas nos instrumentos negociais (artigo 2º), importa sublinhar o seguinte:

1) *Cessação imediata da aplicação das condições que contrariem normas legais de carácter imperativo* (artigo 5º, nº 1, alínea a), 2ª parte, do Decreto-Lei cit.), o que pressupõe uma declaração de ilegalidade das cláusulas convencionais por parte da Administração, colidindo assim com o quadro geral, resultante, desde logo, do recorte constitucional da contratação colectiva (artigo 56º, nºs 3 e 4, da Constituição), em que essa competência está a cargo dos tribunais e é vedada a quaisquer outras entidades (*vd.*, por exemplo, artigo 479º e 494º, nº 4, bem como artigo 183º e ss do CPT).

2) *A possibilidade de inaplicação, total ou parcial, dos instrumentos de regulamentação colectiva e consequente aplicação do regime sucedâneo,* e referindo-nos apenas às empresas privadas, o que suscita profundas reservas – para não dizer mesmo uma incompatibilidade – face ao regime constitucional da contratação colectiva, uma vez que tal situação decorre de um acto não legislativo que se basta com a intervenção da maioria dos trabalhadores (artigo 1º, nº 2, alínea d), do Decreto-Lei cit.), que naturalmente não serão parte do instrumento convencional e, em muitos casos, nem sequer destinatários da fonte convencional.

E, portanto, consideramos que:

1) Não podemos ignorar que estando em causa uma restrição de um direito fundamental (artigos 17º e 58º, nºs 3 e 4, versão da da Constituição de 1976), competiria à lei intervir (e não ao Decreto-Lei), o que não aconteceu, gerando assim uma inconstitucionalidade orgânica (artigos 17º, 18º e 167º, alínea c), versão da Constituição de 1976);

2) Tal faculdade colide com o direito de contratação colectiva constitucionalmente consagrado, tendo a lei mandato para o garantir

e não para o aniquilar, ainda por cima, através de um acto não legislativo, tarefa que teria de estar a cargo da lei (artigo 18º, nº 2, da Constituição); não releva, note-se, dizer que a habilitação consta da lei e que o acto administrativo apenas concretiza o previsto em diploma, pois o artigo 112º, nº 5, da Constituição, impede que um acto *infra-legal*, e sem quaisquer parâmetros, defina materialmente o seu conteúdo;

3) Acresce que igual colisão material ocorre com textos internacionais, nomeadamente as Convenções nº 87 (artigo 3º) e 98 (artigo 4º) e a Recomendação nº 91, todas da Organização Internacional do Trabalho[35] [36].

IV. Perante isto, parece-nos manifesto que urge repensar as opções constantes do presente diploma, pois as soluções consagradas não respeitam, desde logo, o quadro constitucional.

É que mesmo em momentos de graves crises económicas, a Lei Fundamental constitui um alicerce essencial do Estado de Direito democrático.

[35] Para uma análise das orientações desta Organização, *La Libertad Sindical, Recopilación y Principios del Comité de Libertad Sindical del Consejo de Adminstración de la OIT*, 5ª edición, Oficina Internacional del Trabajo, Ginebra, 2006, §§ 880 e ss.

[36] Revelando também dúvidas sobre a compatibilidade constitucional da medida em termos materiais, Nunes de Carvalho, "Reflexos Laborais do Código dos Processos Especiais de Recuperação da Empresa e da Falência (Conclusão)", *RDES*, ano XXXVII (X da 2ª série), 1995, nº 4, pp. 330-331; Liberal Fernandes, "O Direito do Trabalho da Crise e a Constituição: Considerações sobre o Regime Aplicável às Empresas em Situação Económica Difícil", *Estudos Em Homenagem ao Professor Doutor Jorge Ribeiro Faria*, Faculdade de Direito da Universidade do Porto/Faculdade de Economia da Universidade do Porto, Coimbra Editora, Coimbra, 2003, pp. 259 e ss, defendendo, desde logo, a inconstitucionalidade orgânica dos despachos que suspendem as convenções colectivas (pp. 272 e ss), bem como do próprio diploma (pp. 275 e ss). Sobre o regime legal, veja-se também Menezes Cordeiro, *Manual de Direito do Trabalho*, cit., pp. 329-330; Palma Ramalho, *Tratado de Direito do Trabalho, Parte II – Situações Laborais Individuais*, 4ª edição, Almedina, Coimbra, 2012, pp. 588, nota 740, 603 e ss, e 720.

A "Troika" e a Contratação Colectiva*

Sumário: § 1º) Considerações Prévias. § 2º) Breve Enquadramento. § 3º) Restrição do Regime Convencional. § 4º) Efeitos Temporais da Convenção Colectiva (Caducidade e Suspensão)

§ 1º) Considerações Prévias

I. Comecemos por salientar que a convenção colectiva "... tem um papel científico-cultural de primeira grandeza. Ela domina a panorâmica dos instrumentos colectivos de regulação laboral, de tal modo que todos os que lhe não possam ser reconduzidos, ou estão funcionalmente virados para servir ou operam como seus sucedâneos"[1]. Na verdade, "... a convenção colectiva é aquele que apresenta maior relevância teórica e prática"[2].

Compreende-se, por isso, que estejamos perante "um instrumento da maior valia para a diminuição da tradicional conflitualidade laboral"

* O presente texto corresponde, com algum desenvolvimento, à conferência proferida no *I Congresso Regional de Direito do Trabalho*, realizada nos dias 22 e 23 de Setembro de 2014, na Região Autónoma da Madeira, organizado pelo Instituto do Conhecimento AB, que contou com o apoio do Instituto de Direito do Trabalho da Faculdade de Direito de Lisboa (IDT). Todos os preceitos sem indicação da fonte referem-se ao Código do Trabalho (versão actual).

[1] Menezes Cordeiro, *Manual de Direito do Trabalho*, Almedina, Coimbra, 1989, reimpressão, 1994, p. 232.

[2] Romano Martinez, *Direito do Trabalho*, 7ª edição, Almedina, Coimbra, 2015, p. 187.

(*plano sociológico*), contribuindo para "desenvolver as soluções empresariais que melhor adaptem os regimes legais aos diversos interesses em jogo na organização empresarial: os interesses da gestão empresarial e dos titulares das empresas e os interesses dos trabalhadores" (*plano da gestão de recursos humanos*)[3].

A abertura à autonomia colectiva, decorre do reconhecimento pelo Estado "da existência, na sociedade industrial dinâmica, de poderes sociais diversificados, de entre os quais se isolam alguns para o cumprimento de funções particulares"[4]. E estas funções são mais um elemento demonstrativo da singular importância desta fonte laboral. A pluri-funcionalidade da convenção está há muito documentada e doutrinariamente identificada[5].

Em suma, e para utilizar as palavras de MICHEL DESPAX, "a importância da contribuição do direito convencional em relação ao direito de origem legal, nada tem de espantosa: é direito consentido e modelado pelos próprios interessados, à sua maneira; apresenta, em matéria jurídica, as vantagens da roupa feita sob medida, em matéria de elegância de vestuário, em relação à comprada feita. O sucesso desta instituição é explicável, igualmente, sob outro ponto de vista: os trabalhadores participando, através dos seus representantes sindicais, na elaboração da própria lei profissional, adquirem o sentimento justo de assegurarem o seu próprio destino. Há melhor técnica de «promoção social»?"[6].

II. E se a relevância da convenção colectiva, em termos qualitativos não suscita reservas, o mesmo se poderá dizer da dimensão quantitativa. Na verdade, mesmo perante números reduzidos da fonte convencional[7],

[3] PALMA RAMALHO, *Tratado de Direito do Trabalho, Parte I – Dogmática Geral,* 3ª edição, Almedina, Coimbra, 2012, pp. 251-252, que se refere ainda aos planos sistemático e dogmático.

[4] BRUNO VENEZIANI, *Stato e Autonomia Collettiva, Diritto Sindicale Italiano e Comparato,* Cacucci Edotire, Bari, 1992, p. 129.

[5] Para mais desenvolvimentos, GONÇALVES DA SILVA, *Da Eficácia da Convenção Colectiva,* volume I, Dissertação de Doutoramento, Faculdade de Direito da Universidade de Lisboa, 2012, pp. 18 e ss.

[6] MICHEL DESPAX, *Le Droit du Travail,* «Que Sais-Je?», Presses Universitaires de France, Paris, 1967, p. 84.

[7] Em 2011, foram celebradas 170 convenções colectivas; em 2012, 85; em 2013, 94; 2014, 152. cfr. *Relatório Anual da Negociação Colectiva de 2014,* UGT, 2015, www.ugt.pt.

o instrumento colectivo regula as condições de trabalho de centenas de milhares de trabalhadores[8], o que demonstra a importância desta fonte.

III. Demonstrativa dessa importância é, desde logo, a atenção conferida pela Constituição à convenção colectiva. Com efeito, compulsando a Lei Fundamental facilmente se constata que o Estado não detém o monopólio da elaboração normativa (*v.g.*, artigos 56º, nº 3, 227º e 241º). De facto, o nosso ordenamento apresenta uma concepção pluralista da produção jurídica, em especial, no que respeita às condições de trabalho, o que demonstra que o Estado não possui o exclusivo da produção normativa[9]. Assim sendo, cabe invocar, desde logo, a autonomia normativa que confere a determinadas entidades intermédias, nomeadamente às associações de trabalhadores e de empregadores, "... uma verdadeira *potestas normandi*, ou seja, um poder de criação de autênticas regras de conduta, de atribuição de direitos e deveres relacionados com a sua situação de assalariados (artigo 56º/3)" da Constituição[10].

IV. A autonomia colectiva, mais exactamente o direito de contratação colectiva, corolário natural da liberdade sindical, encontra, como decorre do exposto, arrimo na Constituição Portuguesa (artigo 56º, nº 3), tal como em diversos documentos internacionais[11]. Prescreve a Lei Fundamental, no preceito referido, que "compete às associações sindi-

[8] Em 2014, 246 388 trabalhadores, cfr. fonte referida na nota anterior.

[9] JORGE LEITE, *Direito do Trabalho*, volume I, Serviços de Acção Social da Universidade de Coimbra, 2004, p. 53.

[10] JORGE LEITE, *Direito do Trabalho*, cit., p. 53.

[11] Entre os diversos textos internacionais, saliente-se, desde logo, da Organização Internacional do Trabalho, em especial: a) Convenção nº 87, datada de 1948, aprovada pelo Decreto-Lei nº 45/77, de 19 de Abril; b) Convenção nº 98, de 1949, aprovada pelo Decreto-Lei nº 45 758, de 12 de Junho de 1964; c) Recomendação nº 91, de 1951.
Importa salientar que existe uma diferente abordagem dos instrumentos internacionais ratificados por Portugal e aquela que é apresentada pela nossa Lei Fundamental. Com efeito, enquanto as convenções nºs 87 – versa a liberdade sindical e a protecção do direito sindical – e 98 – incide sobre o direito de organização e de negociação colectiva – revelam uma igualdade, no que respeita à sua matéria, de tratamento entre trabalhadores e empregadores, a nossa Lei Fundamental não consagrou expressamente o direito de os empregadores se coligarem através de associações para defesa dos seus direitos e, consequentemente, o direito de contratação colectiva, bem como qualquer referência à participação na elaboração da legislação do trabalho.

cais exercer o direito de contratação colectiva, o qual é garantido nos termos da lei". Pode, então, inferir-se que o poder normativo das associações sindicais e de empregadores[12] se alicerça directamente na Constituição, sendo assegurado pela lei. Ou seja: com base no preceito constitucional, o direito de contratação colectiva não necessita do posterior reconhecimento de qualquer acto infra-constitucional, cabendo apenas à lei garanti-lo, conforme prescrição constitucional[13].

V. Celebrada por associações de direito privado, como são consideradas as associações sindicais e de empregadores, a convenção colectiva – e sem prejuízo da outorga directa pelo empregador[14], depois de uma fase de negociação (artigos 486º e ss), e para que possam produzir os efeitos legalmente previstos, tem de ser depositada nos serviços do Ministério do Trabalho (artigos 494º e 495º).

Não ocorrendo nenhum dos casos taxativamente previstos no Código do Trabalho para a recusa do depósito, segue-se a publicação da convenção no *Boletim do Trabalho e Emprego* (artigo 519º, nºs 1 e 3); uma vez publicada, a convenção entra em vigor nos mesmos termos das leis (artigo 519º, nº 1, *in fine*)[15].

VI. Completado o ciclo final de procedimento da convenção – i.e., depósito, publicação e entrada em vigor –, esta produz os efeitos legal e convencionalmente previstos; o facto de esses efeitos serem, em

Dizemos que a Constituição não consagrou expressamente, pois, pelo menos no que respeita ao direito de contratação colectiva, entendemos que tal faz parte do conteúdo da liberdade de iniciativa económica – na sua vertente de direito de contratação –, que é considerado pela doutrina como um direito fundamental de natureza análoga aos direitos, liberdades e garantias; neste sentido, Gomes Canotilho e Vital Moreira, *Constituição da República Portuguesa Anotada*, Coimbra Editora, volume I, 4ª edição, 2007, p. 789 (II); Ferreira Mendes, em Jorge Miranda e Rui Medeiros, *Constituição Portuguesa Anotada*, tomo I, 2ª edição, Coimbra Editora, 2010, p. 1184.

[12] Cfr. nota anterior.

[13] Para uma análise da convenção colectiva no quadro constitucional, Gonçalves da Silva, *Da Eficácia da Convenção Colectiva*, cit., volume II, pp. 589 e ss.

[14] Como se sabe a expressão convenção colectiva abrange, quer os contratos colectivos, quer os acordos colectivos, quer ainda os acordos de empresa, (artigo 2º, nº 3).

[15] 1Sobre a entrada em vigor da lei, cfr. Lei nº 74/98, de 11 de Novembro, com diversas alterações.

regra, gerais e abstractos[16], impõe que se considere estarmos, situação que também já decorria do anteriormente exposto, ante uma fonte específica de Direito do Trabalho, posição que tem, como decorre dos artigos 56º, nº 4, *in fine*, da CRP, e do artigo 1º, acolhimento no direito positivo[17].

VII. É comum analisar a eficácia da convenção colectiva com base em três elementos gerais (âmbitos) que delimitam os seus efeitos: por um lado, o *âmbito subjectivo* (artigo 496º e ss); por outro, o *âmbito temporal* (artigos 499º e ss); e, ainda, o *âmbito geográfico* (artigo 492º, nº 1, alínea c), *in fine*)[18].

§ 2º) Breve Enquadramento

I. Tendo por base uma grave crise económica[19], os Governos adoptaram diversas iniciativas, entre as quais se encontram, uma vez mais, alterações ao Código do Trabalho.

[16] Neste sentido, por exemplo, Barros Moura, *A Convenção Colectiva entre as Fontes de Direito do Trabalho*, Almedina, Coimbra, 1984, por exemplo, pp. 125 e 129-130. Não ignoramos, contudo, a possibilidade de uma convenção ter uma cláusula individual e concreta, mas será uma excepção e não a regra, sob pena de descaracterização do interesse colectivo. Sobre a questão, *vd.* Nikitas Aliprantis, *La Place de la Convention Collective dans la Hierarchie des Normes*, «Bibliothèque d'Ouvrages de Droit Social», Tome XXII, Libraire Generale de Droit et de Jurisprudence, Paris, 1980, pp. 78-79.
Menezes Leitão, *Direito do Trabalho*, 4ª edição, Almedina, Coimbra, 2014, p. 79, defende que só constitui fonte a parte normativa. Para uma crítica da dicotomia vertente normativa e obrigacional, Gonçalves da Silva, *Da Eficácia da Convenção Colectiva*, cit., volume II, pp. 682 e ss.

[17] Também a jurisprudência tem considerado que a convenção colectiva é fonte de Direito do Trabalho, *vd.*, por exemplo, Acórdão da Relação do Porto, de 8 de Outubro de 1984, *Colectânea de Jurisprudência*, 1984, nº 4, pp. 277 e ss; Acórdão do Supremo Tribunal de Justiça, de 21 de Outubro de 1998, *Boletim do Ministério da Justiça* nº 480, pp. 205 e ss; Acórdão do Supremo Tribunal de Justiça, de 12 de Abril de 2012, processo nº 229/09.6TTBRR.L1.S1, www.dgsi.pt.

[18] Para uma análise dos preceitos, e com indicações doutrinárias, Gonçalves da Silva, em Romano Martinez, Luís Miguel Monteiro, Madeira de Brito, Guilherme Dray e Gonçalves da Silva, *Código do Trabalho Anotado*, 9ª edição, Almedina, Coimbra, 2013, respectivas anotações.

[19] Veja-se, por exemplo, Lei nº 55-A/2010, de 31 de Dezembro (Lei do Orçamento de Estado para 2011) – e *Orçamento do Estado para 2011 – Relatório*, Ministério das Finanças e da Administração Pública, www.parlamento.pt, 2010, pp. 5 e ss.

A realização das alterações operadas neste diploma teve diversas vicissitudes, incluindo a mudança de Governo, acordos com os parceiros sociais e a ajuda de apoio financeiro.

De acordo com o anexo da Resolução do Conselho de Ministros, nº 101-B/ /2010, de 15 de Dezembro de 2010, o Governo socialista aprovou a *Iniciativa para a Competitividade e o Emprego*, da qual consta:

"3 – Para aumentar a competitividade do mercado de trabalho, o Governo decide adoptar as seguintes medidas:

a) Dinamizar a contratação colectiva, privilegiando o espaço de negociação de base empresarial, com aprovação de uma iniciativa legislativa até final do 1º trimestre de 2011. Neste sentido, o Governo decide:

i) Que os contratos colectivos de trabalho, quando existam, deverão regular os termos, as condições e as matérias – designadamente a mobilidade geográfica e funcional, a gestão dos tempos de trabalho e a negociação salarial – que podem ser negociadas por estruturas representativas dos trabalhadores na empresa, incluindo as comissões de trabalhadores e as comissões sindicais. O acordo que resultar destas negociações deve ser sujeito a procedimento de depósito e a publicação obrigatória no *Boletim do Trabalho e Emprego;*

ii) Alargar a possibilidade de a associação sindical delegar noutras associações sindicais ou em estruturas de representação colectiva de trabalhadores na empresa poderes para, relativamente aos seus associados, contratar com empresa com, pelo menos, 250 trabalhadores;

iii) Promover a contratação colectiva de trabalho, devendo o Governo fazer todas as diligências para a sua efectividade".[20]

II. As alterações laborais foram objecto de discusão na Comissão Permanente de Concertação Social[21], no quadro de uma grave crise económica e financeira do país, tendo resultado, num primeiro momento,

[20] *Diário da República*, de 27 de Dezembro de 2010, I série, nº 249, p. 5936-(14).

[21] Sobre O Conselho Económico e Social, *vd.* Gonçalves da Silva, "Sujeitos Colectivos", AAVV, *Estudos do Instituto de Direito do Trabalho*, volume III, coordenação de Romano Martinez, Almedina, Coimbra, 2002, pp. 312 e ss.

numa *Declaração Conjunta sobre um Acordo Tripartido para a Competitividade e Emprego*, que visou essencialmente sublinhar a importância do prosseguimento do processo negocial e a celebração, a curto prazo, de um Acordo Tripartido, compromentendo-se os outorgantes, entre outros pontos, a diminuir os custos do tecido produtivo de modo a melhorar a capacidade competitiva das empresas (ponto 5), a reforçar o diálogo social entre trabalhadores e empregadores, com o intuito de reforçar a negociação colectiva e uma maior adaptabilidade das organizações (ponto 6) e a promover o reforço do diálogo social na empresa com as diversas estruturas representativas dos trabalhadores (ponto 7)[22].

As negociações na Comissão Permanente ficariam concluídas com o *Acordo Tripartido para a Competitividade e Emprego* (22 de Março de 2011)[23], no qual se pode salientar na temática das relações laborais (ponto IV), o objectivo de dinamizar a contratação colectiva, tendo para o efeito o Governo assumido o compromisso de "alterar o quadro legislativo, com vista a garantir as necessárias adaptações à concretização da descentralização organizada e os Parceiros Sociais comprometem-se a recomendar aos seus associados que:

a) Nos contratos coletivos de trabalho sectoriais de que são autores e outorgantes, possibilitem a negociação e desenvolvimento das soluções neles constantes, nomeadamente, em domínios como a mobilidade geográfica e funcional e a organização e gestão dos tempos de trabalho, por estruturas representativas dos trabalhadores na empresa, incluindo as comissões de trabalhadores e as comissões sindicais, mediante a definição dos termos e condições em que tal se pode verificar;
b) O acordo que resultar destas negociações deve ser sujeito a procedimento de depósito e a publicação obrigatória no *Boletim do Trabalho e Emprego;*
c) Além disso, o Governo e os Parceiros Sociais entendem que se deve alargar a possibilidade de a associação sindical delegar noutras associações sindicais ou em estruturas de representação colectiva de trabalhadores na

[22] *Declaração Conjunta sobre um Acordo Tripartido para a Competitividade e Emprego*, subscrita pelo Governo, CCP – Confederação do Comércio e Serviços de Portugal, CIP – Confederação Empresarial de Portugal, CTP – Confederação do Turismo Português e UGT – União Geral de Trabalhadores, Conselho Económico e Social, 9 de Março de 2011, www.ces.pt.
[23] Sobre a natureza dos acordos no quadro da concertação social, GONÇALVES DA SILVA, "Sujeitos Colectivos", cit., pp. 319 e ss.

empresa poderes para, relativamente aos seus associados, contratar com empresa com, pelo menos, 250 trabalhadores;

d) O Governo e os parceiros sociais comprometem-se a dinamizar a negociação colectiva no sector privado, incentivando a revisão das convenções colectivas, nos termos e prazos nelas previstos;

[...]

g) O Governo compromete-se a fazer todas as diligências ao seu alcance para apoiar o desenvolvimento da negociação colectiva e para promover a efectividade das normas em vigor".[24]

III. Depois da fase de concertação social, o agudizar das dificuldades financeiras, económicas e sociais levou Portugal a recorrer à ajuda externa, tendo sido acompanhada por uma crise política, que contou com demissão do Primeiro-Ministro (JOSÉ SÓCRATES). Neste quadro, o Estado português celebrou, com a União Europeia (17 de Maio de 2011), o *Memorando de Entendimento sobre as Condicionalidades de Política Económica*[25], *no qual ficou adstrito a diversas obrigações, entre outras, em matéria laboral*[26], *algumas, aliás, na esteira do Acordo Tripartido para a Competitividade e Emprego* (22 de Março de 2011).

Atendendo especialmente às que respeitam à temática da contratação colectiva, e tendo como objectivo central o aumento da competitividade, podemos sublinhar:

1) Cumprir os compromissos assumidos no quadro do Acordo Tripartido de Março de 2011, relativos à "descentralização organizada", designadamente prevendo a possibilidade de as comissões de trabalhadores negociarem determinadas matérias (mobilidade funcional e geográfica e os regimes dos tempos de trabalho), bem

[24] *Acordo Tripartido para a Competitividade e Emprego* pode ser consultado em www. ces.pt.

[25] O *Memorando de Entendimento sobre as Condicionalidades de Política Económica* pode ser consultado em www. portugal.gov.pt, bem como as suas alterações. Foi também celebrado, na mesma altura, com o Fundo Monetário Internacional o *Memorando de Políticas Económica e Financeiras*, que pode ser consultado no mesmo endereço.
Sobre a natureza jurídica destes documentos, *vd.*, por exemplo, CORREIA BAPTISTA, "A Natureza Jurídica dos Memorandos com o FMI e com a União Europeia", *Revista da Ordem dos Advogados*, ano 71, 2011, volume II, pp. 477 e ss.

[26] *Memorando de Entendimento sobre as Condicionalidades de Política Económica* com a União Europeia, cit., pp. 20 e ss.

como a diminuição do limite da dimensão da empresa (actualmente 250 trabalhadores) a partir do qual as comissões de trabalhadores podem concluir acordos ao nível de empresa;

2) Fomentar a inserção em contratos colectivos (sectoriais) de cláusulas que permitam às comissões de trabalhadores celebrar acordos ao nível da empresa sem concessão de poderes por parte das associações sindicais;

3) A introdução de critérios de representatividade (em termos qualitativos e quantitativos) para efeitos de emissão de portaria de extensão;

4) Elaboração de um estudo independente relativo à necessidade de reduzir os prazos de sobrevigência da caducidade[27].

O texto do Memorando deixou, desde logo, em aberto uma questão central. Com efeito, e ignorando algumas deficiências técnicas[28], há um aspecto que deve ser sublinhado e que se prende com o facto de o Memorando suscitar algumas dúvidas se o Estado português estava obrigado a atribuir à comissão de trabalhadores capacidade negocial[29]; ainda que seja, no mínimo, duvidosa a resposta, o legislador manteve, como

[27] Como se pode ler no *Memorando de Entendimento sobre as Condicionalidades de Política Económica* cit., p. 23:

"Fixação *de Salários e Competitividade*

4.7. O Governo promoverá uma evolução dos salários consistente com os objectivos da promoção da criação de emprego e da melhoria da competitividade das empresas, com vista a corrigir os desequilíbrios macroeconómicos. Com este objectivo, o Governo irá:

[...]

iii. preparar um estudo independente até ao **T2-2012** sobre:

– o modo como a concertação salarial tripartida pode ser estimulada com vista à definição de normas para lidar com as evoluções salariais globais, que tenha em conta a posição competitiva da economia, e um sistema de verificação do cumprimento dessas normas;

– a necessidade de redução da sobrevigência dos contratos caducados, mas não substituídos por novos (art. 501º do Código do Trabalho)" (sublinhados no original).

[28] Veja-se, por exemplo, a repetição respeitante à redução do critério quantitativo para as comissões de trabalhadores celebrarem acordos ao nível de empresa no *Memorando de Entendimento sobre as Condicionalidades de Política Económica*, cit., p. 24 (pontos 4.8. i (iii) e iii).

[29] *Memorando de Entendimento sobre as Condicionalidades de Política Económica*, cit., p. 24 (pontos 4.8. i (i e iii), ii e iii).

veremos, a incapacidade das referidas comissões para outorgarem convenções.

IV. O novo Governo (Primeiro-Ministro PASSOS COELHO)[30] iniciou os contactos com os parceiros sociais tendo em vista a celebração de um pacto sobre diversas matérias, entre as quais se incluiu a laboral.

O Governo chegaria a acordo com os parceiros sociais (CIP, CAP, CCP, CPT e UGT[31]) e, em Janeiro de 2012, seria assinado, no quadro da Comissão Permanente de Concertação Social, o *Compromisso para o Crescimento, Competitividade e Emprego*[32].

Abrangendo um amplo conjunto de matérias, em termos laborais, mais precisamente os instrumentos de regulamentação colectiva, o acordo teve como pano de fundo o *Memorando de Entendimento,* tal como o *Acordo Tripartido para a Competitividade e Emprego* (22 de Março de 2011).

Relativamente ao Compromisso pode destacar-se, com o intuito de dinamizar a contratação colectiva, o estabelecimento de mecanismos de descentralização da contratação através das seguintes medidas:

- "Admitir a determinação, nos contratos coletivos de trabalho, de que certas matérias, tais como a mobilidade geográfica e funcional, a organização do tempo de trabalho e a retribuição, possam ser reguladas por estruturas representativas dos trabalhadores na empresa, incluindo as comissões de trabalhadores e as comissões sindicais, mediante a definição dos termos e condições em que tal se pode verificar;
- Determinar que o acordo que resultar destas negociações deve ser sujeito a procedimento de depósito e a publicação obrigatória no *Boletim do Trabalho e Emprego*;
- Admitir a delegação dos poderes para contratar convenções coletivas, por parte de associação sindical, nas estruturas de repre-

[30] Pode ver-se o Programa do XIX Governo Constitucional em www.parlamento.pt, encontrando-se a temática do emprego e mercado de trabalho nas pp. 26 e ss, sem qualquer referência relevante à matéria da contratação colectiva.

[31] Não tendo sido assinado pela CGTP.

[32] O *Compromisso para o Crescimento, Competitividade e Emprego,* data de 18 de Janeiro, pode ser consultado em ww.ces.pt, encontrando-se a temática laboral nas pp. 39 e ss.

sentação coletiva de trabalhadores nas empresas com pelo menos 150 trabalhadores"[33].

§ 3º) Restrição do Regime Convencional

I. No âmbito deste *Compromisso para o Crescimento, Competitividade e Emprego*, e tendo sempre presente o *Memorando de Entendimento*, foram realizadas alterações à legislação laboral, através da Lei nº 23/2012, de 25 de Junho[34]. Na verdade, o Código do Trabalho foi, uma vez mais, modificado, incidindo as principais novidades sobre as situações individuais[35], bem reveladoras de um "frenesim legislativo"[36], cujos danos,

[33] *Compromisso para o Crescimento, Competitividade e Emprego*, cit., pp. 47 e 51.

[34] Objecto da Declaração de Rectificação nº 38/2012, 23 de Julho.

[35] Tratou-se, no essencial, de reduzir os custos da mão-de-obra, seguindo as indicações do *Memorando de Entendimento sobre as Condicionalidades de Política Económica*, cit., como resulta, por exemplo, da introdução do banco de horas individual e grupal (artigos 208º-A e 208º-B), da diminuição do pagamento do trabalho suplementar (artigo 268º) e da redução dos montantes da compensação pela cessação do contrato de trabalho (artigos 366º e 6º do diploma citado). Por outro lado, houve a intenção de operacionalizar o instituto do despedimento por inadaptação, deixando de ser elemento característico a introdução de modificações no posto de trabalho (artigos 374º e ss e 5º do diploma citado).
A lei entrou em vigor no dia 1 de Agosto de 2012 (artigo 11º do diploma citado), tendo tido alguns efeitos diferidos (artigo 10º do diploma citado). Para mais desenvolvimentos sobre as alterações da Lei nº 23/2012, Paula Ponces Camanho, "Contrato a Termo", 1-2, pp. 111 e ss; Nunes de Carvalho, "Tempo de Trabalho", *Revista de Direito e de Estudos Sociais*, 2012, nºs 1-2, pp. 21 e ss; bem como, "Suspensão ou Redução de Laboração em Situação de Crise Empresarial", *Revista de Direito e de Estudos Sociais*, 2012, n. 1-2, pp. 119 e ss; Monteiro Fernandes, "A «Reforma Laboral» de 2012 – Observações em Torno da Lei 23/2012", *Revista da Ordem dos Advogados*, ano 72, 2012, volume II/III, pp. 545 e ss, em especial pp. 557 e ss; do mesmo Autor, "As Primeiras Estações da Reforma Laboral: Tempo de Trabalho, Tempo de não Trabalho, Compensação de Despedimento", *Revista de Direito e de Estudos Sociais*, 2012, nºs 1-2, pp. 101 e ss; Júlio Gomes, "Algumas Reflexões sobre as Alterações Introduzidas no Código do Trabalho pela Lei nº 23/2012 de 25 de Junho", *Revista da Ordem dos Advogados*, ano 72, 2012, volume II/III, pp. 575 e ss, *maxime* pp. 597 e ss; Menezes Leitão, *Direito do Trabalho*, cit., p. 59; Jorge Leite, "A Reforma Laboral em Portugal", *Revista General de Derecho del Trabajo y de la Seguridad Social*, 34, 2013, pp. 1 e ss, em especial pp. 31 e ss; Romano Martinez, "O Código do Trabalho e a Reforma de 2012. Apreciação Geral", *Revista de Direito e de Estudos Sociais*, 2012, nl-2, pp. 11 e ss; Romano Martinez, Luís Miguel Monteiro, Joana Vasconcelos, Madeira de Brito, Guilherme Dray e Gonçalves da Silva, *Código do Trabalho Anotado*, cit., anotações aos preceitos; Furtado Martins, "Alterações ao Regime do Despedimento por Extinção de Posto de Trabalho", *Revista de Direito e de Estudos Sociais*,

desde logo, decorrentes da instabilidade legislativa, só o tempo ajuizará na plenitude, podendo mesmo afirmar-se que "... pese embora os pro-

2012, n. 1-2, pp. 173 e ss; Teresa Teixeira Mota, "Férias, Feriados e Faltas", *Revista de Direito e de Estudos Sociais,* 2012, nºs 1-2, pp. 53 e ss; Palma Ramalho, "Novas Regras de Cálculo da Compensação pela Cessação do Contrato de Trabalho", *Boletim da Ordem dos Advogados,* nº 100, 2013, pp. 56-57; Joana Vasconcelos, "Procedimento para Despedimento por Facto Imputável ao Trabalhador", *Revista de Direito e de Estudos Sociais,* 2012, n. 1-2, pp. 163 e ss; Lobo Xavier, "Compensação por Despedimento", *Revista de Direito e de Estudos Sociais,* 2012, nºs 1-2, pp. 65 e ss.

[36] Saliente-se, e apenas referindo a título de exemplo, que antes da Lei nº 23/2012, já tinham sido realizadas alterações ao quadro laboral, como são os casos da fixação dos serviços mínimos em empresas do sector empresarial do Estado (Lei nº 105/2009, de 14 de Setembro), da diminuição da compensação por extinção do contrato de trabalho (Lei nº 53/2011, de 14 de Outubro), do regime transitório de renovação extraordinária e respectiva compensação dos contratos de trabalho a termo certo (Lei nº 3/2012, de 10 de Janeiro), opção reiterada pela Lei nº 76/2013, de 7 de Novembro.

E posteriormente à Lei nº 23/2012, o legislador interveio novamente na temática laboral, alterando, por exemplo, e sem prejuízo dos diplomas à frente referidos, a matéria da escolaridade obrigatória do menor enquanto requisito para celebrar contrato de trabalho (Lei nº 47/2012, de 29 de Agosto); estabeleceu um regime temporário de pagamento dos subsídios de Natal e férias relativos anos de 2013 (Lei nº 11/2013, de 28 de Janeiro), 2014 (Lei nº 83-C/2013, de 31 de Dezembro) e 2015 (Lei nº 82-B/2014, de 31 de Dezembro); diminuiu novamente o montante da compensação por cessação do contrato de trabalho (Lei nº 69/2013, de 30 de Agosto); aditou ao conjunto de exemplos previstos no artigo 24º, nº 1 (direito à igualdade no acesso a emprego e no trabalho), a "identidade de género" (Lei nº 28/2015, de 14 de Abril); fixou um novo regime do Fundo de Garantia Salarial (Decreto-Lei nº 59/2015, de 21 de Abril).

Ainda no ano de 2012, embora sem constituir uma alteração formal ao Código do Trabalho, o Governo aprovou a Resolução do Conselho de Ministros nº 90/2012, de 10 de Outubro, publicada no *Diário da República,* de 31 de Outubro de 2012, I série, nº 211 – entretanto, alterada pela Resolução do Conselho de Ministros nº 43/2014, de 26 de Junho, publicada no Diário da República, de 27 de Junho, I série, nº 122 – que veio definir os critérios para emissão da portaria de extensão. Tratando-se, no entanto, de uma fonte *infra*-legal, esta não poderá desviar-se do Código do Trabalho, sob pena de ilegalidade.

Foi também criado o Centro de Relações Laborais (Decreto-Lei nº 189/2012, de 22 de Agosto), "órgão colegial tripartido, com funções técnicas, dotado de autonomia administrativa e personalidade jurídica, que funciona na dependência do Ministério da Economia e do Emprego" (artigo 1º) que "tem por missão apoiar a negociação colectiva, bem como acompanhar a evolução do emprego e da formação profissional" (artigo 2º).

Para uma apreciação das alterações entre 2012 e 2014, Romano Martinez, *Direito do Trabalho,* cit., pp. 115 e ss.

pósitos do legislador ..., o direito do trabalho continua a ser prolixo e hermético"[37].

Não ficou, no entanto, excluída a temática colectiva, podendo sublinhar-se, por um lado, a diminuta relevância, para não dizer mesmo irrelevância, das alterações ao Código do Trabalho das normas que constituem o modelo de convenção colectiva e, por outro, a ausência de uma visão geral reguladora da fonte colectiva, consumindo-se a intervenção legislativa no mero cumprimento, por vezes mesmo literal, do Memorando, sem que se descortinasse um objectivo estruturado.

O diploma resultou da Proposta de Lei nº 46/XII, tendo entrado na Assembleia da República a 9 de Fevereiro de 2012[38].

A Exposição de Motivos é bem reveladora da parca relevância que as alterações ao Código do Trabalho tiveram em matéria de fontes colectivas[39]. De facto, pode ler-se:

"No âmbito dos instrumentos de regulamentação coletiva de trabalho, são implementadas medidas de descentralização organizada, que se traduzem, por um lado, na possibilidade de os contratos coletivos estabelecerem que determinadas matérias, tais como a mobilidade geográfica e funcional, a organização do tempo de trabalho e a retribuição, podem ser reguladas por outra convenção coletiva, contribuindo desse modo para uma melhor articulação entre os instrumentos de regulamentação coletiva e, de um modo geral, para a promoção da contratação coletiva.

Por outro lado, admite-se que nas empresas com pelo menos 150 trabalhadores as associações sindicais possam conferir às estruturas de representação coletiva dos trabalhadores os poderes para a celebração de convenções coletivas"[40].

[37] Romano Martinez, *Direito do Trabalho*, cit., p. 119.

[38] Pode ver-se a tramitação da Proposta de lei e os vários documentos que foram sendo elaborados em www.parlamento.pt.

[39] Não obstante pode ler-se na Exposição de Motivos da Proposta de Lei nº 46/XII, de 2 de Fevereiro, www.parlamento.pt, p. 3, na parte geral: "A alteração ao Código do Trabalho apresenta-se como uma medida necessária e adequada ao prosseguimento dos seguintes objetivos: i) Melhorar a legislação laboral, quer através da sua atualização e sistematização, quer mediante a agilização de procedimentos; ii) Promover a flexibilidade interna das empresas; iii) Promover a contratação coletiva".

[40] Exposição de Motivos da Proposta de Lei nº 46/XII, de 2 de Fevereiro, cit., p. 7.

II. Como principais novidades, podemos salientar:

1) *Relação entre actos de regulação*:

a. A proibição expressa pelo legislador de a convenção colectiva[41] se adaptar, num prazo razoável, por vontade das partes, ao novo regime legal (artigo 7º)[42]. Com efeito, contrariamente ao que tinha acontecido aquando do Código do Trabalho de 2003 (artigo 14º, nº 1, da Lei nº 99/2003, de 27 de Agosto) e consequente alteração de 2009 (artigo 7º, nº 2, da Lei nº 7/2009 de 12 de Fevereiro), o legislador não conferiu qualquer período de adaptação ao conteúdo convencional, decidindo afectá-lo liminarmente (artigo 7º do diploma). Na verdade, a imperatividade dos regimes legais atingiu, outra vez[43], e de forma indelével, o conteúdo da fonte convencional já existente, consagrando assim uma "barreira de protecção contra o «passado»"[44] ao impor, como requisito de validade, um novo regime convencional sobre as matérias agora abrangidas.

[41] Em bom rigor, a norma refere-se a "instrumentos de regulamentação colectiva de trabalho celebrados" (artigo 7º, nº 1) enquanto as normas anteriores utilizaram a fórmula "as disposições constantes de instrumento de regulamentação colectiva de trabalho" (artigo 14º, nº 1, da Lei nº 99/2003) ou "as disposições de instrumento de regulamentação colectiva de trabalho" (artigo 7º, nº 2, da Lei nº 7/2009).
O nº 2 do artigo 7º também se refere a instrumentos celebrados, enquanto os nºs 3 e 4 usaram a expressão "instrumentos de regulamentação colectiva de trabalho".

[42] O que poderá colocar reservas quanto à sua compatibilidade constitucional (artigo 56º, nºs 3 e 4, da CRP), desde logo, por uma restrição desproporcional do direito de contratação colectiva.

[43] Dizemos "outra vez", pois – e apenas a título de exemplo – já a Lei nº 55-A/2010, de 31 de Dezembro (Lei do Orçamento de Estado para 2011, em especial o artigo 19º) o tinha feito. Sobre o assunto, Júlio Gomes, Raquel Carvalho e Catarina Carvalho, "Da (In)constitucionalidade das Reduções Salariais previstas no Orçamento de Estado aprovado pela Lei nº 55-A/2010, de 31 de Dezembro", cit., pp. 229 e ss; Jorge Leite, "As Disposições da Lei do Orçamento Geral do Estado para 2011 relativas aos Trabalhadores do Sector Público", *Questões Laborais*, ano XVIII, nº 38, 2011, pp. 261 e ss; Romano Martinez e Gonçalves da Silva, "Parecer", *Revista de Direito e de Estudos Sociais*, ano LII (XXV da 2ª série), 2011, nºs 1-2, pp. 87 e ss. Defendendo a não desconformidade constitucional, Ac. do Tc. nº 396/2011, de 21 de Setembro, www.tribunalconstitucional.pt, com votos de vencido, mas ignorando, por exemplo, a matéria da contratação colectiva e as especificidades do sector empresarial do Estado.

[44] Monteiro Fernandes, "A «Reforma Laboral» de 2012 – Observações em Torno da Lei 23/2012", cit., p. 558.

E nesta restrição do direito de contratação colectiva, o legislador apresentou uma prescrição pouco comum; estamos a referimo-nos à suspensão, durante dois anos, de cláusulas convencionais que regulassem determinadas matérias[45], acrescentando que, findo este período sem que tenham existido modificações, "os montantes por elas previstos são reduzidos para metade, não podendo, porém, ser inferiores aos estabelecidos pelo Código do Trabalho" (artigo 7º, nº 5).

Esta solução constituiu uma novidade em termos legislativos, considerando o legislador compatível com o quadro constitucional, a possibilidade de, além de suspender as cláusulas convencionais, reduzir para metade o estipulado pelas partes.

Olhando mais de perto para o artigo 7º da Lei nº 23/2012, poder-se-á dizer que a norma visa assegurar a eficácia e eficiência das medidas adoptadas pela presente lei, que constam, no essencial, do *Memorando de Entendimento sobre as Condicionalidades de Política Económica*.

A posição adoptada pelo legislador é, no entanto, criticável, pois o objectivo não seria posto em causa se tivesse sido conferido um prazo, ainda que diminuto, para que, em especial os outorgantes da convenção colectiva, adaptassem o regime acordado ao novo quadro legal. Não foi, deste modo, tida em conta a relevância e a natureza de direito fundamental que é o direito de contratação colectiva (artigo 56º, nºs 3 e 4)[46], abrindo caminho a uma potencial conflitualidade e ao eventual recurso ao mecanismo da alteração das circunstâncias (artigo 520º, nº 2).

O legislador sanciona com a nulidade as cláusulas de instrumentos de regulamentação celebrados antes da entrada em vigor da Lei (artigo 11º) que não estejam em conformidade com o disposto nesta (artigo 7º, nº 1), o que parece significar que

[45] Trata-se do acréscimo do trabalho suplementar superior ao legalmente consagrado, bem como a retribuição do trabalho normal prestado em dia feriado ou descanso compensatório por essa mesma prestação, em empresa não obrigada a suspender o funcionamento nesse dia (artigo 7º, nº 4).

[46] Para uma análise da convenção colectiva no quadro constitucional, GONÇALVES DA SILVA, *Da Eficácia da Convenção Colectiva*, cit., volume II, pp. 589 e ss.

estão excluídos do seu âmbito os instrumentos posteriores. Por outro lado, e para além do momento da celebração, é ainda necessário que estejam em causa montantes superiores aos previstos no Código do Trabalho relativamente a um conjunto de matérias (compensação por despedimento colectivo ou de que decorra a aplicação desta, previstas no Código do Trabalho, bem como valores e critérios de definição de compensação por extinção do contrato de trabalho fixados no artigo 6º da Lei, alíneas a) e b) do nº 1 do artigo 7º).

Importa reter que a compensação por despedimento colectivo foi alterada pela Lei acima referida (Lei nº 23/2012, artigo 6º), o que consequentemente afecta as normas que remetem para este regime a fixação de montantes decorrentes da cessação do contrato de trabalho, como é o caso, por exemplo, dos artigos 164º, nº 1, alíneas b) e c); e daí a referência legal "... ou de que decorra a aplicação desta, estabelecidas no Código do Trabalho".

Tenha-se presente que em matéria de cessação do contrato de trabalho rege a regra da não intervenção dos instrumentos de regulamentação e do contrato de trabalho (artigo 339º, nº 1), prevendo, no entanto, o legislador a fixação de alguns regimes mediante intervenção daqueles (339º, nºs 2 e 3).

b. Igual posição restritiva adoptou o legislador, agora relativamente às disposições dos instrumentos de regulamentação e às cláusulas do contrato de trabalho que disponham sobre descanso compensatório por trabalho suplementar prestado em dia útil, em dia de descanso semanal complementar ou em feriado (nº 2 do artigo 7º).

Recorde-se que os nºs 1, 2 e 6 do artigo 229º, que regulavam o descanso compensatório de trabalho suplementar, foram revogados.

c. Na sequência da eliminação da majoração das férias (artigos 238º, nºs 3 e 4), foram apenas afectadas as cláusulas de instrumentos de regulamentação ou de contrato de trabalho posteriores – i.e. celebrados – a 1 de Dezembro de 2003 (data da entrada em vigor do Código do Trabalho) e anteriores à entrada em vigor da presente lei (artigo 11º), o que significa que a norma não abrange nem as cláusulas anteriores a Dezembro de 2003 nem posteriores ao início de vigência da lei (artigo 7º, nº 3).

Nesta situação, o legislador não fixou a nulidade como efeito da colisão entre lei e os actos aqui previstos, tendo antes optado por reduzir as majorações ao período anual de férias "em montante equivalente até três dias" (nº 3 *in fine*); quer isto dizer que os períodos de férias superiores a 22 dias úteis fixados em instrumento de regulamentação colectiva são reduzidos, tendo um duplo limite: a) os 22 dias úteis previstos no artigo 238º, nº 1; b) o máximo de três dias previsto neste preceito.

d. A Lei regulou diferentemente a articulação entre as normas legais e as cláusulas dos instrumentos de regulamentação colectiva de trabalho e do contrato de trabalho em matéria de acréscimos de pagamento de trabalho suplementar superiores aos previstos no Código do Trabalho (artigo 268º, nº 1) e de retribuição do trabalho normal prestado em dia feriado ou descanso compensatório por essa mesma prestação, em empresa não obrigada a suspender o funcionamento nesse dia (artigo 269º, nº 2); nesta situação, o legislador suspendeu os efeitos das cláusulas durante o período de dois anos a contar da entrada em vigor da Lei (artigo 7º, nº 4).

Se, decorridos estes dois anos, as cláusulas não tivessem sido alteradas, os montantes previstos nos instrumentos de regulamentação e no contrato de trabalho eram reduzidos para metade, não podendo, todavia, desta redução resultar um valor inferior aos estabelecidos no Código do Trabalho (artigo 7º, nº 5), ou seja, a diminuição tinha o limite dos valores previstos no Código.

Apesar de o legislador não o dizer de forma inequívoca, parece-nos que cessava a suspensão acima referida e, naturalmente, a citada redução não ocorreria, se fosse fixado entretanto um novo regime, i.e., após a entrada em vigor da Lei nº 23/2012; o direito de contratação colectiva, enquanto direito fundamental (artigo 56º, nºs 3 e 4, da CRP), assim o impunha[47].

e. Perante a manifesta dificuldade de compatibilizar as soluções adoptadas com a Constituição, foi suscitada a fiscalização sucessiva (abstracta) da nova Lei. Através do Acórdão nº 602/2013, de 20 de Setembro[48], o Tribunal Constitucional declarou diversas normas inconstitucionais[49], em especial os artigos 7º, nºs 2, 3

[47] Diferentemente se pronunciou o Tribunal Constitucional no aresto nº 602/2013, de 20 de Setembro, *Diário da República*, de 24 de Outubro de 2013, I série, nº 206, p. 6281, referindo-se a "uma imperatividade absoluta, mas temporária". Veja-se também sobre o assento NUNES DE CARVALHO, "Tempo de Trabalho", cit., pp. 39 e ss; JÚLIO GOMES, "Algumas Reflexões sobre as Alterações Introduzidas no Código do Trabalho pela Lei nº 23/2012, de 25 de junho", cit., p. 617, nota 78; PALMA RAMALHO, *Direito do Trabalho, Parte II – Situações Laborais Individuais*, 5ª edição, Almedina, Coimbra, 2014, p. 588-589.
Aquela expressão seria depois utilizada na Exposição de Motivos da Proposta de Lei nº 231//XII, que prorrogou a suspensão das disposições, como veremos.

[48] Ac. do Tc. nº 602/2013, cit., em especial pp. 6275.
Deve notar-se que a versão publicada no *Diário da República* esclareceu um ponto importante e que tinha sido omitido no texto constante do sítio electrónico, pois aquela afirmou, expressamente, que a declaração de inconstitucionalidade incide "na parte em que se reporta às disposições de instrumentos de regulamentação colectiva de trabalho" (p. 6284), ou seja, ficaram excluídos os contratos de trabalho.

[49] Outras matérias mereceram a censura do Tribunal Constitucional, como foi o caso da alteração dos requisitos de despedimentos por extinção do posto de trabalho e por inadaptação, o que daria origem à Lei nº 27/2014, de 8 de Maio.
Saliente-se que a declaração de inconstitucionalidade retroagiu cerca de 14 meses. Sobre o aresto, RAQUEL CARVALHO, "As Questões Constitucionais no Acórdão do Tribunal Constitucional nº 602/2013 – Enunciação e Delimitação", *Questões Laborais*, nº 42, *Vinte Anos de Questões Laborais*, 2013, pp. 563 e ss; da mesma Autora, "Os Efeitos da Declaração de Inconstitucionalidade proferida no Acórdão do Tribunal Constitucional nº 602/2013 e o Despedimento por Extinção do Posto de Trabalho", *Questões Laborais*, nº 43, 2013, pp. 179 e ss; bem como, ANA TERESA RIBEIRO, "O art. 7º da Lei nº 23/2012 e o Acórdão do Tribunal Constitucional nº 602/2013 – Análise dos Efeitos da Lei Nova sobre as Convenções Colectivas em Aplicação à Data da sua Entrada em Vigor", *Questões Laborais*, nº 43, 2013, pp. 209 e ss.
Para uma apreciação das posições do Tribunal Constitucional face às alterações laborais, NUNES ABRANTES, "A Jurisprudência Constitucional Recente em Matéria Laboral (Algumas Notas), AAVV, *Para Jorge Leite – Escritos Jurídico-Laborais*, volume I, coordenação de João Reis, Liberal Fernandes e Regina Redinha, Coimbra Editora, 2014, pp. 1 e ss; PALMA RAMALHO, "O Olhar do Tribunal Constitucional sobre a Reforma Laboral – Algumas Reflexões", AAVV, *Para Jorge Leite – Escritos Jurídico-Laborais*, volume I, coordenação de João Reis, Liberal Fernandes e Regina Redinha, Coimbra Editora, 2014, pp. 757 e ss.

e 5, com base num argumento previsível: violação das disposições conjugadas dos artigos 56º, nºs 3 e 4, e 18º, nº 2, da Lei Fundamental.

Operou-se assim a repristinação das cláusulas convencionais (artigo 282º, nº 1, da CRP), com efeitos a 1 de Agosto de 2012 – data da entrada em vigor da Lei, artigo 11º – a partir de 29 de Outubro de 2013, i.e., 5 dias após a publicação no *Diário da República* (artigo 119º, nºs 1, alínea g), e 2, da CRP, bem como artigo 2º, nº 2, da Lei nº 74/98, de 11 de Novembro, com alterações).

2) *Apreciação relativa à igualdade e não discriminação*: Procedimentalização deste mecanismo (artigo 479º, nºs 1 a 3), passando a determinar a audição dos interessados no âmbito da intervenção administrativa, e, por outro lado, concedendo aos outorgantes o prazo de 60 dias para modificarem as cláusulas alegadamente violadoras da lei[50];

3) *Concorrência de convenções colectivas*: Acrescento de mais um exemplo, em matéria de concorrência, relativo às cláusulas de articulação (artigo 482º, nº 5, alínea b)), sem alcance relevante[51];

4) *Elementos da proposta negocial*: Obrigação de a proposta negocial indicar o instrumento que se encontra em articulação com a fonte a rever (artigo 486º, nº 2, alínea c) e 482º, nº 5)[52], bem como de a convenção colectiva prever idêntica informação, sob pena de recusa de depósito (artigo 492º, nº 1, alínea h));

5) *Representantes da associação sindical*: Diminuição do limite mínimo em que uma associação sindical pode conferir a outra estrutura de representação colectiva poderes para contratar com empresa,

[50] As normas aproximam-se assim do previsto para os estatutos das associações sindicais e de empregadores (artigo 447º, nºs 5 e 6). Para mais desenvolvimentos, Gonçalves da Silva, *Da Eficácia da Convenção Colectiva*, cit., volume II, pp. 912 e ss.

[51] Para mais desenvolvimentos sobre as situações de concorrência, Gonçalves da Silva, *Da Eficácia da Convenção Colectiva*, cit., volume II, pp. 827 e ss.

[52] Note-se que a obrigação de indicar a fonte a rever já resultava do artigo 486º, nº 2, alínea b)).

exigindo-se agora pelo menos 150 trabalhadores (antes eram 500) (artigo 491º, nº 3); manteve-se, deste modo, a associação sindical com o exclusivo da capacidade negocial de instrumentos convencionais[53].

VI. O artigo 7º da Lei nº 23/2012, de 25 de Junho, seria ainda objecto de alteração através da Lei nº 48-A/2014, de 31 de Julho, não obstante o fim do programa de assistência financeira (Junho de 2014).

Este diploma resultou da Proposta de Lei nº 231/XII, tendo entrado na Assembleia da República a 5 de Junho de 2014[54].

Conforme pode ler-se na Exposição de Motivos:

"No âmbito da 12ª, e última, Avaliação do Programa de Assistência Económica e Financeira, o Governo apresentou ... um conjunto de medidas que visam a dinamização da contratação coletiva, indo ao encontro quer das preocupações dos parceiros sociais, quer dos interesses dos trabalhadores e empregadores.

Acresce que, da 12ª Avaliação do Programa de Assistência Económica e Financeira resultou também ser imprescindível o alargamento do prazo de suspensão previsto no nº 4 do artigo 7º da Lei nº 23/2012, de 25 de junho, até 31 de dezembro de 2014, tendo em consideração a conjuntura particular da economia nacional e a imperiosa necessidade de reforço da competitividade das empresas. Assim, no quadro acima descrito, justifica-se proceder à prorrogação do prazo de suspensão previsto no nº 4 do artigo 7º da referida Lei nº 23/2012, de 25 de junho, até ao final do ano de 2014, salvaguardando, no entanto, todos os instrumentos de regulamentação coletiva de trabalho e contratos individuais de trabalho que tenham entrado em vigor depois de 1 de agosto de 2012 [data da entrada em vigor da Lei nº 23/2012], os quais não são afetados por esta medida de caráter excecional e temporário"[55].

[53] Para mais desenvolvimentos, Gonçalves da Silva, *Da Eficácia da Convenção Colectiva*, cit., volume II, pp. 849 e ss, em especial pp. 873 e ss.

[54] Pode ver-se a tramitação da Proposta de lei e os vários documentos que foram sendo elaborados em www.parlamento.pt.

[55] Exposição de Motivos da Proposta de Lei nº 231/XII, de 5 de Junho de 2014, www.parlamento.pt, pp. 3-4. Pode ainda ler-se na Exposição de Motivos, cit., p. 2: "Atendendo às

Para além de ter procedido à revogação dos preceitos declarados inconstitucionais (artigos 7º, nºs 2, 3 e 5), o diploma prolongou (artigo 7º, nº 4), até 31 de Dezembro de 2014, a suspensão das disposições dos instrumentos de regulamentação colectiva de trabalho e as cláusulas do contrato de trabalho que, tendo entrado em vigor antes de 1 de agosto de 2012, regulem acréscimos de pagamento de trabalho suplementar superiores aos fixados no Código do Trabalho, bem como a retribuição do trabalho normal realizado em dia feriado ou descanso compensatório por essa prestação em empresa isenta de suspender o funcionamento nesse dia.

Trata-se de uma alteração de duvidosa compatibilidade constitucional, uma vez que, como bem salientou o Tribunal Constitucional no acórdão nº 602/2013, existia uma ligação intrínseca entre a norma (artigo 7º, nº 4, da Lei nº 23/2012) e o cumprimento do Memorando, que entretanto, cessou. Com efeito, como foi afirmado naquele aresto:

> "A referida suspensão constitui manifestamente uma ingerência no âmbito de proteção do direito de contratação coletiva, uma vez que, ao impor a prevalência sobre IRCT de uma norma legal que diminui o salário e o valor do trabalho, interfere necessariamente com um direito fundamental dos trabalhadores – o direito à retribuição do trabalho, segundo a quantidade, natureza e qualidade [cfr. a alínea a) do nº 1 do artigo 59º da Constituição]. No entanto, tal suspensão, considerando o fim prosseguido e o respetivo caráter temporário, também se mostra adequada, necessária e equilibrada em vista da salvaguarda de interesses constitucionalmente relevantes como o cumprimento das metas e compromissos assumidos internacionalmente no quadro do Memorando de Entendimento e a própria competitividade da economia nacional numa conjuntura particularmente difícil para as empresas nacionais"[56].

razões de natureza económica e conjuntural relacionadas com o Memorando de Entendimento, de 17 de maio de 2011, e com o Programa de Assistência Económica e Financeira dele decorrente, e depois vertidos no *Compromisso para o Crescimento, Competitividade e Emprego*, de 18 de janeiro de 2012, foi conferida uma imperatividade absoluta, mas temporária, ao disposto no referido nº 4 do artigo 7º, face ao nº 1 do artigo 268º e ao nº 2 do artigo 269º do Código do Trabalho, fazendo coincidir tal suspensão, pelo período de dois anos, com o termo do mencionado Programa de Ajustamento".

[56] Ac. do Tc. nº 602/2013, cit., 6281.

§ 4º) Efeitos Temporais da Convenção Colectiva (Caducidade e Suspensão)

I. Ainda no quadro dos compromissos assumidos pelo Estado português, surgiu a Lei nº 55/2014, de 25 de Agosto, procedendo-se à sétima alteração ao Código do Trabalho, desta vez tendo como objecto os efeitos temporais da convenção colectiva.

A Proposta de lei nº 230/XII entrou na Assembleia da República a 5 de Junho de 2014, tendo sido ainda objecto de alteração[57].

De acordo com a Exposição de Motivos:

> "Decorridos que estão, aproximadamente, dois anos sobre a entrada em vigor da reforma laboral, levada a cabo, essencialmente, pela Lei nº 23/2012, de 25 de junho, resulta da avaliação do impacto da referida reforma a necessidade de maior promoção e dinamização na negociação coletiva. Para o efeito, cumpre assegurar que se encontram reunidas as condições necessárias ao fomento e ao desenvolvimento de novos processos negociais no âmbito da contratação coletiva, apresentando soluções que respondam às efetivas preocupações dos trabalhadores e das empresas. Com efeito, dando resposta aos novos desafios, importa ver a negociação coletiva como elemento primordial do processo de modernização do mercado de trabalho.
>
> Nestes termos, pela presente proposta de lei, procede-se à conjugação da possibilidade de suspensão do período de negociação, com a redução dos prazos de sobrevigência e caducidade das convenções coletivas, atribuindo-se desta feita nova dinâmica à contratação coletiva. Prevê-se ainda que, por acordo escrito entre o empregador e as associações sindicais outorgantes, e sem prejuízo da possibilidade de delegação, a convenção coletiva ou parte dela possa ser suspensa, temporariamente, em situação de crise empresarial, por motivos de mercado, estruturais ou tecnológicos, catástrofes ou outras ocorrências que tenham afetado gravemente a atividade normal da empresa, desde que tal medida se torne indispensável para assegurar a viabilidade da empresa e a manutenção dos postos de trabalho"[58].

[57] Pode ver-se a tramitação da Proposta de lei e os vários documentos que foram sendo elaborados em www.parlamento.pt.

[58] Exposição de Motivos da Proposta de Lei nº 230/XII, de 5 de Junho de 2014, www.parlamento.pt, pp. 2-3.

II. A Lei nº 55/2014 regula os seguintes pontos:

1) Suspensão da convenção colectiva;

2) Sobrevigência e caducidade da convenção colectiva;

Vejamos cada um deles, começando por este último.

III. Em matéria de sobrevigência e caducidade[59], importa reter o seguinte:

1) A redução de cinco para três anos do prazo de caducidade da cláusula da convenção que faça depender a cessação de vigência desta da substituição por outro instrumento (artigo 501º, nº 1);

2) A diminuição de sobrevigência mínima de dezoito para doze meses (artigo 501º, nº 3);

3) A suspensão do período de sobrevigência no caso de haver uma "interrupção" da negociação – o que inclui conciliação, mediação ou arbitragem voluntária – por prazo superior a trinta dias (artigo 501º, nº 4);

4) A fixação de um limite máximo de dezoito meses para a sobrevigência, incluindo negociação, com suspensão, ou seja e mais precisamente, a sobrevigência prevista no nº 3 e a suspensão estabelecida no nº 4, não podem ultrapassar os dezoito meses, o que significa que a sobrevigência global se manteve no período (de dezoito meses) inicialmente previsto no nº 3 do artigo 501º;

5) Diminuição de sessenta para quarenta e cinco dias do prazo final de caducidade, i.e., período que se conta a partir da comunicação de uma das partes ao ministério responsável pela área laboral e à outra que o processo de negociação terminou sem acordo (artigo 501º, nº 6);

6) O novo regime não se aplica à convenção colectiva denunciada até 31 de Maio de 2014 (artigo 4º);

[59] Sobre os efeitos temporais da convenção colectiva, GONÇALVES DA SILVA, *Da Eficácia da Convenção Colectiva*, cit., volume II, pp. 923 e ss, em especial sobre a caducidade, pp. 1005 e ss.

7) No prazo de um ano a contar da entrada em vigor deste novo regime, deverá realizar-se nova redução dos prazos previstos nos nºs 1 e 3 para dois anos e seis meses, respectivamente, se houver avaliação positiva dos parceiros sociais com assento na Comissão Permanente de Concertação Social (artigo 3º, nº 1)[60];

Em suma e numa apreciação geral: há um claro objectivo de diminuir a duração da vigência da convenção colectiva, o que pode significar uma pressão para haver alguma dinamização da contratação. No entanto, e ao contrário que constava do Memorando, estas alterações – que impunham a realização de um estudo independente, como referimos – assentam num experimentalismo quando a "gravidade do doente" exigia soluções mais reflectidas.

IV. Em termos da denominada suspensão (legal) da convenção colectiva, cabe salientar[61]:

1) *Partes*: O Código do Trabalho confere às associações de empregadores e às associações sindicais[62] outorgantes (sem prejuízo da possibilidade de delegação) a faculdade de acordarem a suspensão da convenção colectiva (artigo 502º, nº 2, *in fine*);

Sabendo-se que a convenção colectiva pode ser outorgada tanto por associações como pelo empregador (artigos 443º, nº 1, alínea c) e 2º, nº 3), coloca-se, desde logo, a questão de saber se a faculdade prevista pelo legislador exclui o empregador.

A resposta é necessariamente negativa, sob pena de uma restrição intolerável do direito fundamental de contratação colectiva (artigo 56º, nºs 3 e 4, da CRP)[63] e consequente inconstitucionalidade. Na verdade, julgamos que uma interpretação extensiva, imposta por uma interpretação conforme a Constituição, impõe que qual-

[60] Acrescenta o nº 2: "Para efeitos do disposto no número anterior, entende-se por avaliação positiva a que resulte do parecer favorável de pelo menos metade das associações sindicais e de pelo menos metade das confederações patronais, com assento permanente na Comissão Permanente de Concertação Social".

[61] Sobre o assunto, ver Palma Ramalho, *Tratado de Direito do Trabalho, Parte III – Situações Laborais Colectivas,* 2ª edição, Almedina, Coimbra, 2015, pp. 330 e ss.

[62] Sobre as noções, *vd.* artigo 442º, nºs 1, alíneas a) a d), e nº 2.

[63] Para uma análise do quadro constitucional do direito de contratação colectiva, *supra* nota.

quer dos outorgantes, mesmo que não seja associação, possa suspender a convenção colectiva.

Por outro lado, estando em causa, por exemplo, um instrumento celebrado por empregadores individuais, associações sindicais e de empregadores nada obsta a que algum dos empregadores possa acordar na suspensão da fonte, caso em que para ser rigoroso constituirá uma situação de inaplicação[64], uma vez que a fonte se manterá vigente e a produzir efeitos relativamente às restantes partes e respectivos filiados[65], ou seja, estando em causa, por exemplo, um contrato colectivo ou um acordo colectivo, a fonte convencional deixará de se aplicar à empresa que se encontra em situação de crise empresarial.

2) *Fundamento*: O quadro geral tem um fundamento específico, que consiste na "... situação de crise empresarial, por motivos de mercado, estruturais ou tecnológicos, catástrofes ou outras ocorrências que tenham afetado gravemente a atividade normal da empresa, desde que tal medida seja indispensável para assegurar a viabilidade da empresa e a manutenção dos postos de trabalho" (artigo 501º, nº 2)[66].

Esta previsão reproduz a constante do artigo 298º, i.e., suspensão estabelecida para *situação de crise empresarial*[67]*, relevando ainda os conceitos previstos no artigo 359º, nº 2 ("nomeadamente"* motivos de mercado,

[64]Manteremos, no entanto, o termo legal por facilidade expositiva.

[65] Sobre a incidência subjectiva da convenção e respectivas excepções, Gonçalves da Silva, *Da Eficácia da Convenção Colectiva*, cit., volume II, pp. 1097 e ss.

[66] Sublinhe-se que o ordenamento português já tem legislação que prevê a suspensão da fonte colectiva de empresas em situação económica difícil, Decreto-Lei nº 353-H/77, 29 de Agosto. Sobre o assunto, Gonçalves da Silva, "Crisis Economica y Negociación Colectiva [Economic Crisis and Collective Bargaining]", *Anuario Coruñés de Derecho Comparado del Trabajo*, volume V, año 2013, pp. 63 e ss, também publicado, com o título, *Crise Económica e Negociação Colectiva, AB Instantia – Revista do Instituto do Conhecimento AB*, ano I, nº 2, 2013, pp. 75 e ss.

[67] Para mais desenvolvimentos, Nunes de Carvalho, "Suspensão ou Redução de Laboração em Situação de Crise Empresarial", cit., pp. 119 e ss; Menezes Leitão, *Direito do Trabalho*, cit., pp. 387 e ss; Romano Martinez, *Direito do Trabalho*, cit., pp. 764 e ss; Palma Ramalho, *Direito do Trabalho, Parte II – Situações Laborais Individuais*, cit., pp. 832 e ss.

estruturais e tecnológicos[68]), o que significa que o recurso ao *lay-off* permitirá também suspender (total ou parcialmente) uma convenção colectiva;

Também aqui é importante saber se a norma impede a suspensão de vigência quando estiver em causa a mera vontade dos outorgantes, inexistindo qualquer situação de crise empresarial.

Consideramos que a norma tem um mero efeito declarativo e não constitutivo, limitando-se a afirmar, dir-se-á de "forma pedagógica" e simplesmente informativa, que nas situações de crise empresarial existe tal possibilidade; caso não fosse assim interpretada teria, desde logo, dois problemas: por um lado, não identificamos o fundamento para ser realizada uma restrição do direito fundamental de contratação colectiva, o que redundaria numa violação da Lei Fundamental; por outro lado, uma incongruência de regime, pois mantém-se a faculdade, e bem, de as partes poderem, sem qualquer condicionalismo, proceder à revogação (simples) (artigo 502º, nº 1, alínea a)), mas impedir-se-ia a sua mera suspensão.

Refira-se, aliás, que esta suspensão (legal) não impede a intervenção da autonomia colectiva, de acordo com o quadro fixado no artigo 3º, nº 1.

Note-se ainda que o acordo deve conter uma "menção expressa à fundamentação" (artigo 502º, nº 3, 1ª parte), prescrição que não consideramos sindicável, desde logo, para efeitos de depósito (artigo 494º, nº 4)[69].

[68] Nos termos do qual, se considera, nomeadamente:
"a) Motivos de mercado – redução da actividade da empresa provocada pela diminuição previsível da procura de bens ou serviços ou impossibilidade superveniente, prática ou legal, de colocar esses bens ou serviços no mercado;
b) Motivos estruturais – desequilíbrio económico-financeiro, mudança de actividade, reestruturação da organização produtiva ou substituição de produtos dominantes;
c) Motivos tecnológicos – alterações nas técnicas ou processos de fabrico, automatização de instrumentos de produção, de controlo ou de movimentação de cargas, bem como informatização de serviços ou automatização de meios de comunicação".

[69] Cfr. *supra* nota.

3) *Objecto*: Relativamente a este ponto, duas notas:
   a. O acordo de suspensão pode incidir sobre a totalidade da fonte ou parte dela, competindo aos outorgantes delimitar a dimensão do objecto (artigo 502º, nº 2);
   b. Por outro lado, a suspensão aplica-se expressamente à convenção colectiva, incluindo-se também por interpretação extensiva, desde logo, o acordo de adesão (artigo 504º).

4) *Forma:* O acordo está sujeita à forma escrita, o que se compreende, por razões de segurança e certeza jurídicas, além de estar sujeito, nos mesmos termos previstos para a convenção colectiva, a depósito e publicação (artigo 502º, nº 4)[70], o que constitui requisito de eficácia[71];

5) *Duração*: Compete às partes que acordam a suspensão fixar o respectivo período (artigo 502º, nº 3), mantendo-se a possibilidade de estas adaptarem o regime temporal da convenção, tal como acontece quanto aos prazos de vigência para as diferentes cláusulas (artigo 499º, nº 1);

6) *Efeitos da suspensão*: O legislador, não obstante referir que o acordo deve conter os efeitos decorrentes da suspensão (artigo 502º, nº 3, *in fine*) equiparou a suspensão à revogação em termos de consequências[72], estabelecendo que ambas "... prejudicam os direitos decorrentes da convenção, salvo se na mesma forem expressamente ressalvados pelas partes" (artigo 502º, nº 5); significa, isto, portanto, que trabalhadores e empregadores terão as suas situações jurídicas – no caso de ser total a suspensão – reguladas pelos outros instrumentos existentes (*v.g.*, lei e contrato de trabalho), não havendo qualquer conformação de direitos – e naturalmente de obrigações – da fonte suspensa, excepto se as partes que fizeram o acordo o previrem, modificando-se assim o clausulado convencional.

[70] Veja-se ainda o nº 6 do artigo 502º.

[71] Para uma análise do depósito, incluindo os poderes da Administração laboral, e publicação, GONÇALVES DA SILVA, *Da Eficácia da Convenção Colectiva*, cit., pp. 883 e ss e 903 e ss, respectivamente.

[72] Para uma apreciação da matéria em termos de revogação, GONÇALVES DA SILVA, *Da Eficácia da Convenção Colectiva*, cit., volume II, pp. 1061 e ss.

Apesar de o legislador não o dizer, consideramos claro que não poderá aplicar-se uma portaria de extensão às situações jurídicas que deixaram de ser temporariamente reguladas pela fonte convencional; devemos ter presente que, por um lado, a suspensão é ainda o exercício do direito de contratação colectiva e, por outro, aquela fonte está sujeita à subsidiariedade relativamente à fonte convencional (artigos 484.º e 515.º); aliás, a aplicação da fonte não negocial, significaria um esvaziamento da suspensão.

A Administração Laboral e a Convenção Colectiva: Algumas Questões

Sumário: § 1º Considerações Prévias § 2º Depósito 2.1. Entrega 2.2. Controlo da Administração Laboral 2.3. Decisão 2.4. Impugnação da Recusa de Depósito § 3º Publicação § 4º Apreciação da Administração Laboral em Matéria de Igualdade e Não Discriminação

* Todos os preceitos sem indicação de fonte, referem-se ao Código do Trabalho aprovado pela Lei nº 7/2009, de 12 de Fevereiro, com alterações. Principais abreviaturas: CITE – Comissão para a Igualdade no Trabalho e Emprego; CPA 2015 – Código de Procedimento Administrativo (Decreto-Lei nº 4/2015, de 7 de Janeiro); CPT – Decreto-Lei nº 480/99, de 9 de Novembro, com alterações; CPTA – Código de Processo nos Tribunais Administrativos (Lei nº 15/2002, de 22 de Fevereiro, com alterações); CT2003 – Código do Trabalho de 2003 (aprovado pela Lei nº 99/2003, de 27 de Agosto); CT2009 – Código do Trabalho de 2009 (aprovado pela Lei nº 7/2009, de 12 de Fevereiro, com alterações); DGERT – Direcção-Geral do Trabalho e Emprego; ETAF – Estatuto dos Tribunais Administrativos e Fiscais (Lei nº 13/2002, de 19 de Fevereiro, com alterações); LACTFP – Lei que Aprova o Regime do Contrato de Trabalho em Funções Públicas (Lei nº 59/2008, de 11 de Setembro, com alterações); LFOR – Lei Formulário (Lei nº 74/98, de 11 de Novembro, publicação, identificação e formulário dos diplomas, com alterações); LALGTFP – Lei que Aprova Lei Geral do Trabalho em Funções Públicas (Lei nº 35/2014, de 20 Junho, com alterações); LMP – Lei do Ministério Público (Lei nº 60/98, de 27 de Agosto); LOMT – Lei Orgânica do Ministério da Solidariedade, Emprego e Segurança Social (Decreto-Lei nº 167-C/2013, de 31 de Dezembro, com alterações); LRCT – Lei de Regulamentação Colectiva do Trabalho (Decreto-Lei nº 519-C1/79, de 29 de Dezembro, com alterações). O autor não usa neste texto a grafia alterada pelo Acordo Ortográfico de 1990.

§ 1º Considerações Prévias

I. A convenção colectiva integra os instrumentos de regulamentação colectiva de trabalho negociais (artigos 1º e 2º) que, por sua vez, fazem parte da área do Direito do Trabalho, mais precisamente do direito colectivo. E se "o Direito colectivo do trabalho constitui seguramente a área mais original do juslaboralismo"[1], facilmente se percebe não ser exagero afirmar que a fonte convencional é um dos principais marcos do Direito do Trabalho; há mais de 50 anos, já se ensinava que o "direito do trabalho moderno é um direito de acentuado carácter colectivo, em oposição ao direito do trabalho individualista de tempos passados"[2].

E entre as principais manifestações deste colectivismo está a convenção colectiva, compreendendo-se, por isso, que Gino Guigni, afirme que "o contrato colectivo é, juntamente, com o direito de greve, o instituto mais típico do Direito do Trabalho, no sentido de ser específico de tal ramo do Direito"[3], constituindo, portanto, nas palavras de Júlio Gomes, "... um dos traços indiossincráticos..." do Direito do Trabalho[4]; ou, noutros termos, o instrumento convencional é, desde há muito, o "mais

[1] Menezes Cordeiro, "Direito do Trabalho e Cidadania", AAVV, *III Congresso Nacional de Direito do Trabalho – Memórias*, coordenação de António Moreira, Almedina, Coimbra, 2001, p. 40, que acrescenta: "efectivamente, a capacidade reconhecida aos operadores colectivos, à margem das estritas regras de representação, de celebrar convenções colectivas aplicáveis aos diversos sujeitos surge como criação *a priori* incompreensível, para o Direito civil. Também a licitude da greve, à margem do monopólio estadual da justiça, dá corpo a institutos genericamente laborais", itálico no original.

[2] Walter Kaskel e Hermann Dersch, *Arbeitsrecht*, 5ª edição, Verlag, Berlin, 1957, p. 19.

[3] Gino Guigni, *Autonomia e Autotutela Colectiva no Direito do Trabalho*, Associação Académica da Faculdade de Direito de Lisboa, p. 5. Também Alonso Olea, *Pactos Colectivos y Contratos de Grupo*, «Crítica del Derecho», Comares, Granada, 2000, reedição 1954, p. 10, assertivamente escreve: "a dogmática da convenção colectiva de trabalho é um dos pontos fundamentais, além de ser um dos mais característicos ...". Carlos Alberto Amorim, *Direito do Trabalho – Da Convenção Colectiva de Trabalho*, edição de João Abrantes, Coimbra, 1978, pp. 51-52, salientando a originalidade jurídica dos fenómenos colectivos, nomeia a convenção colectiva. E Montoya Melgar, "La Interpretación del Convenio Colectivo (Apuntes de Derecho Comparado)", *Revista Ministerio Trabajo Asuntos Sociales*, nº 68, 2007, p. 101, qualifica a convenção como um dos elementos "definidores da peculiaridade e autonomia do Direito do Trabalho".

[4] Júlio Gomes, *Direito do Trabalho – Relações Individuais de Trabalho*, volume I, Coimbra Editora, 2007, p. 43.

representativo da especial natureza jurídica do Direito do Trabalho"[5]. De facto, a convenção colectiva constitui um tema de inegável relevância nas modernas sociedades, não sendo Portugal uma excepção. A sua importância permite mesmo que se fale, como no caso dos sindicatos, de direitos humanos básicos[6], sendo, aliás, comum destacar-se o exercício da negociação colectiva como a função mais importante da actividade sindical[7]. Entende-se, por isso, que autorizada doutrina afirme que o reconhecimento da convenção colectiva, decorrência da autonomia colectiva e "uma das chaves da abóbada do sistema de relações laborais"[8], foi um dos mais importantes factos no campo económico e social da história contemporânea[9], continuando a ser a negociação colectiva, não obstante alguns gostarem de "«tocar a canção da morte» da autonomia colectiva", um instrumento essencial que permite "compensar diferentes interesses para se alcançar uma forma de equilíbrio entre eficiência económica e protecção social"[10].

Demonstrativa dessa relevância no nosso ordenamento é, desde logo, a atenção conferida pela Constituição à convenção colectiva[11]. Com efeito, compulsando a Lei Fundamental facilmente se verifica que o Estado não detém o monopólio da elaboração normativa (*v.g.*, artigos 56º, nº 3, 227º e 241º), apresentando uma concepção pluralista da produção jurídica, em especial, no que respeita às condições de trabalho, o que expressa que o Estado não possui o exclusivo da produção normativa[12]. Assim sendo, cabe invocar, desde logo, a autonomia normativa que confere a

[5] Gustav Radbruch, *Introducción a la Ciencia del Derecho*, tradução, Revista de Derecho Privado, Madrid, 1930, p. 116, que acrescenta, ao contrato colectivo, a constituição da empresa (*Betriebverfassungesetz*, de 4 de Fevereiro de 1920), como medidas mais representativas.

[6] Erminda Uriarte, "Globalizacion y Relaciones Laborales", policopiado, 1999, p. 7.

[7] Por exemplo, Montoya Melgar, *Derecho del Trabajo*, 37ª edición, Tecnos, Madrid, 2016, p. 110.

[8] Gino Giugni, *Introduzione allo Studio della Autonomia Collettiva*, Giuffrè, Milano, 1977, p. 5.

[9] Guido Zanobini, "El Contrato Colectivo del Trabajo en la Legislación y en la Doctrina Italianas", *Revista de Derecho Privado*, ano XVIII, núm. 209, Febrero, 1931, p. 33.

[10] Ulrich Zachert, "La Estrutura de las Relaciones Laborales en Alemania", *Anuario da Facultade de Dereito da Universidade da Coruña*, nº 11, 2007, p. 1038.

[11] Pode ver-se uma análise (qualitativa e quantitativa) da fonte convencional em, Centro de Relações Laborais, *Relatório Anual de Negociação Coletiva em 2016*, Lisboa, www.crlaborais.pt, em especial pp. 36 e ss.

[12] Jorge Leite, *Direito do Trabalho*, volume I, Serviços de Acção Social da Universidade de Coimbra, 2004, p. 53.

determinadas entidades intermédias, nomeadamente às associações de trabalhadores e de empregadores, uma efectiva *potestas normandi*, i.e., "... um poder de criação de autênticas regras de conduta, de atribuição de direitos e deveres relacionados com a sua situação de assalariados (artigo 56º/3)" da Constituição[13].

II. A autonomia colectiva, mais exactamente o direito de contratação colectiva, corolário natural da liberdade sindical, encontra, como decorre do exposto, arrimo na Constituição Portuguesa (artigo 56º, nº 3), tal como em diversos documentos internacionais[14]. Prescreve a Lei Fundamental, no preceito referido, que "compete às associações sindicais exercer o direito de contratação colectiva, o qual é garantido nos termos da lei". Pode, então, inferir-se que o poder normativo das associações sindicais, associações de empregadores e destes[15] se alicerça directamente na Constituição, sendo assegurado pela lei. Ou seja: com base no preceito constitucional, o direito de contratação colectiva não necessita

[13] Jorge Leite, *Direito do Trabalho*, cit., p. 53.

[14] Entre os diversos textos internacionais, saliente-se, desde logo, da Organização Internacional do Trabalho, em especial: a) Convenção nº 87, datada de 1948, aprovada pelo Decreto-Lei nº 45/77, de 19 de Abril; b) Convenção nº 98, de 1949, aprovada, para ratificação, pelo Decreto-Lei nº 45 758, de 12 de Junho de 1964; c) Recomendação nº 91, de 1951.
Importa salientar que existe uma diferente abordagem dos instrumentos internacionais ratificados por Portugal e aquela que é apresentada pela nossa Lei Fundamental. Com efeito, enquanto as convenções nºs 87 – versa a liberdade sindical e a protecção do direito sindical – e 98 – incide sobre o direito de organização e de negociação colectiva – revelam uma igualdade, no que respeita à sua matéria, de tratamento entre trabalhadores e empregadores, a nossa Lei Fundamental não consagrou expressamente o direito de os empregadores se coligarem através de associações para defesa dos seus direitos e, consequentemente, o direito de contratação colectiva, ou qualquer referência à participação na elaboração da legislação do trabalho. Dizemos que a Constituição não consagrou expressamente, pois, pelo menos no que respeita ao direito de contratação colectiva, entendemos que tal faz parte do conteúdo da liberdade de iniciativa económica – na sua vertente de direito de contratação –, que é considerado pela doutrina como um direito fundamental de natureza análoga aos direitos, liberdades e garantias; neste sentido, Gomes Canotilho e Vital Moreira, *Constituição da República Portuguesa Anotada*, Coimbra Editora, volume I, 4ª edição, 2007, p. 789 (II); Ferreira Mendes, em Jorge Miranda e Rui Medeiros, *Constituição Portuguesa Anotada*, tomo I, 2ª edição, Coimbra Editora, 2010, p. 1184.

[15] Cfr. nota anterior.

do posterior reconhecimento de qualquer acto infra-constitucional, cabendo apenas à lei garanti-lo, conforme prescrição constitucional[16].

III. Celebrada por associações de direito privado, como são consideradas as associações sindicais e de empregadores, a convenção colectiva – sem prejuízo da outorga directa pelo empregador[17], depois de uma fase de negociação (artigos 486º e ss), e para que possa produzir os efeitos legalmente previstos – tem de ser celebrada por escrito (artigo 477º) e depositada nos serviços do Ministério que tutela a área do trabalho (artigos 494º e 495º).

Não ocorrendo nenhum dos casos taxativamente previstos no Código do Trabalho para a recusa do depósito, segue-se a publicação da convenção no *Boletim do Trabalho e Emprego* (artigo 519º, nºs 1 e 3); uma vez publicada, a convenção entra em vigor nos mesmos termos das leis (artigo 519º, nº 1, *in fine*)[18].

IV. Completado o ciclo final de procedimento da convenção – i.e., depósito, publicação e entrada em vigor –, esta produz os efeitos legal e convencionalmente previstos; o facto de esses efeitos serem, em regra, gerais e abstractos[19], impõe que se considere estarmos, situação que também já decorria do anteriormente exposto, ante uma fonte específica de Direito do Trabalho, posição que tem, como decorre dos artigos

[16] Para uma análise da convenção colectiva no quadro constitucional, Gonçalves da Silva, *Da Eficácia da Convenção Colectiva*, Dissertação de Doutoramento, Faculdade de Direito da Universidade de Lisboa, volume II, pp. 589 e ss.

[17] Como se sabe a expressão convenção colectiva abrange, quer os contratos colectivos, quer os acordos colectivos, quer ainda os acordos de empresa, (artigo 2º, nº 3).

[18] Sobre a entrada em vigor da lei, cfr. artigo 2º da LFOR.

[19] Neste sentido, por exemplo, Barros Moura, *A Convenção Colectiva entre as Fontes de Direito do Trabalho*, Almedina, Coimbra, 1984, nomeadamente, pp. 125 e 129-130. Não ignoramos, contudo, a possibilidade de uma convenção ter uma cláusula individual e concreta, mas será uma excepção e não a regra, sob pena de descaracterização do interesse colectivo. Sobre a questão, *vd.* Nikitas Aliprantis, *La Place de la Convention Collective dans la Hierarchie des Normes*, «Bibliothèque d'Ouvrages de Droit Social», Tome XXII, Libraire Generale de Droit et de Jurisprudence, Paris, 1980, pp. 78-79. Menezes Leitão, *Direito do Trabalho*, 5ª edição, Almedina, Coimbra, 2016, p. 79, defende que só constitui fonte a parte normativa. Para uma crítica da dicotomia vertente normativa e obrigacional, Gonçalves da Silva, *Da Eficácia da Convenção Colectiva*, cit., volume II, pp. 682 e ss.

56º, nº 4, *in fine*, da CRP, e do artigo 1º, expresso acolhimento no direito positivo[20].

§ 2º Depósito

2.1. Entrega

O primeiro acto que tem de ser realizado após a celebração da convenção é o depósito. Segundo o legislador, a convenção, deve ser entregue nos serviços competentes do Ministério responsável pela área laboral[21] para depósito (artigo 494º, nº 1)[22/23].

[20] Também a jurisprudência, perante diversos regimes legais, tem considerado que a convenção colectiva é fonte de Direito do Trabalho, *vd.*, por exemplo, Acórdão da Relação do Porto, de 8 de Outubro de 1984, *Colectânea de Jurisprudência*, 1984, nº 4, pp. 277 e ss; Acórdão do Supremo Tribunal de Justiça, de 21 de Outubro de 1998, *Boletim do Ministério da Justiça* nº 480, pp. 205 e ss; Acórdão do Supremo Tribunal de Justiça, de 12 de Abril de 2012, processo nº 229/09.6TTBRR.L1.S1, www.dgsi.pt.

[21] É à DGERT que compete acompanhar e fomentar a contratação colectiva, mais precisamente, na área das relações e condições de trabalho, efectuar o depósito e promover a publicação das convenções colectivas de trabalho, da respectiva revogação, de acordos de adesão, decisões arbitrais e deliberações de comissões paritárias; tal como elaborar e promover a publicação de avisos sobre a data da cessação da vigência de convenções colectivas (cfr. artigo 12º, nº 1, parte final, e 2, alínea f), da LOMT, bem como artigo 2º, nºs 1, parte final, e 3, alíneas b) e d) do Decreto-Regulamentar nº 40/2012, de 12 de Abril).

[22] Corresponde, com alterações, aos artigos 549º e 550º do CT2003. Entre as alterações podem identificar-se: a eliminação do prazo de cinco dias subsequentes à assinatura para realizar o depósito, tal como da referência à revogação, agora regulada no 502º, nº 2, (nº 1); o legislador passou a referir-se à "terceira revisão parcial consecutiva", afirmando que, em caso de dúvida, "prevalece sobre os textos a que se refere" (nº 2); a obrigação de entrega da convenção e o texto consolidado serem entregues em documento electrónico (nº 3); a nova redacção constante do proémio do nº 4, uma vez que na anterior versão se dizia, de forma clara, "o depósito das convenções colectivas é recusado"; a supressão da referência ao prazo de 10 meses após a data da entrada em vigor da convenção, sem o qual a convenção era recusada (550º, nº 1, alínea d)), agora nº 4); a menor amplitude da alínea b), pois anteriormente remetia-se para todo o artigo 540º, agora 491º; a autonomização do nº 5, que naturalmente resultava, de forma implícita, do nº 2 do artigo 549º do CT2003; finalmente, a devolução, em caso de recusa de depósito, inclui a convenção colectiva e, agora de forma expressa, o texto consolidado e os títulos comprovativos de representação (nº 6).

O artigo 549º do CT2003 correspondia, com ligeiras alterações, ao artigo 24º nºs 1 e 2, da LRCT. Em 2003, no nº 1, acrescentou-se uma referência à revogação e determinou-se o

Trata-se de um acto prévio e essencial à publicação e consequente entrada em vigor que se traduz na recepção e registo do acordo outorgado, estando claramente afastado qualquer acto por parte da Administração Laboral que interfira no conteúdo da convenção. O texto outorgado é da responsabilidade das partes e encontram-se vedadas alterações, independente da sua dimensão e natureza (materiais ou formais), da autoria da Administração que detém apenas, como veremos, o poder de recusar o depósito.

Por outro lado, as partes são soberanas quer quanto a qual delas compete a entrega, quer relativamente ao momento em que esta deve realizar-se.

2.2. Controlo da administração laboral

I. Ocorrida a entrega da convenção, os serviços do ministério do trabalho realizam a apreciação do instrumento antes de determinar a publicação.

O depósito da convenção depende de um conjunto de requisitos sem os quais a Administração laboral, tendo como pano de fundo o CPA 2015, não o poderá efectuar (artigo 494º, nº 4). Inversamente, também não poderá recusar o depósito, caso estejam presentes os diversos requisitos; o princípio da legalidade, *rectius*, da juridicidade assim o determina.

O primeiro requisito é a necessidade de a convenção colectiva ser celebrada por quem tenha capacidade para o efeito (artigo 494º, nº 4,

prazo para entrega da convenção ou da revogação, bem como deixou de fazer-se referência à Direcção-Geral do Trabalho para se falar de serviços competentes do ministério laboral. No nº 2 foram substituídas as expressões "entrada" por "recepção" e "instrumento" por "convenção".

O artigo 550º do CT2003 correspondia, com alterações, ao artigo 24º, nºs 3 e 5, da LRCT. As alíneas *c*) e *e*) constituíram novidade. No nº 2 foi aditada a obrigação de devolução da convenção às partes.

A Lei nº 9/2006, de 20 de Março, alterou a alínea *e*), substituindo "alterações" por "revisões" e, por outro lado, eliminando a sua parte final ("... ou modificações em mais de dez cláusulas").

A redacção anterior era: "O depósito das convenções colectivas é recusado: se não for entregue o texto consolidado, no caso de ter havido três alterações ou modificações em mais de dez cláusulas".

[23] Note-se que o depósito tem como pressuposto a recepção da convenção colectiva, mas a mera recepção não obriga ao depósito (cfr. artigo 494º, nº 4).

alínea *a*))[24]. Neste preceito o que está em causa é a aferição da capacidade das entidades outorgantes, i.e., empregador e associações sindicais e de empregadores. Como sabemos, tanto as associações sindicais, como as associações de empregadores (artigo 443º, nº 1, alínea *a*) – e os próprios empregadores (artigo 2º, nº 3, alínea *c*)) – podem outorgar convenções colectivas, desde que tenham sido constituídas nos termos legalmente fixados. Ou seja: é necessário que tenham adquirido personalidade jurídica e consequente capacidade de gozo e exercício para que possam celebrar convenções colectivas.

A alínea *b*) exige os títulos de representação, relevando a existência de mandato (escrito) com poderes para contratar, emitido por quem tenha poderes para vincular as associações sindicais, de empregadores ou estes individualmente[25].

A alínea *c*) remete para o nº 1 do artigo 492º, extraindo-se a necessária consequência pela violação do conteúdo obrigatório da convenção, cujo desrespeito gera igualmente a recusa de depósito.

As alíneas *d*) e *e*)[26] visam deixar claro quais as cláusulas que em cada momento vigoram e que as mesmas são de fácil acesso – em nome da certeza e segurança jurídicas –, impondo-se às partes a obrigação, para evitar dúvidas interpretativas, de procederem à consolidação do texto e consequentemente à Administração laboral a sua publicação[27], bem

[24] Constituiu novidade com o CT2003 (artigo 550º, nº 1, alínea c)).

[25] Cfr. também a alínea *d*) do nº 2 do artigo 491º, tendo a remissão – que era para todo o preceito no CT2003 (artigo 550º, nº 1, alínea b)) – diminuído a amplitude do controlo.

[26] As alíneas têm a sua origem na alínea *e*) do nº 1 do artigo 550º do CT2003, segundo a qual o depósito deveria ser recusado no caso de não ser entregue o texto consolidado, tendo havido três alterações ou modificações em mais de dez cláusulas; *vd.* também o artigo 581º, nº 4, do CT2003. A Lei nº 9/2006, de 20 de Março, veio, no entanto, enfraquecer esta obrigação – impondo apenas a entrega do texto consolidado no caso de haver três revisões (parciais) –, o que parece dificilmente explicável numa sociedade da informação, pois a exigência era facilmente exequível, trazendo inequívocas vantagens a todos os agentes laborais na identificação do regime existente. Esta alteração levou à modificação do artigo 581º, nº 4.

[27] O nº 2 do artigo 494º refere-se expressamente à terceira revisão parcial consecutiva, impondo a necessidade de ser acompanhada por um texto consolidado assinado, o qual, havendo divergência quanto ao conteúdo fixado, prevalece sobre os textos objecto de alteração. A convenção e o texto consolidado devem ser entregues, como referimos, em documento electrónico (nº 3 do artigo 494º), nos termos da Portaria nº 1172/2009, de 3 de Setembro, *Diário da República*, de 6 de Outubro, 1ª série, nº 193, pp. 7286-7287. De acordo com esta, importa sublinhar o seguinte: a) âmbito de aplicação, e no que nos interessa, convenção

como que a entrega deve ser realizada em documento electrónico, facilitando assim a actividade da Administração e, por outro lado, tendo presente a desmaterialização da publicação[28].

II. Relativamente à apreciação da Administração laboral importa salientar alguns vectores estruturantes:

1) Em virtude dos instrumentos internacionais que vinculam o Estado português[29] e do quadro constitucional da convenção colectiva, o controlo de legalidade (material) da convenção colectiva (prévio ou posterior à sua publicação) é da competência dos tribunais (artigo 126º, nº 1, alínea a), da Lei da Organização do Sistema Judiciário[30] e artigos 183º e ss do CPT)[31];

colectiva e correspondente texto consolidado, acordo de adesão e decisão arbitral, deliberação da comissão paritária tomada por unanimidade, acordos de prorrogação da vigência da convenção, de efeitos decorrentes da convenção em caso de caducidade e de revogação de convenção colectiva (artigo 1º, alíneas c) a e)); b) a convenção colectiva (texto parcial) e o correspondente texto consolidado (texto integral) – não acompanhado de suporte de papel – têm a força probatória de documento particular assinado, conforme artigo 376º do CC, desde que lhe seja aposta assinatura electrónica qualificada certificada por entidade certificadora credenciada (artigo 3º, nº 1); c) aplicação subsidiária do regime jurídico dos documentos electrónicos e de assinatura electrónica estabelecido no Decreto-Lei nº 290-D, de 2 de Agosto, alterado pelo Decreto-Lei nº 62/2003, de 3 de Abril (artigo 4º).
Naturalmente que cada vez que é entregue um texto consolidado após três revisões parciais consecutivas, inicia-se nova contagem para efeitos de obrigação de entrega de texto consolidado. Entendimento diverso, levaria a que todas as alterações da convenção posteriores ao texto consolidado obrigassem a novos textos consolidados.
Caso a revisão seja integral, logicamente que o novo texto tem de ser entregue "consolidado".

[28] Refere ainda Monteiro Fernandes, *Direito do Trabalho*, 18ª edição, Almedina, Coimbra, 2017, p. 753: "a entrega prematura do texto da convenção: é necessário que tenham decorrido dez meses sobre a data da entrada em vigor da convenção que se altera ou substitui", mas parece-nos que se trata de um lapso, pois essa referência foi eliminada em 2009; por outro lado, o Autor, *op. cit.*, pp. 752-752, omite a exigência da alínea e) do nº 4 do artigo 494º.

[29] Por exemplo, Convenção nº 98 da OIT.

[30] Lei nº 62/2013, de 26 de Agosto, objecto da rectificação nº 42/2013, de 24 de Outubro, com alterações. De acordo com o diploma, "Compete às secções de trabalho conhecer, em matéria cível: Das questões relativas à anulação e interpretação dos instrumentos de regulamentação colectiva do trabalho que não revistam natureza administrativa" (artigo 126º, nº 1, alínea a)).

[31] Também assim, por exemplo, relativamente ao ordenamento espanhol, artigo 90, nº 5, do *Estatuto de los Trabajadores* de 2015, www.boe.es. Para mais desenvolvimentos, Monereo Pérez, "La Intervención de la Administración Laboral en la Tramitación y en el Control de Le-

2) Essa apreciação é de mera conformidade formal – como decorre das causas de recusa de depósito –, estando, assim, vedada qualquer análise respeitante ao conteúdo da convenção colectiva[32]. Na verdade, está em causa um controlo de legalidade formal que corresponde "ao recorte constitucional e legal da autonomia colectiva"[33].

galidad de los Convenios Colectivos «Erga Omnes»", *Revista Española de Derecho del Trabajo*, 1987, nº 32, p. 523; e mais recentemente, Montoya Melgar, *Derecho del Trabajo*, cit., p. 175. Note-se que nos estamos a referir ao proceso especial de impugnação de convenção colectiva (acção de anulação e interpretação de cláusulas de convenções colectivas de Trabalho), o que não significa que a convenção não possa ser impugnada a título incidental. Na verdade, a acção especial prevista nos artigos 183º e ss do CPT não abrange todas as questões relativas à apreciação judicial da convenção colectiva, uma vez que, por exemplo, a matéria da responsabilidade civil pelo incumprimento ou a aplicação do instituto da alteração das circunstâncias não será apurada através daquele mecanismo processual. Aliás, a acção especial apenas pode ser utilizada a título principal, o que naturalmente não prejudica a apreciação jurisdicional a título incidental. Esta posição tem merecido o acolhimento jurisprudencial, por exemplo, na Ac. Rel. de Lisboa, de 12 de Março de 2009, www.dgsi.pt.: "Embora o legislador tenha instituído, nos arts. 183º a 186º do CPT, um processo especial para a anulação e interpretação de cláusulas de convenções colectivas, aqueles preceitos não proíbem que, incidentalmente, nas acções declarativas, com processo comum, emergentes de contrato individual de trabalho, seja declarada pelo tribunal a nulidade de cláusulas de um CCT ou de um acordo de empresa e, menos ainda proíbem a interpretação das cláusulas que o tribunal tem de apreciar e aplicar nessas acções declarativas comuns". Por outro lado, há questões atinentes à convenção colectiva que estão a cargo dos tribunais administrativos, de que são exemplo, os actos administrativos realizados pela Administração laboral aquando do depósito.

[32] Como já afirmou a Organização Internacional do Trabalho, a existência da homologação ou aprovação das autoridades como pressuposto de validade ou eficácia da fonte convencional colide com o artigo 4º da Convenção nº 98, cfr. *La Libertad Sindical, Recopilación y Principios del Comité de Libertad Sindical del Consejo de Adminstración de la OIT*, cit., 2006, §§.1012 a 1018.

[33] Nunes de Carvalho, "Primeiras Notas sobre a Contratação Colectiva Atípica (*Cont.*)", *Revista de Direito e de Estudos Sociais*, ano XXXXI (XIV da 2ª série), 2000, nºs 1 e 2, p. 30, para quem a apreciação de licitude do conteúdo das convenções colectivas está vedada à Administração, ficando reservada tal apreciação aos tribunais. Também no sentido de uma mera apreciação formal se pronuncia amplamente a doutrina, aliás, mesmo perante quadro legais anteriores, Menezes Cordeiro, *Manual de Direito do Trabalho*, Almedina, Coimbra, 1989, reimpressão, 1994, p. 273; Jorge Leite e Coutinho de Almeida, *Colectânea de Leis do Trabalho*, Coimbra Editora, 1985, pp. 429-430 (II e III); Jorge Leite, *Direito do Trabalho*, volume I, cit., p. 164; Menezes Leitão, *Direito do Trabalho*, cit., p. 598; Romano Martinez, *Direito do Trabalho*, 8ª edição, Instituto de Direito do Trabalho da Faculdade de Direito de Lisboa, Almedina, Coimbra, 2017, pp. 1156-1157 e 1173; Mário Pinto, *Direito do Trabalho, Introdução e Relações Colectivas de Trabalho*, Universidade Católica Editora, Lisboa, 1996, p. 318; Motta Veiga, *Lições de Direito do Trabalho* 8ª edição, Universidade Lusíada, Lisboa, 2000, p. 225; Palma Ramalho,

De facto, a atribuição de competência à Administração para uma apreciação de carácter de legalidade material das suas cláusulas – e, por maioria de razão, de oportunidade e mérito – colidiria com a tutela constitucional da autonomia colectiva, constituindo uma restrição intolerável de valores com dignidade constitucional, mais concretamente do direito de contratação colectiva[34];

3) A atribuição de poderes à Administração para apreciar formalmente o instrumento convencional tem apertados limites, não devendo esta, a coberto do controlo formal, recorrer a uma interpretação[35] que não se contenha, de forma clara e patente, na norma que lhe confere a respectiva competência;

4) Os casos plasmados na lei para a recusa de depósito são taxativos, não podendo os serviços ministeriais basearem-se em quaisquer outros fundamentos, conforme decorre da sua adstrição ao princípio da legalidade, melhor dito da juridicidade[36]. Com efeito, a

Tratado de Direito do Trabalho, Parte III – Situações Laborais Colectivas, 2ª edição, Almedina, Coimbra, 2015, p. 251. Por sua vez, Barros Moura, *A Convenção Colectiva entre as Fontes de Direito do Trabalho,* cit. p. 119, nota 41, e *Compilação de Direito do Trabalho – Sistematizada e Anotada,* cit., 1980, pp. 605-606 (I), defendia, no quadro da LRCT, que o controlo era não só formal mas também substancial.

[34] Não está, reitera-se, naturalmente em causa a insindicabilidade do instrumento convencional, mas apenas que a apreciação seja feita pela Administração em detrimento da exclusividade dos tribunais.

[35] Sobre a interpretação administrativa em geral, Sérvulo Correia, "Interpretação Administrativa das Leis", AAVV, *A Feitura das Leis,* volume II, coordenação de Jorge Miranda e Rebelo de Sousa, com a colaboração de Marta Tavares de Almeida, Instituto Nacional de Administração, Oeiras, 1986, pp. 329 e ss.

[36] Como escreve Paulo Otero, *Legalidade e Administração Pública: O Sentido da Vinculação Administrativa à Juridicidade,* Almedina, Coimbra, 2003, p. 15, nota 1: "a juridicidade administrativa traduz uma legalidade mais exigente, revelando que o poder público não está apenas limitado pelo Direito que cria, encontrando-se também condicionado por normas e princípios cuja existência e respectiva força vinculativa não se encontram na disponibilidade desse mesmo poder. Neste sentido, a vinculação administrativa à lei transformou-se numa verdadeira vinculação ao Direito ...". Como se sabe, e escreve Sérvulo Correia, *Legalidade e Autonomia Contratual nos Contratos Administrativos,* «Colecção Teses», Almedina, Coimbra, 1987, p. 288, nota 487, "o pai da ideia de *bloco de legalidade ou bloco legal* foi Maurice Hauriou, com a particularidade de a haver vulgarizado antes da primeira Guerra Mundial, numa fase, portanto, em que, no Direito Francês, se acolhia sem reservas o princípio da natureza totalmente executiva da administração relativamente à lei do Parlamento. Por isso, aliás, o bloco

Administração laboral está sujeita ao referido princípio, que podemos sumariamente concretizar com o facto de a actividade administrativa pública somente se poder realizar "precedendo habilitação legal"[37], como, aliás, resulta do artigo 3º, nº 1, do CPA 2015. Ou seja: a lei é não só o limite, mas também a habilitação da actividade administrativa[38];

era reconhecido como heterogéneo mas dominado incontestavelmente pela lei. Nesta fase inicial, a ideia de *bloco de legalidade* era utilizada sobretudo para efeito de aplicação da precedência de lei", itálico no original. Contudo, continua o Professor, *ibidem*, "dado o papel hoje reservado em França aos regulamentos como fonte de normação inicial, não admira que se considere que o grande princípio que domina a actividade administrativa seja o da «legalidade *latu sensu*», na acepção de conformidade de qualquer acto com regras gerais pré-estabelecidas emergentes do conjunto das fontes de Direito Administrativo". Sobre o tema, *vd.*, entre outros, e além das obras citadas, Vieira de Andrade "O Ordenamento Jurídico Administrativo Português", AAVV, *Contencioso Administrativo – Breve Curso Constituído por Lições Proferidas na Universidade do Minho por Iniciativa da Associação Jurídica de Braga*, Livraria Cruz, Braga, 1986, pp. 37 e ss, que prefere a fórmula *princípio da juridicidade*; Pedro Machete, A *Audiência dos Interessados no Procedimento Administrativo*, »Estudos e Monografias», 2ª edição, Universidade Católica Editora, Lisboa 1996, pp. 24 e ss; Paulo Otero, *Direito Constitucional Português – Identidade Constitucional*, volume I, Almedina, Coimbra, 2010, pp. 75 e ss, enquanto elemento característico do Estado de Direito democrático e, também do mesmo Professor, *Direito do Procedimento Administrativo*, volume I, Almedina, Coimbra, 2016, pp. 135 e ss; e ainda do mesmo Autor, para uma análise exaustiva do tema, *Legalidade e Administração Pública – O Sentido da Vinculação Administrativa à Juridicidade*, cit., em especial pp. 733 e ss; bem como Sérvulo Correia, *op. cit.*, em especial, pp. 17 e ss.

[37] Também princípio da competência, João Caupers e Vera Eiró, *Introdução ao Direito Administrativo*, 12ª edição, Âncora Editora, Lisboa, 2016, pp. 39-40, com desenvolvimentos nas páginas subsequentes; Paulo Otero, *Manual de Direito Administrativo*, volume I, cit., pp. 190 e ss e 244 e ss, salientando que a competência está sujeita "... a um princípio geral da tipicidade ...." e que "... consubstancia sempre uma realidade vinculada pela ideia de interesse público ..." (p. 245).

[38] Esteves de Oliveira, Costa Gonçalves, Pacheco de Amorim, *Código do Procedimento Administrativo*, 2ª edição, Almedina, Coimbra, 1997, pp. 85 e ss., em especial p. 90, onde os Autores, depois de realizarem uma análise doutrinária, escrevem: "as fórmulas usadas [no artigo 3º, nº 1] parecem manifestações inequívocas de que, para o legislador do Código, a actuação da Administração Pública é, em bloco, comandada pela lei, sendo ilegais não apenas os actos (regulamentos ou contratos) administrativos produzidos contra proibição legal, como também aqueles que não tenham previsão ou habilitação legal, ainda que genérica (ou até orçamental)", p. 90, realce no original; veja-se também o artigo 266º, nº 2, 1ª parte, da CRP, bem como a anotação de Fausto de Quadros, em Fausto de Quadros, Sérvulo Correia, Rui Machete, Vieira de Andrade, Dias Garcia, Aroso de Almeida, Políbio Henriques e José Miguel Sardinha, com a colaboração de Tiago Macieirinha, *Comentários à Revisão do Código do Procedimento Administrativo*, Almedina, Coimbra, 2016, pp. 21-22.

5) Por outro lado, o recurso por parte do legislador a um conjunto taxativo de situações expressas demonstra que estamos perante uma actuação vinculada da Administração, existindo, portanto, a obrigação de decidir de acordo com a indicação do legislador – e, portanto, de recusar o depósito se estiver verificada alguma das situações previstas (poder vinculado) – e não discricionariamente, optando pela situação mais conveniente, sob pena de ilegalidade[39];

6) Entendemos, em face do exposto, que só perante um desrespeito inequívoco das situações legalmente estabelecidas é que a Administração está habilitada a recusar o depósito que, neste caso, atento o princípio da juridicidade se qualificará como um dever;

7) Dito isto, importa igualmente sublinhar que, mesmo estando em causa cláusulas manifesta e grosseiramente violadoras da lei, a Administração laboral não pode recusar o depósito e a subsequente publicação de uma convenção colectiva, o que demonstra que o depósito não certifica a legalidade das cláusulas constantes da convenção nem convalida as que colidam com a lei; a apreciação de legalidade está somente a cargo dos tribunais, como, aliás, é inequivocamente confirmado pelo regime que respeita à apreciação relativa à igualdade e não discriminação (artigo 479º).

2.3. Decisão

I. O legislador determina que o pedido de depósito deve ser decidido pelo serviço competente (artigo 494º, nº 5), no prazo de quinze dias (úteis[40]) a contar da recepção da convenção.

Até ao momento da decisão – e não até à recepção da decisão da Administração laboral[41] –, as partes podem introduzir alterações (substan-

[39] Sobre a vinculação, João Caupers e Vera Eiró, *Introdução ao Direito Administrativo*, cit., pp. 84 e ss; Paulo Otero, *Manual de Direito Administrativo*, volume I, cit., pp. 73 e ss.

[40] Este prazo é contado nos termos dos artigos 87º e 88º do CPA 2015, uma vez que está em causa um procedimento administrativo.

[41] Esta posição resulta do preceito citado, além de não colidir com o previsto no CPA 2015. Com efeito, "o acto administrativo produz os seus efeitos desde a data em que foi praticado, salvo nos casos em que a lei ou o próprio acto lhe atribuam eficácia retroactiva ou diferida"; por outro lado, considera-se praticado o acto "... quando seja emitida uma decisão que

ciais e formais)[42] no instrumento outorgado – naturalmente desde que estejam de acordo – devendo o texto ser devolvido aos subscritores para o efeito. Estas alterações têm apenas os limites da autonomia colectiva, o mesmo é dizer que as partes mantêm integralmente a sua liberdade de estipulação, bem como de celebração, podendo inclusive "arrepender-se" e decidir não realizar qualquer depósito.

Realizadas as alterações, devem os outorgantes enviar o texto (novamente) para efeitos de depósito, cabendo à Administração reiniciar o procedimento e como o prazo de depósito foi interrompido, a sua contagem voltará ao início (495º, nº 2).

II. Apesar da existência do princípio (genérico) de decisão (artigo 13º do CPA 2015)[43], o legislador prevê que inexistindo uma tomada de posição por parte da Administração, no prazo de 15 dias, o depósito considera-se realizado, recorrendo deste modo ao deferimento tácito

identifique o autor e indique o destinatário, se for o caso, e o objecto a que se refere o conteúdo" (respectivamente artigo 155º, nºs 1 e 2, do CPA 2015). Note-se que a eficácia de actos constitutivos de deveres ou encargos tem um regime expressamente previsto (artigo 160º). Para mais desenvolvimentos, Aroso de Almeida e Sérvulo Correia, em Fausto de Quadros, Sérvulo Correia, Rui Machete, Vieira de Andrade, Dias Garcia, Aroso de Almeida, Políbio Henriques e José Miguel Sardinha, com a colaboração de Tiago Macieirinha, *Comentários à Revisão do Código do Procedimento Administrativo*, cit., anotação ao preceito; e, ainda que no quadro do CPA 1991, Esteves de Oliveira, Costa Gonçalves e Pacheco de Amorim, *Código do Procedimento Administrativo*, cit., anotação aos artigos 127º e 132 do CPA 1991. Rebelo de Sousa e Salgado Matos, *Direito Administrativo Geral – Actividade Administrativa*, tomo III, 2ª edição, Dom Quixote, 2009, pp. 188 e ss, chamando a atenção para a necessidade de o artigo 132º, nº 1, do CPA 1991, actual artigo 160º do CPA 2015, ser interpretado conforme o artigo 268º, nº 3, da CRP.

[42] Estando em causa alterações substanciais – e, por maioria de razão, formais – não se deve qualificar o novo texto como revisão de convenção, uma vez que, para efeitos jurídicos, a revisão pressupõe a alteração de uma convenção colectiva, o que no caso em apreço ainda não existe, pois o ciclo de produção do instrumento convencional ainda não foi concluído.

[43] Esteves de Oliveira, Costa Gonçalves e Pacheco de Amorim, *Código do Procedimento Administrativo*, cit., pp. 125 e ss, salientam, face ao idêntico e correspondente artigo 9º do CPA 1991, a diferença entre o dever de se pronunciar e o dever de decidir. Para mais desenvolvimentos do princípio da decisão, Paulo Otero, *Direito do Procedimento Administrativo*, volume I, cit., pp. 110 e ss.

(artigos 130º, nºs 1 e 2, do CPA 2015[44], e 494º, nº 7, por força do nº 5)[45]. Neste caso, a Administração procederá, em princípio, à publicação em *jornal oficial* (519º)[46].

III. Entendendo a Administração laboral que existem motivos para não proceder ao depósito, deverá recusá-lo, no prazo de 15 dias – sob pena de deferimento tácito[47] –, mediante acto expresso e devidamente fundamentado (artigos 148º e ss do CPA 2015), notificando imediatamente as partes, bem como devolver a convenção colectiva, o texto consolidado e os títulos comprovativos da representação (artigo 494º, nº 6)[48].

[44] Veja-se ainda o nº 3 do artigo 130º do CPA 2015. Para mais desenvolvimentos sobre o deferimento tácito no CPA 2015, Políbio Henriques, em Fausto de Quadros, Sérvulo Correia, Rui Machete, Vieira de Andrade, Dias Garcia, Aroso de Almeida, Políbio Henriques e José Miguel Sardinha, com a colaboração de Tiago Macieirinha, *Comentários à Revisão do Código do Procedimento Administrativo*, cit., pp. 262 e ss; Paulo Otero, *Direito do Procedimento Administrativo*, volume I, cit., pp. 415 e sss, em especial pp. 419 e ss.

[45] Para que a Administração laboral tenha o dever de decidir e naturalmente se inicie a contagem para o deferimento tácito é necessário que estejam reunidos diversos pressupostos. Com efeito, Esteves de Oliveira, Costa Gonçalves e Pacheco de Amorim, *Código do Procedimento Administrativo*, cit., pp. 484-485, sublinham: a) uma pretensão formulada; b) inexistência de decisão expressa ou tácita; c) previsão legal de deferimento tácito; d) pressupostos procedimentais (subjectivos e objectivos), ou seja, e para além "da *pretensão* (inteligível), da *competência* e da *inexistência de decisão expressa*, também – a *legitimidade* do requerente, a *tempestividade* do pedido, a *actualidade* (não caducidade) *do direito* e a *existência de um dever legal de decidir* (que não existiria se, por exemplo, sobre o mesmo assunto, houvesse decisão há menos de dois anos, cfr. nº 2 do art. 9º [do CPA 1991, actual artigo 13º, nº 2, do CPA 2015]", itálico no original (p. 485). No mesmo sentido, já se pronunciou o STA, em aresto de 1 de Julho de 1998, *Apêndice ao Diário da República*, Acórdãos do Supremo Tribunal Administrativo, 3º trimestre de 1998, publicado a 14 de Maio de 2002, pp. 4807 e ss.

[46] Dizemos, em *princípio*, uma vez que o acto administrativo tácito pode ser objecto de actos secundários, incluindo a revogação (por razões de mérito, conveniência ou oportunidade, artigo 165º, nº 1, do CPA 2015) ou anulação (assente na invalidade, artigo 165º, nº 2, do CPA 2015), embora nos pareça que neste caso só pode estar em causa esta última, cfr. Freitas do Amaral, com a colaboração de Pedro Machete e Lino Torgal, *Curso de Direito Administrativo*, volume II, 3ª edição, Almedina, Coimbra, 2016, pp. 300 e ss, 385 e ss e 394 e ss.

[47] Para uma apreciação geral da figura, *vd.*, entre outros, Aroso de Almeida, *Teoria Geral do Direito Administrativo. O Novo Regime do Código do Procedimento Administrativo*, 2ª edição, Almedina, Coimbra, 2015, pp. 211 e ss.

[48] Note-se que antes de notificação de recusa, a Administração laboral tem o dever de proceder à audiência prévia de interessados – escrita ou oral –, comunicando o sentido provável da decisão, devendo a notificação conter todos os elementos necessários para que os parti-

2.4. Impugnação da recusa de depósito

I. Havendo recusa de depósito por parte da Administração, os outorgantes podem recorrer à via administrativa ou jurisdicional, sustentando a existência de desvalores do acto administrativo (artigo 148º do CPA 2015[49]) praticado pela Administração laboral[50]. Quanto à via administra-

culares se pronunciem, num prazo não inferior a 10 dias, cuja contagem se efectua de acordo com os artigos 87º e 88º do CPA 2015; a realização da audiência de interessados suspende a contagem do prazo do respectivo procedimento (artigos 121º e 122º do CPA 2015); *Vd.* ainda os artigos subsequentes. Para mais desenvolvimentos, Políbio Henriques, em Fausto de Quadros, Sérvulo Correia, Rui Machete, Vieira de Andrade, Dias Garcia, Aroso de Almeida, Políbio Henriques e José Miguel Sardinha, com a colaboração de Tiago Macieirinha, *Comentários à Revisão do Código do Procedimento Administrativo*, cit., pp. 249 e ss; Esteves de Oliveira, Costa Gonçalves, Pacheco de Amorim, *Código do Procedimento Administrativo*, cit., pp. 448 e ss; e em especial, Pedro Machete, A *Audiência dos Interessados no Procedimento Administrativo*, cit., *maxime*, pp. 391 e ss. Quanto à legitimidade para iniciar e intervir no procedimento, cfr. artigo 68º, nº 1, do CPA 2015 e as anotações de Sérvulo Correia, em Fausto de Quadros, Sérvulo Correia, Rui Machete, Vieira de Andrade, Dias Garcia, Aroso de Almeida, Políbio Henriques e José Miguel Sardinha, com a colaboração de Tiago Macieirinha, *Comentários à Revisão do Código do Procedimento Administrativo*, cit., pp. 160 e ss; e no quadro do CPA 1991, Esteves de Oliveira, Costa Gonçalves, Pacheco de Amorim, *op. cit., maxime* pp. 282 e ss, anterior ao aresto a seguir indicado; bem como o Ac. do Tc. nº 118/97, de 19 de Fevereiro, cit..

[49] Sobre o conceito de acto administrativo, no actual quadro legal, Aroso de Almeida, *Teoria Geral do Direito Administrativo. O Novo Regime do Código do Procedimento Administrativo*, cit., pp. 177 e ss, em especial pp. 181 e ss; Freitas do Amaral, com a colaboração de Pedro Machete e Lino Torgal, *Curso de Direito Administrativo*, volume II, cit., pp. 197 e ss; Vieira de Andrade, em Fausto de Quadros, Sérvulo Correia, Rui Machete, Vieira de Andrade, Dias Garcia, Aroso de Almeida, Políbio Henriques e José Miguel Sardinha, com a colaboração de Tiago Macieirinha, *Comentários à Revisão do Código do Procedimento Administrativo*, cit., pp. 295 e ss; Paulo Otero, *Direito do Procedimento Administrativo*, volume I, cit., pp. 309 e ss. Quanto à tipologia e classificação dos actos administrativos, Aroso de Almeida, *op. cit.*, pp. 194 e ss; Freitas do Amaral, *op. cit.*, pp. 231 e ss; João Caupers e Vera Eiró, *Introdução ao Direito Administrativo*, cit., pp. 225 e ss; Rebelo de Sousa e Salgado Matos, *Direito Administrativo Geral – Actividade Administrativa*, cit., pp. 95 e ss; Paulo Otero, *op. cit.*, pp. 317 e ss.

[50] Para uma análise geral dos requisitos de validade e de eficácia do acto administrativo, Aroso de Almeida, *Teoria Geral do Direito Administrativo. O Novo Regime do Código do Procedimento Administrativo*, cit., pp. 262 e ss; Freitas do Amaral, com a colaboração de Pedro Machete e Lino Torgal, *Curso de Direito Administrativo*, volume II, cit., pp. 309 e ss; João Caupers e Vera Eiró, *Introdução ao Direito Administrativo*, cit., 2016, pp. 233 e ss; Rebelo de Sousa e Salgado Matos, *Direito Administrativo Geral – Actividade Administrativa*, cit., pp. 151 e ss e 188 e ss. E Paulo Otero, *Direito do Procedimento Administrativo*, volume I, cit., pp. 537 e ss e 597 e ss, tratando da actuação administrativa.

tiva[51], os principais meios que as partes têm ao seu alcance (artigo 186º, nº 1, alínea a), do CPA 2015)[52] para impugnar a legalidade (causa de pedir, artigo 185º, nº 3, do CPA 2015) do acto negativo (de recusa) são:

1) Reclamação (facultativa, artigos 184º, nºs 1, alínea a) e 2, 185º, nº 2, do CPA 2015) para o autor do acto, no prazo de 15 dias a contar da notificação (artigo 191º, nºs 1 e 3[53], do CPA 2015), devendo ocorrer a decisão de reapreciação pelo órgão competente no período de 30 dias (artigo 192º, nº 2, do CPA 2015), não tendo a impugnação efeito suspensivo (artigo 189º, nº 2, do CPA 2015); o autor do acto pode confirmar ou proceder, conforme o pedido, à sua modificação ou

[51] Vamos referir as garantias administrativas de legalidade ou noutra perspectiva impugnatórias; de qualquer modo, destaque-se também a queixa ao Provedor de Justiça (artigo 23º da CRP e Lei nº 9/91, de 9 de Abril, com alterações, de 18 de Fevereiro). Sobre a classificação, Freitas do Amaral, com a colaboração de Pedro Machete e Lino Torgal, *Curso de Direito Administrativo*, volume II, cit., pp. 607 e ss, e 613 e ss, qualificando como administrativa a queixa ao Provedor de Justiça (pp. 634 e ss); João Caupers e Vera Eiró, *Introdução ao Direito Administrativo*, cit., 2016, pp. 376-377, considerando a queixa ao Provedor como ocupando um "... lugar à parte" (p. 374); Paulo Otero, *Manual de Direito Administrativo*, volume I, cit., pp. 116 e ss, em especial pp. 118 e ss, que dentro das garantias administrativas (ou graciosas) – esta integra a tripla configuração das garantias internas, a par com as políticas e judiciais – aborda as petitórias, impugnatórias e a queixa ao Provedor de Justiça.

[52] De acordo com esta norma, os filiados nas associações outorgantes também terão legitimidade (activa) para impugnar. Para uma análise do preceito, Vieira de Andrade, em Fausto de Quadros, Sérvulo Correia, Rui Machete, Vieira de Andrade, Dias Garcia, Aroso de Almeida, Políbio Henriques e José Miguel Sardinha, com a colaboração de Tiago Macieirinha, *Comentários à Revisão do Código do Procedimento Administrativo*, cit., pp. 400-401; e, não obstante referir-se ao artigo 160º, nº 1, do CPA 1991, Esteves de Oliveira, Costa Gonçalves, Pacheco de Amorim, *Código do Procedimento Administrativo*, cit., pp. 753 e ss, salientando que também o Ministério Público tem legitimidade para impugnar o acto administrativo com fundamento em ilegalidade e por outro lado, que, apesar das diferenças face ao artigo 53º, nº 1 – actual artigo 68º, nº 1, do CPA 2015 – os que intervieram no procedimento com base nesta norma também poderão impugnar.

[53] Face à alínea b) do artigo 162º do CPA 1991, Rebelo de Sousa e Salgado Matos, *Direito Administrativo Geral – Actividade Administrativa*, cit., pp. 219-220, defendiam que mesmo estando em causa um acto de publicação obrigatória, a notificação deve realizar-se, sob pena de incompatibilidade com o artigo 268º, nº 3, da CRP, pelo que "quando a publicação e a notificação constituam requisitos cumulativos de eficácia do acto reclamado, o prazo para a reclamação deve começar a contar-se a partir da data em que ocorra a última delas".

substituição (artigos 184º, nº 1, alínea a), *in fine*, 192º, nº 2, parte final, do CPA 2015[54]);

2) Recurso (facultativo, artigos 184º, nºs 1, alínea a) e 2, 185º, nº 2, do CPA 2015) dirigido ao superior hierárquico do autor do acto (artigos 193º, nº 1, alínea a), 194º, nº 1, do CPA 2015) – Ministro do Trabalho –, no prazo igual ao do contencioso (artigo 193º, nº 2, *in fine*, do CPA 2015), devendo o órgão decidir, no prazo máximo de 30 dias a contar da remessa do processo ao órgão competente (artigo 198º, nº 1, do CPA 2015[55]), inexistindo suspensão de eficácia (artigo 189º, nº 2, 1ª parte, do CPA 2015); sublinhe-se, portanto, que o acto pode ser confirmado ou, atendendo ao pedido, inexistindo competência exclusiva do seu autor, modificado ou substituído pelo Ministro do Trabalho (artigos 184º, nº 1, alínea a), *in fine*, e 197º, nº 1)[56/57].

[54] Não obstante o CPA 2015 prever nos preceitos acima referidos ainda a revogação e a anulação, consideramos que o pedido dos particulares visará, para obter um efeito útil, a modificação ou a substituição do acto. Para uma análise das diferentes figuras, *vd.*, Aroso de Almeida, *Teoria Geral do Direito Administrativo. O Novo Regime do Código do Procedimento Administrativo*, cit., pp. 313 e ss; Freitas do Amaral, com a colaboração de Pedro Machete e Lino Torgal, *Curso de Direito Administrativo*, volume II, cit., pp. 373 e ss; Robin de Andrade, "O Regime da Revogação e da Anulação Administrativa no Projeto do Novo Código do Procedimento Administrativo", *Cadernos de Justiça Administrativa, XV Seminário de Justiça Administrativa*, nº 100, 2013, pp. 70 e ss.

[55] O prazo pode chegar a 90 dias quando se realizar nova instrução ou diligências complementares (nº 2 do artigo 198º do CPA 2015).

[56] Para mais desenvolvimentos sobre a reclamação e o recurso hierárquico, Aroso de Almeida, *Teoria Geral do Direito Administrativo. O Novo Regime do Código do Procedimento Administrativo*, cit., pp. 365 e ss; Freitas do Amaral, com a colaboração de Pedro Machete e Lino Torgal, *Curso de Direito Administrativo*, volume II, cit., pp. 619 e ss; Vieira de Andrade, em Fausto de Quadros, Sérvulo Correia, Rui Machete, Vieira de Andrade, Dias Garcia, Aroso de Almeida, Políbio Henriques e José Miguel Sardinha, com a colaboração de Tiago Macieirinha, *Comentários à Revisão do Código do Procedimento Administrativo*, cit., pp. 397 e ss; João Caupers e Vera Eiró, *Introdução ao Direito Administrativo*, cit., 2016, pp. 380 e ss; Esteves de Oliveira, Costa Gonçalves, Pacheco de Amorim, *Código do Procedimento Administrativo*, cit., pp. 743 e ss; Paulo Otero, "As Garantias Impugnatórias dos Particulares no Código do Procedimento Administrativo", *Scientia Ivridica*, tomo XLI, nºs 235/237, 1992, pp. 49 e ss, em especial 63 e ss; Vasco Pereira da Silva, «O Inverno do nosso Descontentamento» – As Impugnações Administrativas no Projeto de Revisão do CPA", *Cadernos de Justiça Administrativa, XV Seminário de Justiça Administrativa*, nº 100, 2013, pp. 126-127; Rebelo de Sousa e Salgado Matos, *Direito Administrativo Geral – Actividade Administrativa*, cit., pp. 219 e ss.

3) Temos, no entanto, de ter presente que, apesar de o quadro legal admitir tanto no caso da reclamação como de recurso hierárquico a eficácia retroactiva da decisão, tal possibilidade poderá apresentar-se materialmente impossível atendendo à natureza das prestações em causa[58].

II. A par dos mecanismos de impugnação por via administrativa, os actos da Administração Pública estão, como é característica de um Estado de Direito democrático, sujeitos a um controlo de legalidade[59], reconhecendo a Constituição o direito de acesso aos tribunais (artigo 20º, nº 1) e o direito a uma tutela jurisdicional efectiva dos administrados face à sua conduta (artigo 268º, nº 4, e também artigo 2º do CPTA)[60].

[57] Tem sido sublinhado que, conforme resulta do artigo 59º, nº 5, do CPTA, a impugnação administrativa possui, em geral, carácter facultativo, podendo o particular mesmo na pendência de uma reclamação ou recurso hierárquico impugnar judicialmente o acto. Sobre o debate acerca da revogação das normas avulsas que estabelecem a impugnação administrativa necessária e a sua compatibilidade constitucional, Aroso de Almeida e Fernandes Cadilha, *Comentário ao Código de Processo nos Tribunais Administrativos*, 3ª edição, Almedina, Coimbra, 2010, pp. 348 e ss, que defende a vigência das regras especiais, bem como a compatibilidade constitucional; Rebelo de Sousa e Salgado Matos, *Direito Administrativo Geral – Actividade Administrativa*, cit., pp. 222-223, que admitem a existência de recursos hierárquicos necessários em situações específicas. Em sentido contrário, Vasco Pereira da Silva, "De Necessário a Útil: A Metamorfose do Recurso Hierárquico no Novo Contencioso Administrativo", *Cadernos de Justiça Administrativa*, nº 47, 2004, pp. 21 e ss, em especial pp. 26 e ss, preconizando a revogação das normas pelo CPTA; bem como, do mesmo Autor, *Em Busca do Acto Administrativo Perdido*, «Colecção Teses», Almedina, Coimbra, 1996, p. 674, referindo-se à caducidade por inconstitucionalidade superveniente; Paulo Otero, "As Garantias Impugnatórias dos Particulares no Código do Procedimento Administrativo", cit., pp. 59 e ss, defendendo a inconstitucionalidade das normas de impugnação administrativa necessária. No actual quadro legal, Aroso de Almeida, *Manual de Processo Administrativo*, 2ª edição, Almedina, Coimbra, 2015, reimpressão de 2016, pp. 290 e ss.

[58] Cfr. *infra* nota.

[59] Para uma análise geral das garantias dos particulares, João Caupers e Vera Eiró, *Introdução ao Direito Administrativo*, cit., pp. 373 e ss; e ainda Paulo Otero, *Direito Administrativo – Relatório de uma Disciplina Apresentado no Concurso para Professor Associado na Faculdade de Direito da Universidade de Lisboa*, Lisboa, s.e., 1998, pp. 348 e ss, referindo-se às diversas formas de controlo da Administração Pública.

[60] Sobre a tutela jurisdicional efectiva, *vd.*, por exemplo, Mário Esteves de Oliveira e Rodrigo Esteves de Oliveira, *Código de Processo nos Tribunais Administrativos, volume I (artigos 1º a 96º) e Estatuto dos Tribunais Administrativos e Fiscais Anotados*, Almedina, Coimbra, 2004,

A apreciação jurisdicional da legalidade[61] – estando, portanto, afastada a análise da conveniência ou oportunidade das decisões administrativas apenas a cargo da própria Administração ou através de fiscalização política (artigo 3º, nº 1, do CPTA[62]) – permite naturalmente aos outorgantes contestar a posição da Administração laboral[63] (legitimidade passiva)[64] em matéria de depósito – ainda que sem eficácia suspensiva –, que pode ter diversos objectivos à luz do artigo 268º, nºs 4 e 5, da Constituição[65/66], podendo considerar-se como meios essencialmente adequados[67]:

pp. 108 e ss; Paulo Otero, *Direito Constitucional Português – Identidade Constitucional*, cit., pp. 95 e ss.

[61] Para uma análise histórica do contencioso administrativo, *vd.*, por todos, Vasco Pereira da Silva, *O Contencioso Administrativo no Divã da Psicanálise – Ensaio sobre as Acções no Novo Processo Administrativo*, 2ª edição, Almedina, Coimbra, 2009, pp. 9 e ss.

[62] Note-se que o CPTA confere aos tribunais administrativos o poder de fixar um prazo para que a Administração cumpra os deveres que lhe foram impostos, bem como a aplicação de sanções pecuniárias compulsórias; por outro lado, os tribunais administrativos asseguram a execução das suas decisões, por exemplo, através da emissão de sentença que produza os efeitos do acto administrativo devido (artigo 3º, nºs 2 e 4, respectivamente).

[63] Para Aroso de Almeida, *Teoria Geral do Direito Administrativo. O Novo Regime do Código do Procedimento Administrativo*, cit., p. 203, os actos administrativos de conteúdo negativo não são actualmente objecto de impugnação contenciosa, só o sendo os actos de conteúdo positivo. "Diferentemente, a reacção contenciosa contra os atos de conteúdo negativo passa pela dedução do competente pedido de condenação à prática de um ato que satisfaça a pretensão do autor ou que, pelo menos, dê uma nova definição ao caso, sem reincidir nas ilegalidades em que tinha incorrido o ato negativo. É o que, designadamente, resulta do disposto nos artigos 51º, nº 4, e 66º do CPTA" e 67º, nº 1, alínea b), do mesmo diploma. Veja-se também, do mesmo Autor, *Manual de Processo Administrativo*, 2ª edição, Almedina, Coimbra, 2015, reimpressão de 2016, pp. 276 e ss.

[64] Nos termos do artigo 10º, nº 2, do CPTA, "nos processos intentados contra entidades públicas, parte demandada é a pessoa coletiva de direito público, salvo nos processos contra o Estado ou as Regiões Autónomas que se reportem à ação ou omissão de órgãos integrados nos respetivos ministérios ou secretarias regionais, em que parte demandada é o ministério ou ministérios, ou a secretaria ou secretarias regionais, a cujos órgãos sejam imputáveis os atos praticados ou sobre cujos órgãos recaia o dever de praticar os atos jurídicos ou observar os comportamentos pretendidos". Para uma análise do preceito, Aroso de Almeida, *Manual de Processo Administrativo*, cit., pp. 243 e ss.

[65] Paulo Otero, *Direito Constitucional Português – Identidade Constitucional*, cit., pp. 109 e ss, com mais desenvolvimentos.

[66] Nos termos do artigo 59º, nº 4, do CPTA, a reclamação e o recurso hierárquico suspendem o prazo de impugnação contenciosa do acto sobre que incide, retomando o prazo a conta-

1) Pedido da condenação à prática do acto administrativo legalmente devido – que tem como pressuposto a recusa da prática do acto pelo órgão competente (artigo 67º, nº 1, alínea b), 1ª parte) –, prescrevendo o Código de Processo nos Tribunais Administrativos[68]:

gem após a respectiva decisão; para uma análise do preceito, Aroso de Almeida, *Manual de Processo Administrativo*, cit., pp. 302 e ss.

[67] Não existem dúvidas sobre a existência de uma relação jurídica administrativa (artigos 212º, nº 3, *in fine*, da CRP, e 1º, nº 1, e 4º, nº 1, por exemplo, alíneas a), b), do ETAF) e a consequente competência dos tribunais administrativos para conhecer a questão (artigo 44º do ETAF, tribunais administrativos de círculo). Sobre o âmbito da jurisdição administrativa, Aroso de Almeida, *Manual de Processo Administrativo*, cit., pp. 154 e ss; João Caupers e Vera Eiró, *Introdução ao Direito Administrativo*, cit., 2016, pp. 397 e ss. Para um comentário ao artigo 1º, nº 1, e 4º do ETAF, sem conter as alterações de 2015, Mário Esteves de Oliveira e Rodrigo Esteves de Oliveira, *Código de Processo nos Tribunais Administrativos, volume I (artigos 1º a 96º)* ..., cit., em especial pp. 25 e ss, e 30 e ss.

[68] Existe também o pedido de anulação ou declaração de nulidade ou inexistência de acto administrativo (artigos 2º, nº 2, alínea a), e 50º e ss, do CPTA), cfr. Aroso de Almeida, *Manual de Processo Administrativo*, cit., pp. 75 e ss e 257 e ss. Sobre os actos nulos e anuláveis, *vd.* artigos 161º e ss do CPA 2015 e respectiva análise, em Aroso de Almeida, *Teoria Geral do Direito Administrativo. O Novo Regime do Código do Procedimento Administrativo*, cit., pp. 262 e ss; Paulo Otero, *Manual de Direito Administrativo*, volume I, cit., pp. 563 e ss; e, no quadro do CPA 1991, Esteves de Oliveira, Costa Gonçalves, Pacheco de Amorim, *Código do Procedimento Administrativo*, cit., pp. 637 e ss; Rebelo de Sousa e Salgado Matos, *Direito Administrativo Geral – Actividade Administrativa*, cit., em especial, pp. 168 e ss.
No entanto, e não obstante o legislador ter consagrado o princípio da livre cumulabilidade de pedidos – Aroso de Almeida, *Manual de Processo Administrativo*, cit., pp. 69-70 e 344 e ss – permitindo-se, portanto, a cumulação do pedido de anulação ou de declaração de nulidade ou inexistência de acto administrativo com o de condenação à prática de acto administrativo devido, em substituição, total ou parcial, do acto praticado (artigo 4º, nº 2, alínea c), do CPTA), tem-se entendido que este é o meio mais adequado não se justificando cumular os dois pedidos, conforme resulta da conjugação dos artigos 51º, nº 4, 66º, nº 2, e 67º, nº 1, alínea b), do CPTA. Sobre o assunto, *vd.* a Exposição de Motivos do CPTA – Guilherme da Fonseca, Martins Claro e José Fontes, *Código de Processo nos Tribunais Administrativos e Legislação Complementar*, 4ª edição, Coimbra Editora, 2010, pp. 97 (ponto 7) –, na qual se pode ler: "... no caso de a Administração indeferir expressamente uma pretensão dirigida à emissão de um acto administrativo, o tribunal não deve limitar-se a verificar se a recusa foi ilegal, mas deve pronunciar-se sobre o bem fundado da pretensão de fundo do interessado, na estrita medida em que tal seja possível sem invadir o espaço próprio da discricionariedade administrativa. Por este motivo, sempre que dê razão ao autor, ele não deve anular ou declarar nula a recusa, mas impôr sempre a prática de um acto administrativo, determinando o seu conteúdo ou, no caso de não o poder fazer, explicitando as vinculações a observar pela Administração na sua emissão. A condenação proferida tem, por si só, o alcance de eliminar da ordem jurídica o indeferimento porventura proferido"; Aroso de Almeida e Fernandes

a) *Legitimidade (activa)*: quem alegar a titularidade de um direito ou interesse legalmente protegido (o empregador outorgante), bem como pessoas colectivas privadas em relação aos direitos e interesses que têm o dever de defender (entidades celebrantes)[69]

Cadilha, *Comentário ao Código de Processo nos Tribunais Administrativos*, cit., em especial pp. 353 e ss (anotação ao artigo 51º do CPTA), explicando que a condenação da prática de acto devido é o meio adequado para impugnar actos administrativos de conteúdo negativo; Aroso de Almeida, "O Objecto do Processo no Novo Contencioso Administrativo", *Cadernos de Justiça Administrativa*, nº 36, 2002, pp. 3 e ss; do mesmo Autor, *Manual de Processo Administrativo*, cit., pp. 87 e ss e 276 e ss; Mário Esteves de Oliveira e Rodrigo Esteves de Oliveira, *Código de Processo nos Tribunais Administrativos, volume I (artigos 1º a 96º)* ..., cit., pp. 350 e ss; Vasco Pereira da Silva, *O Contencioso Administrativo no Divã da Psicanálise* ..., cit., pp. 389-390. Veja-se também, ainda que com base no regime anterior, sobre a impugnação dos actos administrativos, entre outros, e, em especial, Vasco Pereira da Silva, *Para um Contencioso Administrativo dos Particulares – Esboço de uma Teoria Subjectivista do Recurso Directo de Anulação*, Almedina, Coimbra, 1989, *maxime*, pp. 67 e ss; e quanto à suspensão de eficácia de actos administrativos de conteúdo negativo, ainda com interesse, Cláudio Monteiro, *Suspensão da Eficácia de Actos Administrativos de Conteúdo Negativo*, Associação Académica da Faculdade de Direito de Lisboa, 1990, em particular, pp. 85 e ss.

Há um ponto que importa ainda sublinhar: o da legitimidade das associações sindicais. Com efeito, o STA – acórdão do pleno, de 25 de Outubro de 2005 (processo 1945/03), *Cadernos de Justiça Administrativa*, nº 56, 2006, pp. 32 e ss – teve ocasião de afirmar, dirimindo um conflito de jurisprudência, que as associações sindicais têm a faculdade de impugnar actos administrativos que afectam interesses individuais dos seus filiados, entendendo que o artigo 4º, nº 3, do Decreto-Lei nº 84/99, de 19 de Março (liberdade sindical dos trabalhadores na Administração Pública) – revogado pela LACTFP (artigo 18º, alínea b)) – ao prever a legitimidade daquelas associações "para a defesa colectiva dos direitos e interesses individuais legalmente protegidos dos trabalhadores que representem", consagra a legitimidade processual activa destes sujeitos colectivos para defender os direitos e interesses individuais de um único trabalhador; esta posição vem na linha de jurisprudência do Tribunal Constitucional – por exemplo, aresto nº 118/97, de 19 de Fevereiro, cit. – que preconiza que as associações sindicais podem não só intervir na defesa de interesses colectivos, mas também na defesa colectiva de interesses individuais. Sobre a matéria, Aroso de Almeida e Fernandes Cadilha, *Comentário ao Código de Processo nos Tribunais Administrativos*, cit., pp. 374-375; Liberal Fernandes, "Sobre a Legitimidade em Procedimento Administrativo dos Sindicatos dos Trabalhadores da Administração Pública", *Cadernos de Justiça Administrativa*, nº 56, 2006, pp. 37 e ss, em anotação concordante com o aresto do STA, de 25 de Outubro de 2005, cit., defende igualmente que os sindicatos têm legitimidade para impugnar a aplicação de uma sanção a um filiado. Veja-se, no quadro actual, o artigo 338º, nº 2, da LALGTFP.

[69] Não parece facilmente defensável que os filiados também tenham legitimidade. Efectivamente, a doutrina tem afirmado que "... é evidente que a legitimidade para pedir a condenação da Administração à prática do acto devido, salvo hipóteses especiais pertence exclusivamente ao requerente, àquele a quem foi ilegalmente recusada (ou omitida) a prática de

e o Ministério Público[70] num número limitado de situações, entre as quais se inclui quando o dever de praticar o acto resulte directamente da lei e esteja em causa a ofensa de direitos fundamentais (artigo 68º, nº 1, alíneas a) a c));

b) *Prazo*: tratando-se de indeferimento – como é o caso –, o prazo de propositura é de 3 meses (artigo 69º, nº 2);

c) *Efeitos*: o tribunal não se limita a anular, declarar nulo ou inexistente o acto, devolvendo a questão ao órgão administrativo competente, "... mas pronuncia-se sobre a pretensão material do interessado, impondo a prática do ato devido" (artigo 71º, nº 1)[71]; estamos, portanto, perante um meio que compreende o reconhecimento judicial de direitos ou interesses legalmente protegidos dos outorgantes, adstringindo a Administração

um acto que havia requerido", concluindo: "afirmamos, portanto, que contra ou sem a vontade do requerente ninguém pode ir a tribunal pedir que a Administração seja condenada a deferir algo que ela indeferiu – pois só ele, requerente, (sabe e) decide se se conforma ... com o indeferimento de que foi destinatário ou se, pelo contrário, ainda mantém interesse no reconhecimento judicial da legalidade da pretensão que formulou e se pretende reagir contra a sua recusa ...", sublinhado no original, Mário Esteves de OliveirA e Rodrigo Esteves de Oliveira, *Código de Processo nos Tribunais Administrativos, volume I (artigos 1º a 96º)* ..., cit., p. 423; veja-se também sobre o assunto, Aroso de Almeida, *Manual de Processo Administrativo*, cit., pp. 230 e ss; e Aroso de Almeida e Fernandes Cadilha, *Comentário ao Código de Processo nos Tribunais Administrativos*, cit., pp. 456-457.

[70] Cfr. as funções do Ministério Público no artigo 51º do ETAF, sem prejuízo do respectivo Estatuto. Sobre a matéria, por exemplo, Aroso de Almeida, *Manual de Processo Administrativo*, cit., pp. 63 e ss; Sérvulo Correia, "A Reforma do Contencioso Administrativo e as Funções do Ministério Público", *Estudos em Homenagem a Cunha Rodrigues*, volume I, Coimbra Editora, 2001, pp. 295 e ss.

[71] No entanto, sublinha o legislador que "quando a emissão do acto pretendido envolva a formulação de valorações próprias do exercício da função administrativa e a apreciação do caso concreto não permita identificar apenas uma solução como legalmente possível, o tribunal não pode determinar o conteúdo do acto a praticar, mas deve explicitar as vinculações a observar pela Administração na emissão do acto devido" (artigo 71º, nº 2). Veja-se sobre o conteúdo do "acto devido", Aroso de Almeida, *Manual de Processo Administrativo*, cit., pp. 94 e ss; e Mário Esteves de Oliveira e Rodrigo Esteves de Oliveira, *Código de Processo nos Tribunais Administrativos, volume I (artigos 1º a 96º)* ..., cit., pp. 413-414, que salienta a possibilidade de a condenação judicial dizer apenas respeito a alguns elementos do acto (por exemplo, ao quando da sua actuação).

laboral a praticar, por decisão jurisdicional, o acto devido, *in casu*, o depósito e publicação da convenção[72];

2) Pedido, com a natureza de providência cautelar e de processo urgente, de "intimação para a adoção ... de uma conduta por parte da Administração ... por alegada violação ... do direito administrativo nacional ..." (artigo 112º, nº 2, alínea i), e 113º, nº 2, do CPTA[73])[74]. Trata-se de uma providência que poderá ser solicitada pelos mesmos que podem intentar a acção principal (legitimidade activa, artigo 112º, nº 1, do CPTA) – podendo ser solicitada antes, juntamente ou na pendência daquela (artigo 114º 1, alíneas a) a c), do CPTA) – e imporá à Administração a prática do acto de depósito e publicação[75]. Note-se ainda que o juiz pode antecipar o juízo sobre a causa principal, "quando, existindo processo principal já intentado, se verifique que foram trazidos ao processo cautelar todos os elementos necessários para o efeito e a simplicidade do caso ou a urgência na sua resolução definitiva o justifique, ... (artigo 121º, nº 1, do CPTA). Por outro lado, poderá haver um decretamento

[72] Para mais desenvolvimentos, *vd.*, por exemplo, Aroso de Almeida, *Manual de Processo Administrativo*, cit., pp. 87 e ss e 305 e ss; Aroso de Almeida e Fernandes Cadilha, *Comentário ao Código de Processo nos Tribunais Administrativos*, cit., pp. 436 e ss; João Caupers e Vera Eiró, *Introdução ao Direito Administrativo*, cit., 2016, pp. 453 e ss; Mário Esteves de Oliveira e Rodrigo Esteves de Oliveira, *Código de Processo nos Tribunais Administrativos, volume I (artigos 1º a 96º)* ..., cit., pp. 410 e ss; Vasco Pereira da Silva, *O Contencioso Administrativo no Divã da Psicanálise*, cit., pp. 377 e ss.
Sobre as providências de execução, artigos 3º, nº 4, e 167º, nº 6, do CPTA.

[73] Veja-se também o artigo 36º, nº 1, alínea e), e nº 2, do CPTA.

[74] Pode, no entanto, colocar-se reservas sobre a possibilidade de este meio abranger a intimação para a prática de um verdadeiro acto administrativo, cfr. Aroso de Almeida e Fernandes Cadilha, *Comentário ao Código de Processo nos Tribunais Administrativos*, cit., pp. 755 e 759-780, embora não nos pareça concludente a posição. De qualquer modo, a questão não assume dimensão estruturante – e estando naturalmente fora de hipótese que um meio principal fosse amputado de uma providência cautelar quando este instituto não está sujeito a tipicidade – por duas razões: a) por um lado, o CPTA admite qualquer providência que seja adequada a assegurar a utilidade da decisão (artigo 112º, nº 1, *in fine*), naturalmente sem prejuízo das limitações decorrentes, desde logo, das competências da jurisdição administrativa; por outro, o tribunal pode optar por outra ou outras providências, em cumulação ou substituição do que tiver sido requerido (artigo 120º, nº 3, do CPTA).

[75] Quanto aos critérios de decisão, *vd.* o artigo 120º do CPTA

provisório da providência cautelar quando seja reconhecida "... a existência de uma situação de especial urgência, passível de dar causa a uma situação de facto consumado na pendência do processo ..." (artigo 131º, nº 1, do CPTA)[76].

Há, no entanto, que sublinhar as dificuldades operativas destes dois meios. Com efeito, temos, por um lado, a condenação da prática do acto devido que – sendo procedente – determinará, por exemplo, a anulação ou declaração de nulidade do acto administrativo negativo, bem como a realização do depósito e publicação, mas dificilmente o poderá fazer com carácter retroactivo, atendendo à natureza das prestações reguladas numa convenção colectiva[77]; por outro lado, a providência cautelar – mesmo sendo também procedente –, não poderá, devido à sua natureza instrumental e provisória (quer da decisão, quer do conteúdo), ser utilizada para alcançar resultados definitivos e integrais, ou seja, de mérito. Ora, como a decisão do processo principal (trânsito em julgado) – caso não confirme o meio cautelar – gera a caducidade da providência cautelar (artigo 123º, nº 1, alínea e), do CPTA), pode acontecer que a convenção já tenha terminado a sua vigência quando

[76] Refira-se ainda que "o processo cautelar depende da causa que tem por objecto a decisão sobre o mérito, podendo ser intentado como preliminar ou como incidente do processo respectivo" (artigo 113º, nº 1, do CPTA). Para mais desenvolvimentos sobre a providência cautelar, Aroso de Almeida, *Manual de Processo Administrativo*, cit., pp. 415 e ss; Aroso de Almeida e Fernandes Cadilha, *Comentário ao Código de Processo nos Tribunais Administrativos*, cit., pp. 740 e ss; João Caupers e Vera Eiró, *Introdução ao Direito Administrativo*, cit., 2016, pp. 497 e ss.

[77] De facto, colocar os outorgantes e os respectivos filiados na situação que existiria se não tivesse sido praticado a recusa de depósito (e publicação), quer dizer que a convenção, na maioria dos casos, já teria iniciado a produção de efeitos, o que significa que a Administração deveria colocar os destinatários na situação em que estes se encontrariam com a aplicação do instrumento cujo depósito foi recusado. Pense-se, por exemplo, nos danos que a não aplicação de um regime de adaptabilidade de tempo de trabalho, de *ius variandi* espacial ou um aumento retributivo – decorrente daquela flexibilidade – pode causar aos seus destinatários. Na verdade, o tempo não volta para trás, pelo que é materialmente impossível aplicar com carácter retroactivo cláusulas que determinem determinados comportamentos, tais como a utilização de certo vestuário. Esta limitação material poderá não ocorrer em situações de prestações pecuniárias, mas mesmo neste caso as contraprestações em regra associadas não poderão ser utilizadas, pelo que prejudica a retroactividade ainda nestas situações. Veja-se, Aroso de Almeida, *Manual de Processo Administrativo*, cit., pp. 137 e ss, distinguindo entre irreversibilidade jurídica e fáctica.

aquela surgir[78], atingindo-se, assim, um resultado definitivo com o meio cautelar[79], o que significa dizer que estes dois meios poderão ser, em diversas situações, inadequados[80].

Importa, por isso, ter presente o processo principal, de carácter urgente, denominado *intimação para protecção de direitos, liberdades e garantias* (artigos 109º a 111º do CPTA)[81] que, apesar da subsidiariedade face aos demais processos principais e providências cautelares[82], pode constituir um meio adequado quando todos os outros mecanismos de revelem concretamente ineficientes. Refere o legislador que a intimação pode ser requerida "... quando a célere emissão de uma decisão de mérito que imponha à Administração a adoção de uma conduta positiva ou negativa se revele indispensável para assegurar o exercício, em tempo útil, de um direito, liberdade e garantia, por não ser possível ou suficiente, nas circunstâncias do caso, o decretamento provisório de uma providência cautelar,

[78] Não podendo ignorar-se também a hipótese de revogação da convenção (artigo 502º, nº 1, alínea a)).

[79] Definitivo e também insusceptível de eficácia retroactiva.

[80] Note-se que, na esteira de Aroso de Almeida, *Manual de Processo Administrativo*, cit., p. 140, "... é da natureza das providências cautelares que, muitas vezes, para evitar consequências irreversíveis ou de difícil reparação de certo tipo, é necessário adoptar providências que comportam, também elas, o risco de produção de consequências irreversíveis ou dificieis de reverter de tipo diferente no plano puramente fáctico. A nosso ver, esta circunstância não faz, só por si, com que se transite para o terreno da intimação. O que se impõe é, no momento de aplicar os criterios do artigo 120º, ponderar devidamente as alternativas, de modo a escolher a solução mais equilibrada, atendendo à concreta configuração (e, portanto, ao peso relativo) dos intereses em presença"; veja-se também, Autor e obra citada, p. 332. O Autor acrescenta ainda, *op. cit.*, p. 417: "o que a providência cautelar não pode fazer é antecipar, *a título definitivo*, a constituição de situações que só a decisão a proferir no proceso principal pode determinar *a título definitivo*, em tais condições que essa situação já *não possa ser alterada* se, no proceso principal, o juiz chegar, a final, a conclusões que não consintam a sua manutenção", itálicos no original.

[81] Não se reconduzindo a acção a uma mera concretização do artigo 20º, nº 5, da CRP; neste sentido, Reis Novais, "«Direito, Liberdade ou Garantia»: Uma Noção Constitucional Imprestável na Justiça Administrativa", *Cadernos de Justiça Administrativa*, nº 73, 2009, pp. 48 e ss, apresentando uma noção ampla, incluindo os direitos fundamentais sociais – e, por outro lado, para quem, como nós, defenda que o direito de contratação colectiva é um direito, liberdade e garantia, este é o meio adequado.

[82] Sobre o ponto na doutrina, Aroso de Almeida e Fernandes Cadilha, *Comentário ao Código de Processo nos Tribunais Administrativos*, cit., pp. 725 e ss.

segundo o disposto no artigo 131º" (artigo 109º, nº 1, do CPTA). Demonstrada que esteja a indispensabilidade da decisão de mérito para garantir, em tempo útil[83], o exercício do direito de contratação colectiva, *não sendo possível (ou suficiente)* o decretamento provisório de providência cautelar, devem então os titulares do direito de contratação colectiva (legitimidade activa)[84] recorrer a este mecanismo pedindo ao tribunal que imponha à Administração a prática do acto administrativo[85/86].

3) Finalmente, poderemos identificar a responsabilidade extra-contratual (por facto ilícito e culposo): Os outorgantes (e, acrescentaríamos, os filiados) têm também ao seu dispor uma outra garantia típica do Estado de Direito democrático que é o mecanismo da responsabilidade civil e que assume especial relevância face às dificuldades de retroacção das decisões resultantes dos meios acima referidos. Com efeito, a Administração laboral (e os respectivos autores) pode ser civilmente responsabilizada pelas acções (ou omissões) praticadas no exercício de função administrativa[87], conforme decorre do regime da responsabilidade civil extra-contratual do Estado e demais entidades públicas (artigo 16º do CPA 2015[88] e Lei

[83] A tramitação consta dos artigos 110º e 110º-A.

[84] Neste caso, consideramos que terão legitimidade tanto os titulares do direito (os trabalhadores e empregadores), como os que podem exercê-lo (associações e empregadores individuais).

[85] Deve ter-se presente que o CPTA prevê que no caso de o interessado pretender "a emissão de um acto administrativo estritamente vinculado, designadamente de execução de um acto administrativo já praticado, o tribunal emite sentença que produza os efeitos do acto devido" (artigo 109º, nº 3); trata-se de uma situação excepcional – fora dos casos de execução de sentenças, artigos 3º, nº 4, e, por exemplo, 167º, nº 6, do CPTA, como vimos – em que a lei concede ao tribunal poderes de substituição.

[86] Para mais desenvolvimentos, Aroso de Almeida, *Manual de Processo Administrativo*, cit., pp. 135 e ss, em especial pp. 137 e ss, e 391 e ss; Aroso de Almeida e Fernandes Cadilha, *Comentário ao Código de Processo nos Tribunais Administrativos*, cit., pp. 719 e ss, salientando a não sujeição a qualquer prazo de caducidade (pp. 723-724); João Caupers e Vera Eiró, *Introdução ao Direito Administrativo*, cit., pp. 489 e ss, em especial 493 e ss.

[87] Este pedido pode ser cumulado com o de condenação da Administração à prática do acto devido (artigo 4º, nº 2, alínea f), do CPTA).

[88] Para mais desenvolvimentos sobre o princípio da responsabilidade, entre outros, Paulo Otero, *Direito do Procedimento Administrativo*, volume I, cit., pp. 221 e ss; Fausto de Quadros e Sérvulo Correia, em Fausto de Quadros, Sérvulo Correia, Rui Machete, Vieira de Andrade,

nº 67/2007, de 31 de Dezembro, alterada pela Lei nº 31/2008, de 17 de Julho[89]). Deste modo, os outorgantes (e filiados) podem responsabilizar a Administração laboral (e os respectivos titulares dos órgãos, funcionários e agentes)[90] pelos danos que a recusa ilegal de depósito lhes cause (artigos 1º, nºs 1 a 3), seguindo o processo a forma da acção administrativa (artigo 37º, nº 1, alínea k), do CPTA).

O diploma legal, que consagra a responsabilidade civil por danos decorrentes do exercício da função administrativa, determina a reconstituição *in natura* como princípio (artigo 3º, nº 1), devendo sublinhar-se que tal situação não será, em regra, materialmente possível devido à incompatibilidade do conteúdo das cláusulas convencionais com a reconstituição da situação que se verificaria se não tivesse ocorrido o facto que obriga à reparação; por outro lado, mesmo nos diminutos casos em que for possível poderá não reparar integralmente os danos ou ser excessivamente onerosa. Nestas situações, o legislador, em substituição da reconstituição hipotética, prescreve que a indemnização é fixada em dinheiro (artigo 3º, nº 2)[91], compreendendo sempre os danos patrimoniais e não patrimoniais, tal como os já produzidos e futuros (artigo 3º, nº 3)[92].

Dias Garcia, Aroso de Almeida, Polibio Henriques e José Miguel Sardinha, com a colaboração de Tiago Macieirinha, *Comentários à Revisão do Código do Procedimento Administrativo*, cit., pp. 45-46.

[89] Veja-se o também o artigo 22º da CRP. Nos termos do artigo 4º, nº 1, alínea f), do ETAF, a competência é dos tribunais administrativos. Para mais desenvolvimentos, Aroso de Almeida, *Manual de Processo Administrativo*, cit., pp. 165 e ss.

[90] A responsabilidade é exclusiva do Estado quando o autor da conduta tenha agido com culpa leve (artigo 7º, nº 1; veja-se também os nºs 3 e 4); no caso de o autor do acto ter agido com dolo ou culpa grave, será este responsável pelos danos causados (artigo 8º, nº 1), afirmando o legislador que o Estado é solidariamente responsável com o respectivo autor (artigo 8º, nº 2), sem prejuízo do direito de regresso – e de eventual procedimento disciplinar – que é obrigatório (artigo 8º, nº 3 e 6º, nº 1). Sobre a culpa, cfr. artigo 10º, sublinhando que se presume a culpa leve na prática de actos jurídicos ilícitos (artigo 10º, nº 2); e acerca da ilicitude, *vd.* artigo 9º.

[91] Face à identidade do artigo 3º, nºs 1 e 2, com, respectivamente, os artigos 562º e 566º, nº 1, do CC, veja-se Menezes Leitão, *Direito das Obrigações – Introdução. Da Constituição das Obrigações*, volume I, 12ª edição, 2015, pp. 297-298 Note-se que a lei determina ainda: "Quando o comportamento culposo do lesado tenha concorrido para a produção ou agravamento dos danos causados, designadamente por não ter utilizado a via processual adequada à eliminação do acto jurídico lesivo, cabe ao tribunal determinar, com base na gravidade das culpas de ambas as partes e nas consequências que delas tenham resultado, se a indemni-

§ 3º Publicação

I. A qualificação da convenção como fonte impõe, com base no acesso ao Direito, a sua publicação[93]. Com efeito, a necessidade de os seus

zação deve ser totalmente concedida, reduzida ou mesmo excluída" (artigo 4º). Sobre a prescrição *vd.* o artigo 5º.

[92] Sobre a responsabilidade civil (extracontratual por facto ilícito) em geral, Menezes Cordeiro, *Tratado de Direito Civil Português, Direito das Obrigações,* II, Tomo III, Almedina, Coimbra, 2010, pp. 285 e ss, em especial pp. 387 e ss; Menezes Leitão, *Direito das Obrigações,* volume I, cit., pp. 256 e ss; Romano Martinez, *Direito das Obrigações – Apontamentos,* 2ª edição, Associação Académica da Faculdade de Direito de Lisboa, 2004, pp. 87 e ss. E no exercício da função administrativa, *vd.*, entre outros, Aroso de Almeida, *Manual de Processo Administrativo,* cit., pp. 165 e ss; bem como, do mesmo Autor, *Teoria Geral do Direito Administrativo. O Novo Regime do Código do Procedimento Administrativo,* cit., pp. 469 e ss, em especial pp. 487 e ss; Aroso de Almeida e Fernandes Cadilha, *Comentário ao Código de Processo nos Tribunais Administrativos,* cit., pp. 49 e ss, com informação sobre a possibilidade de uma ilegalidade formal poder gerar o dever de indemnizar por facto ilícito; Freitas do Amaral, com a colaboração de Pedro Machete e Lino Torgal, *Curso de Direito Administrativo,* volume II, cit., pp. 545 e ss, em especial pp. 583 e ss; João Caupers e Vera Eiró, *Introdução ao Direito Administrativo,* cit., 2016, pp. 309 e ss, em especial pp. 321 e ss; Maria da Glória Dias Garcia, *A Responsabilidade Civil do Estado e demais Pessoas Colectivas Públicas,* Conselho Económico e Social, série Estudos e Documentos, Lisboa, 1997, em especial, pp. 34 e ss; Paulo Otero, *Direito Constitucional Português – Identidade Constitucional,* cit., pp. 112-113; Vasco Pereira da Silva, *O Contencioso Administrativo no Divã da Psicanálise ...,* cit., pp. 516 e ss; Rebelo De Sousa e Salgado Matos, *Direito Administrativo Geral – Actividade Administrativa,* cit., pp. 484 e ss e 516-517. Ainda com interesse, embora referindo-se ao regime anterior (Decreto-Lei nº 48:051, de 21 de Novembro de 1967), Maria da Glória Dias Garcia, *A Responsabilidade Civil do Estado e demais Pessoas Colectivas Públicas,* «Estudos e Documentos», Conselho Económico e Social, Lisboa, 1997, em especial, pp. 34 e ss.

[93] Note-se que, como referimos, compete à Direcção-Geral do Emprego e das Relações de Trabalho a promoção da sua publicação (artigo 2º, nº 3, alínea a), do Decreto-Regulamentar nº 40/2012, cit.; por outro lado, também está a cargo desta entidade a tarefa de classificação, conforme determina o Despacho do Secretário de Estado, de 5 de Março de 1990, publicado no *Boletim do Trabalho e Emprego,* de 22 de Março de 1990, 1ª série, número 11, p. 503, segundo o qual: "1 – A Direcção-Geral do Trabalho assegurará em relação a todos os instrumentos de regulamentação colectiva de trabalho a classificação e integração das categorias profissionais nos níveis de qualificação, segundo o sistema já praticado e promoverá a respectiva publicação.
2 – A publicação será feita na 1ª série do *Boletim do Trabalho e Emprego* e identificará sempre o instrumento de regulamentação de trabalho a que respeita".
Para uma análise da diferença entre publicação e publicidade, Gomes Canotilho e Vital Moreira, *Constituição da República Portuguesa Anotada (artigos 108º a 296º),* volume II, 4ª edição, Coimbra Editora, 2010, p. 130, sublinhando que a publicação é a publicidade realizada

destinatários terem efectivo conhecimento do regime acordado – tal como os trabalhadores para, por exemplo, poderem optar pela sua aplicação (artigo 497º) e a Administração laboral poder realizar uma efectiva fiscalização[94] – determina a existência de mecanismos de divulgação que assegurem a possibilidade de todos os interessados conseguirem aceder à fonte e conhecerem, em condições que garantam a segurança e certeza jurídica, qual o regime vigente[95].

através do jornal oficial. Nesta matéria, o Tribunal Constitucional, aresto nº 234/87, de 12 de Março, www.tribunalconstitucional.pt, ponto II. 4, afirmou: "Este princípio – *o princípio da publicidade* – é, também ele, uma exigência *material*, e não apenas *formal*, do Estado de Direito: neste, os cidadãos têm, de facto, o direito de conhecer facilmente o ordenamento jurídico que regula a vida em sociedade".

[94] Constitui atribuição da Autoridade para as Condições de Trabalho (ACT) – serviço central integrado na administração directa do Estado, dotado de autonomia administrativa (artigo 4º, alínea d), da LOMT, bem como artigo 1º do Decreto-Regulamentar nº 47/2012, de 31 de Julho, Lei Orgânica da Autoridade para as Condições do Trabalho) – fiscalizar o cumprimento das disposições legais, regulamentares e convencionais respeitantes às condições de trabalho (cfr. artigo 11º, nº 2, alínea a), da LOMT, bem como artigo 2º, nº 2, alínea a), do Decreto-Regulamentar cit.); veja-se também os artigos 5º, nº 1 (acção inspectiva), e 18º (legitimidade das associações sindicais para solicitar a acção inspectiva quando estiver em causa a defesa de interesses colectivos ou a defesa colectiva de interesses individuais dos trabalhadores que representa) do Decreto-Lei nº 102/2000, de 20 de Junho, com alterações (Estatuto da Inspecção-Geral do Trabalho). Relativamente à ACT, salientem-se ainda, em especial, as convenções da Organização Internacional do Trabalho nºs 81 (inspecção do trabalho na indústria e no comércio), 129 (inspecção do trabalho na agricultura), 155 (segurança, saúde dos trabalhadores e ambiente de trabalho) e, num quadro mais amplo, 150 (papel, funções e organização da Administração do Trabalho), todas ratificadas por Portugal, cfr. www.ilo.org. Para uma análise do tema, Wolfgang Von Richthofen, *Inspecção do Trabalho: Um Guia da Profissão*, Organização Internacional do Trabalho e Inspecção Geral do Trabalho, Coimbra Editora, 2006, em especial, pp. 109 e ss

[95] *Vd.* as observações de Paulo Otero, *Lições de Introdução ao Estudo do Direito*, I volume, 1º tomo, Pedro Ferreira, Lisboa, 1998, pp. 191 e ss, ao tratar do Estado subordinado ao Direito; e Sousa Pinheiro em Sousa Pinheiro e Pedro Lomba, *Comentário à Constituição Portuguesa, Princípios Gerais da Organização do Poder Político (artigos 108º a 119º)*, III volume, 1º Tomo, coordenação de Paulo Otero, Centro de Investigação da Faculdade de Direito da Universidade de Lisboa, Almedina, Coimbra, 2008, pp. 503 e ss, sublinhando, a propósito do artigo 119º da CRP, a relação entre o princípio da publicidade e o do Estado de Direito.

O empregador tem também o dever de afixar em local apropriado da empresa a informação relativa aos instrumentos de regulamentação aplicáveis (publicidade), constituindo a sua omissão uma contra-ordenação leve (artigo 480º). Esta informação genérica e actualizada dos instrumentos de regulamentação que regulam a situação jurídica dos trabalhadores e

Compreende-se, por isso, que a Administração deva, realizado o depósito, proceder à publicação da convenção colectiva no *Boletim do Trabalho e Emprego* (artigo 519º, nº 1, 1ª parte)[96], o que constitui pressuposto de eficácia das suas cláusulas, conforme decorre, desde logo, da interpretação articulada entre a Constituição (artigo 119º, nºs 2 e 3)[97], o Código do Trabalho (artigo 519º, nºs 1 e 2) e a legislação ordinária (artigo

dos empregadores, reforça a tutela dos trabalhadores, pois estes ao conhecerem o regime aplicável têm maior consciência dos seus direitos e deveres.
Registe-se igualmente que entre as informações que o empregador tem o dever de prestar ao trabalhador se encontra o instrumento de regulamentação colectiva aplicável, caso exista (artigo 106º, nº 3, alínea l)). No entanto, a informação sobre as alterações ao contrato de trabalho resultantes dos instrumentos de regulamentação não têm de ser comunicadas (artigo 109º, nº 2), pelo que a importância do preceito é indiscutível.

[96] Note-se que, nos termos do Despacho Normativo nº 25/2007, de 13 de Junho (*Diário da República*, 2ª série, de 3 de Julho, p. 18800), também – além do Diário da República – o *Boletim do Trabalho e Emprego* passou a ser editado electronicamente como serviço público de acesso universal e gratuito (nºs 1 e 8), sendo objecto – na sua única série, uma vez que a 2ª foi extinta (nº 7) – de publicação de diversos actos, tais como, portarias de condições de trabalho e de extensão (alíneas b) e c), respectivamente), convenções colectivas e acordos de adesão (alínea d)), avisos sobre a data da cessação da vigência de convenções colectivas de trabalho (alínea h)), acordos de revogação de convenções colectivas (alínea i)) (cfr. nº 4). Sobre a publicação dos instrumentos de regulamentação colectiva nas Regiões Autónomas, cfr. os artigos 3º dos Decretos Legislativos Regionais nº 19/2006/A, de 29 de Maio, e 21/2009/M, de 4 de Agosto.
O legislador determina ainda, além da obrigação de publicação dos instrumentos no *Boletim do Trabalho e Emprego*, a publicação no *Diário da República* das portarias de extensão e de condições de trabalho, da qual depende a respectiva entrada em vigor. Deste modo, a entrada em vigor das portarias depende da publicação no *Diário da República* (nº 2, *in fine*), o mesmo é dizer que havendo discrepância entre a data da publicação no *Boletim do Trabalho e Emprego* e a da *Diário da República*, é a data deste jornal que naturalmente releva.
O preceito é uma consequência natural face à qualificação das portarias de extensão e de condições de trabalho como regulamentos. Com efeito, de acordo com os artigos 119º, nº 1, alínea *h*), com os artigos 1º, nº 1, 3º, 2, alínea *p*) da LFOR, e consequentemente com o nº 2, os regulamentos devem ser, sob pena de ineficácia, publicados no *Diário da República*. Para mais desenvolvimentos, *vd.* Gonçalves da Silva, *Portaria de Extensão: Contributo para o seu Estudo*, Dissertação de Mestrado, Faculdade de Direito de Lisboa, policopiado, 1999, pp. 410 e ss. Naturalmente que também os respectivos actos de cessação serão publicados no *Diário da República*.

[97] Uma análise desenvolvida do artigo 119º da CRP pode ser vista em Sousa Pinheiro, Sousa Pinheiro e Pedro Lomba, *Comentário à Constituição Portuguesa, Princípios Gerais da Organização do Poder Político (artigos 108º a 119º)*, cit., pp. 503 e ss.
Sobre o artigo 119º, nº 2, pode ver-se com utilidade o Ac. do Tc. nº 80/84, de 18 de Julho, *Acórdãos do Tribunal Constitucional*, 1984, 4º volume, pp. 221 e ss.

1º, nº 1, da LFOR)[98]. Nestes termos, a ausência de publicação no *Boletim do Trabalho e Emprego* afecta a eficácia da fonte – não a validade[99] – prejudicando a sua obrigatoriedade[100] e oponibilidade relativamente às partes do contrato de trabalho destinatárias do instrumento convencional[101].

[98] Entendemos que a redacção do artigo 519º, nº 1, ao afirmar que o instrumento de regulamentação colectiva entra em vigor nos mesmos termos da lei, abarca ainda a matéria da sua eficácia jurídica, o que significa dizer que a omissão de publicação no *Boletim do Trabalho e Emprego* a prejudica, tal como acontece com a lei (artigo 1º, nº 1, da LFOR), não impedindo, no entanto, outro tipo de efeitos, nomeadamente obrigacionais, cfr. bibliografia acima referida sobre contratação colectiva atípica.
Ou seja: é preciso ter presente que o Código do Trabalho não diz qual a consequência da não publicação, fazendo apenas depender a entrada em vigor daquela; ora, se sem publicação não há entrada em vigor, não será forçado concluir que a sua eficácia está também dependente da publicação. Por outro lado, compete à lei determinar as formas de publicidade dos demais actos e a respectiva consequência da sua falta (nº 3 do artigo 119º da CRP), pelo que a consequência de a LFOR fazer depender a eficácia jurídica de publicação só pode ser a ineficácia, reconduzindo-se esta solução à plasmada no 119º, nº 2, da CRP.
Daqui decorre também que devem ser aplicados outros preceitos da LFOR quando inexistirem regras no Código do Trabalho ou reguladoras do *Boletim de Trabalho e Emprego*, nomeadamente a força probatória da publicação (artigo 1º, nº 5, da LFOR).
No sentido de a falta de publicação afectar a eficácia da convenção colectiva, no quadro da LRCT, Barros Moura, *Compilação de Direito do Trabalho (Sistematizada e Anotada)*, Almedina, Coimbra, 1980, p. 605. Por outro lado, a jurisprudência, já teve ocasião de afirmar que a falta de publicidade dos instrumentos de regulamentação colectiva não afecta a validade da convenção, cfr. Ac. da Rel. de Lisboa, de 21 de Janeiro de 2004 (processo 5878/03), www.colectaneadejusrisprudencia.com., ponto 16.

[99] Sobre o conceito de eficácia, vigência e validade, e ainda os desvalores do acto legislativo que, *mutatis mutandis*, aplicar-se-ão às convenções, em virtude do artigo 519º, *vd.* Oliveira Ascensão, *O Direito – Introdução e Teoria Geral*, 13ª edição, Almedina, Coimbra, 2010, reimpresão da edição de 2005, p. 215, onde se lê: "se o âmbito da eficácia não suscita grandes problemas, já *vigência* e *validade* se usam por vezes indistintamente. Porém, não se confundem. Uma lei pode ser válida sem ser vigente, como a lei devidamente aprovada que ainda não entrou em vigor. E pode ser vigente sem ser válida: assim, a lei cuja inconstitucionalidade não foi ainda declarada com força obrigatória geral".

[100] Como fixa o Código Civil, "a lei só se torna obrigatória depois de publicada no jornal oficial" (artigo 5º, nº 1), o que já resultaria da sua ineficácia jurídica.

[101] Como bem afirma o Ac. do STJ, de 21 de Novembro de 2001, processo nº 1961/01, www.colectaneadejurisprudencia.com "... antes da respectiva publicação, a convenção colectiva não tem força obrigatória como fonte de direito, apenas terá existência enquanto contrato, nesses termos obrigando as partes celebrantes, se estipulado, mas não estando apta a produzir efeitos normativos".

Podemos, deste modo, dizer que a publicação constitui ainda uma concretização da regra geral da publicidade das normas (artigo 119º da CRP), devendo sublinhar-se que o desconhecimento do quadro convencional não exonera os destinatários do[102] seu cumprimento[103].

II. Na sequência do atrás referido aquando do depósito (artigo 494º, nº 2), o legislador determina também que no caso de três revisões parciais consecutivas – independentemente da dimensão de cada uma delas –, o instrumento seja integralmente republicado (nº 3 do artigo 519º)[104], que naturalmente terá a mesma natureza do que a convenção inicial. Este preceito tem subjacente que não basta a publicação da convenção para que os interessados possam aceder em condições de segurança e certeza; é igualmente necessário que em cada momento todos os interessados possam identificar, de forma clara, o regime vigente do instrumento de regulamentação colectiva, pois no caso de várias alterações, sem republicação, tornava-se bastante complexa a articulação de cláusulas que constavam das diversas publicações; situação que foi, aliás, reiteradas vezes fonte de conflito entre os outorgantes e respectivos destinatários e até mesmo entre estes e a Administração laboral. Garante-se, deste modo, que o regime aplicável está claramente identificado e estabilizado, cumprindo-se os valores de certeza e segurança jurídica, impondo-se, para isso, às partes a obrigação, com o intuito de evitar dúvidas aplicativas, de procederem à consolidação do texto, comportamento que se não for cumprido gerará a recusa de depósito (artigos 494º, nº 2, 3 e 4, alíneas *d*) e *e*)).

Assim, será republicado o texto consolidado que foi entregue aquando do depósito, em virtude de uma terceira revisão parcial (consecutiva), prevalecendo a consolidação sobre os textos a que se refere, o que

[102] Cfr. o artigo 6º do CC, devendo ser considerado um princípio geral, também se aplica à fonte convencional.

[103] Neste sentido, relativamente ao ordenamento espanhol, García-Murcia e Rodríguez Cardo, "La Entrada en Vigor del Convenio Colectivo Estatutario", *Revista Española de Derecho del Trabajo*, 143, 2009,p. 580.

[104] Existe alguma semelhança com o artigo 6º, nº 3, alínea a), da LFOR, mas neste caso o legislador não utilizou o vocábulo *consecutivas*.

demonstra os efeitos jurídicos desta (artigo 494º, nº 2 e 519º, nº 3)[105]; no entanto, a publicação do texto consolidado não prejudica a publicação do acordo celebrado, fazendo, aliás, a lei a destrinça entre "a convenção e o texto consolidado" (artigo 494º, nº 3)[106].

III. O Código do Trabalho não fixou prazo expresso para a Administração proceder à publicação, acto que assume especial relevância pois sem ela a convenção não inicia a produção de efeitos legalmente previstos. Entendemos, no entanto, que, perante a omissão da legislação laboral e sem prejuízo do dever de celeridade, deve aplicar-se o prazo geral de 10 dias úteis previsto no Código do Procedimento Administrativo (artigo 71º, nº 1, e 72º, nº 1, alínea b)), o que, aliás, poderá ter justificado a eliminação do prazo que a LRCT previa[107].

§ 4º Apreciação da administração laboral em matéria de igualdade e não discriminação

I. O Código do Trabalho consagrou a apreciação por parte da Administração laboral relativa à igualdade e não discriminação (artigo 479º)[108].

[105] Também se as partes fizerem alterações e procederem voluntariamente à consolidação, deve aplicar-se a mesma solução legal para o dissenso entre aquelas e esta, ou seja, o artigo 494º, nº 2, *in fine*.

[106] Apesar de o artigo 519º, nº 3, não ser expresso na publicação da convenção e do texto consolidado, a Administração laboral tem procedido de forma cumulativa na divulgação; cfr., por exemplo, acordo colectivo de trabalho entre a Caixa Leasing e Factoring – Instituição Financeira de Crédito, S. A., e outras e o Sindicato dos Bancários do Norte e outros – Alteração salarial e outras e texto consolidado, *Boletim do Trabalho e Emprego*, de 22 de Janeiro de 2009, nº 3, pp. 213 e ss; acordo colectivo entre várias instituições de crédito e a FEBASE – Federação do Sector Financeiro – Alteração salarial e outras e texto consolidado *Boletim do Trabalho e Emprego*, de 22 de Janeiro de 2011, nº 3, pp. 353 e ss.

[107] A LRCT impunha a publicação no prazo de 15 dias após o depósito (artigo 26º, nº 2). Note-se que "não se inclui na contagem o dia em que ocorrer o evento a partir da qual o prazo começa a correr" e, por outro lado, "o termo do prazo que coincida com dia em que o serviço perante o qual deva ser praticado o ato não esteja aberto ao público, ou não funcione durante o período normal, transfere-se para o primeiro dia útil" (artigo 87º, nº 1, alíneas b) e f), respectivamente, do CPA 2015).

[108] Eventualmente com inspiração no regime espanhol, constante do artigo 90, nº 6, do *Estatuto de los Trabajadores* de 2015, que confere à Administração laboral, assessorada pelo Instituto da Mulher e para a Igualdade de Oportunidades, o poder de agir junto da jurisdição social. Como bem salienta Klaus Adomeit, "Los Sindicatos y los Convenios Colectivos em

Note-se, no entanto, que os vectores acima referidos, a propósito do controlo da Administração laboral, não são infirmados pelo facto de, a partir de 2009, ser obrigatória a apreciação pelo serviço do ministério responsável pela área laboral[109] das cláusulas relativas à área da igualdade e não discriminação (artigo 479º)[110]. Trata-se, é bom ter presente,

Alemania bajo la Influencia del Derecho Europeu", *Revista de Derecho Constitucional Europeo*, nº 5, 2006, p. 218, "a organização de uma empresa ou de um estabelecimento no mundo económico de hoje é um objecto com finalidades racionais que não permitem uma suspeita generalizada de má fé (dolo)"; vejam-se também neste texto as referências ao quadro da União Europeia (pp. 217 e ss).

[109] Tal competência está a cargo da CITE (artigos 3º, alíneas I) e j), e 9º do Decreto-Lei nº 76/2012, de 26 de Março), que "... é um órgão colegial tripartido, dotado de autonomia administrativa e personalidade jurídica" (artigo 1º do Decreto-Lei nº 76/2012, e artigo 24º, nº 2, da LOMT), que funciona no âmbito do Ministério do Trabalho (artigo 7º, nº 2, alínea b), da LOMT), estando sujeita a superintendência do Ministro do Trabalho, em coordenação com o Ministro Adjunto (artigo 22º, nº 8, da LOG). Acontece, no entanto, que a CITE tem como "... missão prosseguir a igualdade e a não discriminação entre homens e mulheres no trabalho, no emprego e na formação profissional e colaborar na aplicação de disposições legais e convencionais nesta matéria, bem como as relativas à protecção da parentalidade e à conciliação da actividade profissional com a vida familiar e pessoal, no sector privado, no sector público e no sector cooperativo" (artigo 2º do Decreto-Lei nº 76/2012, cit., bem como artigo 24º, nº 1, da LOMT). Ora, o artigo 479º tem um âmbito mais vasto, referindo-se à igualdade e não discriminação em geral, o que pode colocar algumas reservas quanto à adequação da CITE para a incumbência prevista naquele preceito.
Por outro lado, recorde-se a ausência de critérios representativos dos parceiros sociais, o que significa que não há um efectivo controlo sobre as entidades com assento na CITE e, por outro lado, que sem atender a critérios objectivos, há associações que vão analisar a regulação convencional de entidades que são suas concorrentes na representação dos filiados.
Para mais desenvolvimentos sobre a CITE, Lobo Xavier e A. Nunes de Carvalho, "Reflexões sobre a Intervenção da CITE no âmbito da Cessação do Contrato de Trabalho", *Revista de Direito e de Estudos Sociais*, ano LIV (XXVII da 2ª série), 2013, nº 4, pp. 7 e ss; e, ainda com interesse, dos mesmos Autores, "Organização Flexível do Tempo de Trabalho (Competências da CITE)", *Revista de Direito e de Estudos Sociais*, ano LV (XXVIII da 2ª série), 2014, nºs 1-4, pp. 33 e ss.

[110] Essa apreciação incide apenas sobre os instrumentos negociais e as decisões de arbitragem obrigatória e necessária (cfr. artigo 2º, nºs 2 a 4, bem como artigo 3º, alíneas I) e j), do Decreto-Lei nº 76/2012, de 26 de Março). Foram, portanto, excluídas deste preceito as portarias de extensão e de condições de trabalho. Esta situação deve-se ao facto de estes instrumentos serem elaborados pela Administração, estando assim – em termos legais – assegurada a sua apreciação. Convém, no entanto, ter presente que o preceito torna ainda mais dificilmente compatível com a lei a fórmula usualmente utilizada nas portarias de extensão, segundo a qual "Não são objecto de extensão as cláusulas contrárias a normas legais imperativas". De facto, e se já era de duvidosa legalidade esta "cláusula de estilo", face à presente

de uma situação excepcional em que o legislador atribuiu à Administração laboral o dever de realizar uma análise substancial de instrumento de regulamentação colectiva de trabalho negocial e decisão de arbitragem obrigatória ou necessária[111], mas não a dispensa de efectuar o respectivo depósito e publicação[112], respeitando-se assim a competência judicial de declaração de ilegalidade e com isso o quadro internacional e constitucional[113].

redacção, a Administração tem o dever de identificar as cláusulas que não são objecto de extensão por as considerar ilegais.
Não quer isto dizer que as respectivas cláusulas convencionais passem a ser ilegais – pois essa apreciação está a cargo do poder judicial, além de que a legalidade pode variar, consoante a fonte seja negocial ou não negocial –, mas apenas que a Administração tem o dever de fundamentar e tornar expressa a análise realizada, identificando as cláusulas objecto de extensão (cfr. Gonçalves da Silva, "Pressupostos, Requisitos e Eficácia da Portaria de Extensão", AAVV, *Estudos do Instituto de Direito do Trabalho*, volume I, coordenação de Romano Martinez, Almedina, Coimbra, 2001, pp. 709 e ss e 715, bem como, do mesmo Autor, *A Portaria de Extensão: Contributo para o seu Estudo*, cit., pp. 229 e ss, 235-236).

[111] Esta competência específica agora atribuída à Administração laboral não tem repercussões em matéria de depósito. Com efeito, a conclusão por parte do serviço competente do ministério responsável pela área laboral de que existem normas ilegais em matéria de igualdade e não discriminação, não permite recusar o depósito (artigo 494º, nº 4). Saliente-se, por outro lado, que muitas outras matérias ficaram de fora – desde logo, direitos de personalidade – tendo o legislador escolhido a área da igualdade e não discriminação como a sua principal preocupação, o que é, no mínimo, discutível.

[112] Como expressamente refere a parte inicial da norma "no prazo de 30 dias a contar da publicação do instrumento de regulamentação colectiva de trabalho negocial ou decisão arbitral ..." (artigo 479º, nº 1). Diferentemente, a questão é discutida no ordenamento espanhol, cfr. García-Murcia e Rodríguez Cardo, "La Entrada en Vigor del Convenio Colectivo Estatutario", cit., pp. 590 e ss, aceitando os Autores que a impugnação por parte da entidade competente, na sequência de um ofício da Autoridade laboral (artigo 90, nº 5, *Estatuto de los Trabajadores*), pode prejudicar a publicação. Sobre o ponto, veja-se também Monereo Pérez, "La Intervención de la Administración Laboral en la Tramitación y en el Control de Legalidad de los Convenios Colectivos «Erga Omnes»", *Revista Española de Derecho del Trabajo*, 1987, nº 32, pp. 540 e ss, pronunciando-se em sentido diverso (pp. 543 e 549 e ss).

[113] Existem já várias decisões neste quadro normativo, por exemplo: 1) Sentença do Tribunal do Trabalho de Lisboa, de 4 de Outubro de 2011, *Boletim do Trabalho e Emprego*, nº 21, de 8 de Junho de 2012, pp. 2046 e ss, relativa à violação das regras legais, desde logo, em matéria de licenças; Sentença do Tribunal do Trabalho de Lisboa, de 2 de Janeiro de 2012, cit., respeitante à violação dos artigos 24º, nº 1, e 33º; Sentença do Tribunal do Trabalho de Lisboa, de 11 de Novembro de 2011, *Boletim do Trabalho e Emprego*, nº 36, de 29 de Setembro de 2012, pp. 3244-3245, relativa a uma decisão arbitral, por violação do artigo 65º, nº 3, alínea a); Sentença do Tribunal do Trabalho de Lisboa, de 11 de Abril de 2011, *Boletim do Trabalho e*

Dir-se-ia mesmo mais: só após a publicação da convenção, pode o serviço competente iniciar a apreciação fundamentada da legalidade das suas disposições (artigo 479º, nº 1, 1ª parte), pelo que é requisito desta a efectiva publicação.

II. O legislador determinou que o serviço laboral tem 30 dias para proceder à apreciação fundamentada (artigo 479º, nº 1), prazo que está sujeito às regras constantes do CPA (artigo 72º); a contagem do período verifica-se a contar da publicação do instrumento negocial (artigos 479º, nº 1, e 519º, nº 1).

Devendo dentro deste prazo "ouvir os interessados" (artigo 479º, nº 1). Posteriormente o serviço competente do ministério responsável pela área laboral deliberará (cfr. artigo 9º do Decreto-Lei nº 76/2012, de 26 de Março), e caso considere existirem disposições discriminatórias, notifica as partes dos instrumentos colectivos para, no prazo de 60 dias, realizarem as necessárias alterações (artigo 479º, nº 2), introduzindo-as, caso assim o entendem. Decorrido este prazo sem que tenham sido feitas as modificações, o serviço laboral envia a sua apreciação ao magistrado do Ministério Público junto do tribunal competente, acompanhada dos documentos relevantes (artigo 479º, nº 3); a identificação do magistrado do Ministério Público junto tribunal competente é realizada com base – de acordo com a ordem indicada – no tribunal em cuja área tenham sede: *a*) todas as associações sindicais e associações de empregadores ou empresas celebrantes da convenção colectiva; *b*) o maior número de entidades referidas; *c*) qualquer das entidades referidas (artigo 479º, nº 4).

Relativamente aos 60 dias, e admitindo a sua contagem como seguida, estes devem ser interpretados como a data limite para que as alterações realizadas produzam efeitos e não relativos à sua publicação; se assim não fosse, as partes poderiam diferir a entrada em vigor das alterações, mantendo-se durante um prazo longo as cláusulas (aparentemente) ilegais.

III. Sublinhe-se, no entanto, que a análise realizada pela Administração laboral não é vinculativa. Na verdade, como se afirmou num quadro legal semelhante,

Emprego, nº 36, de 29 de Setembro de 2012, pp. 3241-3242, por desrespeito dos artigos 24º, nº 1, e 33º.

> "... assume a natureza de um parecer técnico-jurídico, parecer onde se veiculam simples opiniões ou apreciações, que valem apenas por aquilo que vale o rigor da sua fundamentação jurídica. Trata-se, pois, de um simples meio instrumental de que o Ministério Público se pode servir, a par de outros, na apreciação que faça do caso e susceptível assim de influir no juízo de *estrita legalidade* que o mesmo deve perfilhar e que é o único capaz ... de fundamentar o impulso do controle judiciário das associações sindicais"[114].

Daqui decorre, por um lado, que o Ministério Público – com expressa legitimidade (activa) para intentar acção com vista à declaração de nulidade de cláusula atinente à violação de regras relativas à igualdade e não discriminação[115] – não está vinculado às apreciações realizadas pelo

[114] Parecer da Procuradoria-Geral da República, de 1 de Abril de 1982, *Diário da República*, de 16 de Julho de 1982, II série, nº 162, p. 5618, itálico no original, referindo-se ao artigo 10º, nº 3, 2ª parte, da LS (apreciação fundamentada dos estatutos sindicais por parte do Ministério do Trabalho). Esta posição foi também sufragada na análise feita pelo Provedor de Justiça, no *Relatório à Assembleia da República* – 2008, Lisboa, 2009, www.provedor-jus.pt, p. 447. É certo que em qualquer dos documentos o que está em causa é a apreciação fundamentada, por parte dos serviços do ministério da área laboral, sobre a legalidade da constituição da associação e dos estatutos a ser enviados ao Ministério Público que este proceda em conformidade (artigos 10º, nº 3, da LS e 483º, nº 3, alínea b), do CT2003). No entanto, o paralelismo – para não dizer identidade – não prejudica, antes aconselha a mesma tomada de posição. Sobre o controlo de legalidade das associações sindicais, Lamy Pimenta, "O Conteúdo Obrigatório Mínimo dos Estatutos das Associações Sindicais: Sentidos e Motivações da Reforma de 2009", AAVV, *Estudos em Homenagem ao Professor Doutor Carlos Ferreira de Almeida*, volume III, Almedina, Coimbra, 2011, pp. 537 e ss.

[115] Veja-se o artigo 5º – A, alínea b), do CPT (legitimidade do Ministério Público relativamente ao artigo 479º). É patente alguma desarticulação entre as duas normas: o Código do Trabalho apenas se refere à promoção do Ministério Público para a declaração judicial de nulidade (artigo 479º, nº 3), enquanto o Código de Processo do Trabalho se refere às acções de anulação e interpretação de cláusulas de convenções colectivas nos termos do artigo 479º.

Consideramos que se impõe uma interpretação restritiva do preceito do Processo do Trabalho, não conferindo legitimidade activa ao Ministério Público para intentar acções relativas à interpretação em matéria de igualdade e não discriminação, como, aliás, resulta do Código do Trabalho, desde logo, em virtude de, como vimos, esta entidade estar dependente para agir da deliberação da CITE, que não tem como objecto a interpretação das cláusulas. O que o legislador terá pretendido com o preceito processual, ao utilizar a expressão da secção VI do capítulo IV do título VI (artigos 183º e ss), foi clarificar que a acção seguiria a tramitação do processo especial prevista para as convenções colectivas. E, note-se, esta desarticulação

serviço laboral[116] nem, por outro lado, existem consequências jurídicas quanto à eficácia das cláusulas em virtude da apreciação do serviço administrativo, não podendo as partes ou os seus destinatários daí extrair efeitos para incumprir (parcial ou totalmente) o instrumento em causa.

foi mantida, mesmo perante a alteração ao artigo 479º, através da Lei nº 23/2012, de 25 de Junho de 2012.

Por outro lado, com base nestes preceitos não parece sustentável conferir legitimidade geral (activa) a esta entidade. Relativamente à acção especial, e tendo presente que o Ministério Público é um defensor da *"legalidade democrática"* nos termos da lei (artigos 219º, nº 1, *in fine*, da CRP, e 1º, *in fine*, da LMP), a quem compete *"assumir, nos casos previstos na lei, a defesa de interesses colectivos e difusos"* (artigo 3º, nº 1, alínea e), do LMP), julgamos que seria adequado ser-lhe conferida legitimidade para intentar a acção que permitiria um controlo de legalidade desta fonte de Direito, quer através da acção de anulação, quer de interpretação, pois também neste caso pode estar em causa a fixação de um conteúdo que colida com a lei.

Acontece, no entanto, que não há suporte legal para conferir legitimidade ao Ministério Público, não concedendo a Lei Fundamental alicerce suficiente para posição diversa, pois, recorde-se, a defesa da legalidade democrática é feita nos termos da lei (artigo 219º, nº 1, *in fine*). E, portanto, quer com base no Estatuto do Ministério Público, quer do Código de Processo Civil, quer ainda no Código de Processo do Trabalho não existe normativo legal que permita defender com segurança a existência de legitimidade do Ministério Público para intentar uma acção especial de impugnação de cláusulas convencionais; por outro lado, o regime introduzido em 2009, ao atribuir expressamente legitimidade específica ao Ministério Público em matéria de igualdade, impõe essa interpretação.

Recorde-se, aliás, que a Proposta de lei nº 284/X – publicada na *Separata do Diário da Assembleia da República*, de 21 de Maio de 2009, número 101, pp. 65 e ss – conferia legitimidade activa ao Ministério Publico relativamente às "acções de anulação e interpretação de cláusulas de convenções colectivas de trabalho" (artigo 5º-A), o que acabaria por não ser consagrado.

[116] Respeitando-se, aliás, deste modo a integral autonomia do Ministério Público, não obstante o Tribunal Constitucional admitir a sua vinculação a entidades administrativas, por exemplo, Ac. nº 204/2015, de 25 de Março, www.tribunalconstitucional.pt, ponto 2.4., onde pode ler-se: "com efeito, mesmo que se admita que, na sequência da participação efetuada pela ACT nos termos do art. 15º-A, nº 3, da Lei nº 107/2009, de 14 de setembro, o Ministério Público tem necessariamente de instaurar a ação de reconhecimento da existência de contrato de trabalho, tal não basta para se concluir que o regime legal em causa seja violador do princípio da autonomia do Ministério Público.

Com efeito, importa ter em atenção, por um lado, que a atuação do Ministério Público nesta matéria ocorre numa área – a laboral –, que se situa claramente fora do âmbito do exercício da ação penal (onde, como vimos, se fazem sentir com um grau de intensidade mais acentuado as exigências resultantes da garantia constitucional da autonomia do Ministério Público). Por outro lado, os interesses de ordem pública que o legislador visa salvaguardar com o regime legal em causa são também prosseguidos pela ACT, entidade a quem são atribuídos poderes de fiscalização da existência de indícios de uma situação de prestação de atividade, aparentemente autónoma, em condições análogas ao contrato de trabalho".

Tal situação é ainda confirmada pelo facto de a apreciação pela Administração laboral ter de ocorrer no prazo de 30 dias a contar da data da publicação (artigo 479º, nº 1), o que seria incongruente caso aquela tivesse poderes de apreciação material, pois, nesse caso, a análise deveria ser efectuada antes da produção de efeitos e não, como acontecerá na grande maioria dos casos, após a entrada em vigor da convenção; por outro lado, deve ainda registar-se que há efeitos jurídicos nesta matéria que não carecem da intervenção dos serviços laborais nem do Ministério Público, decorrendo automaticamente da lei, como é o caso da aplicação automática da cláusula não discriminatória (artigo 26º).

Compete, deste modo, ao Ministério Público a apreciação das cláusulas e, se assim o entender, proceder ao pedido de declaração de nulidade, sendo o tribunal laboral a entidade competente – e apenas ele – para declarar a nulidade da cláusula relativa à igualdade.

IV. Importa também sublinhar que o impulso processual por parte do Ministério Público está, de acordo com o modelo legal, dependente da apreciação fundamentada do serviço do ministério laboral e consequente envio ao respectivo magistrado. Na verdade, o procedimento instituído é constituído por um conjunto de actos anteriores ao envio ao Ministério Público[117], actos que não nos parecem, sem desvirtuar o modelo elaborado, ser susceptíveis de ser realizados por esta entidade. E, deste modo, caso o serviço do ministério não envie qualquer apreciação fundamentada, por considerar inexistir cláusula violadora das regras legais em matéria de igualdade e não discriminação, o Ministério Público está impedido de proceder à respectiva apreciação e consequentemente promover a declaração judicial de nulidade. Pode, por isso, dizer-se que o Ministério Público está "refém" do impulso de um serviço ministerial, estando assim dispensado de fazer uma análise quotidiana

[117] Onde, como vimos, sobressai a apreciação fundamentada do serviço laboral, ouvidos os interessados (artigo 479º, nº 1), a deliberação e, em caso de considerar a existência de cláusulas discriminatórias, a posterior notificação às partes do instrumento para realizarem as alterações (artigo 479º, nº 2), finalmente, caso estas não as realizem, envio ao Ministério Público (artigo 479º, nº 3). Note-se, aliás, que o prazo de 15 dias (artigo 479º, nº 5) para o Ministério Público agir se conta a partir da recepção da apreciação fundamentada elaborada pelo serviço laboral, o que demonstra a inseparabilidade dos dois actos, tornando, assim, inviável a actuação do Ministério Público sem a precedente apreciação do serviço laboral.

das cláusulas convencionais publicadas; trata-se, portanto, de um controlo de cláusulas convencionais objectivo e duplamente condicionado (quanto às matérias e quanto ao procedimento).

V. Apesar de estar dependente do impulso do serviço laboral, o Ministério Público, conforme decorre do Código do Trabalho[118], não está vinculado às apreciações daquele serviço, podendo considerar que as cláusulas em causa respeitam a lei e, portanto, não requerer a declaração de nulidade. Ou seja: o Ministério Público pode seguir ou não as orientações da Administração laboral, mas tendo presente o que atrás referimos[119], não poderá ampliar o objecto de análise e, portanto, requerer a nulidade de cláusulas que não mereceram a mesma apreciação da Administração.

VI. No caso de o magistrado do Ministério Público considerar a existência de disposição ilegal na matéria em causa, deve promover, no prazo de 15 dias, a sua declaração judicial de nulidade (artigo 479º, nº 5); apesar de o legislador não o dizer expressamente, os 15 dias contam-se a partir da recepção do envio da apreciação fundamentada por parte do serviço laboral.

Sendo, como acima referimos, a análise do Ministério Público independente e autónoma da realizada pelo serviço laboral, é preciso apurar a relevância do prazo concedido. Dito de outro modo: impõe-se identificar se estamos ante um prazo que preclude (ou não) a actuação do Ministério Público.

Recorrendo a uma situação similar (intervenção do Ministério Público em matéria de estatutos de associações sindicais), a jurisprudência[120], acompanhada pela Procuradoria-Geral da República[121], teve

[118] Como refere o artigo: "Caso constate a existência de disposição ilegal na matéria em causa, o magistrado do Ministério Público promove ..." (artigo 479º, nº 5).

[119] Veja-se, uma vez mais, o artigo 479º, nº 5.

[120] Por exemplo, Ac. da Relação de Lisboa, de 14 de Abril de 2005, *Colectânea de Jurisprudência*, nº 182, T. II/2005, pp. 101; bem como Ac. da Relação do Porto, de 2 de Maio de 1980, *Colectânea de Jurisprudência*, 1980, 30, 63.

[121] Parecer da Procuradoria-Geral da República nº 15/79, de 19 de Abril, *Boletim do Ministério da Justiça* nº 290, 1979, em especial pp. 215 e ss, relativamente ao artigo 10º, nº 4, da LS, sublinhando que a qualificação do prazo de caducidade não impede o Ministério Público de promover, a todo o tempo, a extinção das associações sindicais nos termos dos artigo 6º a 8º

ocasião de se pronunciar, qualificando o decurso de prazo como caducidade, o que quer dizer que decorrido esse período temporal fica prejudicada a hipótese de o Ministério Público agir para promover a respectiva declaração judicial.

VII. A qualificação da situação em análise como de caducidade gera um conjunto de consequências que cabe salientar. Na verdade, uma vez decorrido o prazo de 15 dias, sem que o Ministério Público tenha promovido a declaração judicial de nulidade, a possibilidade de intervenção fica precludida, continuando, no entanto, aberta a utilização da acção especial (artigos 183º e ss do CPT) para quem tiver a respectiva legitimidade (artigo 4º do CPT)[122].

Esta situação abrangerá todas as cláusulas constantes da convenção na versão publicada, o que impedirá, sob pena de se esvaziar o efeito útil da caducidade, o Ministério Público de promover a declaração de nulidade daquelas cláusulas, mesmo que outras sejam alteradas. Ou seja: inexistindo alteração das cláusulas constantes da versão publicada ou modificação do regime legal conformador da legalidade do conteúdo convencional, o Ministério Público não pode promover a declaração de nulidade a propósito de alteração de outros preceitos; pode, é certo, promover relativamente às novas cláusulas, mas as que mantiverem a

do Decreto-Lei nº 594/74, de 7 de Novembro. Posição também acompanhada pelo Provedor de Justiça, *Relatório à Assembleia da República* – 2008, cit., pp. 453 e ss.

[122] Ou seja: a convenção pode ser impugnada, nos termos gerais, ao abrigo do processo especial. Na verdade, o que está em causa é a intervenção do Ministério Público (artigo 5º – A do CPT) e não qualquer prazo geral aplicável a quem tenha legitimidade no quadro do artigo 4º do CPT. Relativamente às situações que se subsumam neste preceito não existe prazo para impugnar a fonte convencional. De facto, compulsando os diferentes preceitos constantes da regulação geral ou especial não se encontra qualquer determinação ou condicionalismo temporal para o tribunal apreciar cláusulas convencionais, o que se compreende, tendo, desde logo, presente a hierarquia das fontes. Com efeito, sabendo que a convenção colectiva se situa hierarquicamente abaixo da lei (artigo 478º, nº 1, alínea a)), consideramos que a existência de prazo poderia afectar valores relevantes do Estado de Direito. De facto, aceitar que cláusulas convencionais violadoras de uma lei possam consolidar-se no ordenamento seria aceitar uma violação do princípio da submissão dos Tribunais à lei (artigo 204º da Constituição), bem como dos princípios da hierarquia normativa e da legalidade, que são suportes essenciais do nosso sistema jurídico.

mesma redacção e já constavam da versão anteriormente publicada, está impedido, salvo se tiver existido alteração superveniente da lei[123].

Em suma: a actividade fiscalizadora do Ministério Público relativamente às cláusulas atinentes à igualdade e não discriminação esgota-se no prazo de 15 dias (artigo 479º, nº 5)[124], passando a ser realizado, a partir desse momento, o controlo de legalidade apenas nos termos do quadro geral.

VIII. Se a decisão judicial for no sentido de declaração de nulidade, aquela é remetida ao serviço competente do ministério responsável pela área laboral, devendo este providenciar a publicação no *Boletim do Trabalho e Emprego* (nº 6), conjuntamente com a no *Diário da República*, no caso de acórdão do Supremo Tribunal Justiça, situação em que tem o valor ampliado da revista em processo civil[125] (artigo 186º do CPT).

[123] E, portanto, deve também o serviço laboral abster-se da análise precedente. Veja-se, uma vez mais, a apreciação do Provedor de Justiça, *Relatório à Assembleia da República* – 2008, cit., pp. 454 e ss.

O que não deixa de suscitar observações críticas (cfr. nota *supra*).

[125] Artigos 686º e 687º do Código de Processo Civil.

Aplicação de Convenção Colectiva e de Portaria de Extensão. Tempo de Trabalho

PARECER

CONSULTA

I. Foi solicitado por B um parecer jurídico nos seguintes termos:

I - FACTOS

1 – Em 2010, A intentou no Tribunal do Trabalho contra B acção de processo comum onde deduz os seguintes pedidos:

a) – A quantia de € 6.618,84 por conta das diuturnidades devidas ao Autor e que não lhe foram pagas, bem como os juros de mora vencidos e vincendos até integral pagamento;

b) – A quantia de € 97.909,85 correspondente às horas de trabalho prestadas aos domingos e feriados, bem como compensação pelos dias de descanso não gozados em função do trabalho prestado aos domingos, desde o início da relação laboral até à data da cessação do contrato de trabalho, e juros de mora vencidos e vincendos até integral pagamento;

c) – A quantia de € 25.015,28, a título de retribuições de férias, subsídios de férias e subsídios de Natal que se venceram durante a vigência da relação laboral em apreço, bem como os juros de mora vencidos e vincendos até integral pagamento;

d) – A quantia de € 751,80 por conta do crédito de horas de formação certificada que não foi proporcionada ao Autor durante a vigência do contrato de trabalho e os juros de mora vencidos e vincendos até integral pagamento.

2 – Em 21 de Junho de 1993, o Autor celebrou contrato de trabalho com a sociedade "Sucursal em Portugal da Sociedade B", para exercer, por conta e sob direcção desta, as funções correspondentes à categoria profissional de conferente de armazém, no estabelecimento que aquela possuía.

3 – O Autor alega que cumpria o seguinte horário de trabalho:

– De Domingo a sexta-feira: Entrada às 21h00m e saída às 6h00m

4 – Alega, também, que trabalhou, de forma efectiva, aos domingos, gozando apenas um dia de descanso por cada semana de trabalho – o sábado.

5 – Em 31 de Outubro de 1996, o Autor e a Sucursal em Portugal da Sociedade B celebraram entre si acordo de revogação do contrato de trabalho referido em 2.

6 – Nos termos do mencionado acordo, o Autor e a Sucursal em Portugal da Sociedade B, puseram termo, livremente e de boa fé, ao contrato de trabalho que os vinculava desde 21 de Junho de 1993, com efeitos a partir de 31 de Outubro de 1996.

7 – A Sucursal em Portugal de B teve actividade em Portugal entre 2 de Julho de 1992 e 22 de Novembro de 1996 (data do registo do encerramento de actividade) e tinha por objecto a fabricação e venda de pão de forma, biscoitos e restantes produtos alimentares e detinha outras unidades fabris fora de Portugal.

8 – A Sucursal em Portugal da Sociedade B nunca esteve filiada em qualquer associação e, designadamente, na Associação de Distribuidores de Produtos Alimentares.

9 – Em 2 de Novembro de 1996, o Autor e C, actualmente designada B, celebraram entre si um contrato de trabalho nos termos do funções correspondentes à categoria profissional de Empregado de Armazém.

10 – Nos termos do clausulado do mencionado contrato, o Autor obrigou-se a cumprir um horário de trabalho estabelecido nos termos legais, nomeadamente de acordo com o disposto no Decreto-Lei 409/71, de 27 de Setembro, com a redacção que lhe foi introduzida pelo Decreto-Lei 398/91 de 16 de Outubro, a prestar a sua actividade em regime de isenção de horário de trabalho se a primeira contraente nisso tivesse interesse, e aceitou prestar o seu trabalho em regime de turnos sempre que a primeira contraente o considerasse conveniente.

11 – B, anteriormente designada, como referimos, C, sempre teve por objecto a fabricação, importação e exportação, compra e venda de pão de molde, biscoitos e outros produtos alimentares.

12 – O contrato de trabalho celebrado entre o Autor e B cessou, no dia 1 de Junho de 2009, por resolução com justa causa, ao abrigo do nº 3 alínea b) do artigo 394º do Código do Trabalho.

13 – B nunca esteve filiada em qualquer associação e, designadamente, na Associação de Distribuidores de Produtos Alimentares.

14 – O Autor alega ser associado do Sindicato dos Trabalhadores do Comércio, Escritórios e Serviços de Portugal (CESP).

15 – O Autor alega que às relações de trabalho entre as partes são aplicáveis os instrumentos de regulamentação colectiva de trabalho para o sector do ramo de distribuição de produtos alimentares (armazenistas de mercearia e outros), designadamente o contrato colectivo de trabalho (CCT), publicado no Boletim do Trabalho e Emprego, nº 5, de 8 de Fevereiro de 1978, e alterações e actualizações posteriores.

16 – Invoca, ainda, as portarias de extensão das alterações ao CCT entre a ADIPA – Associação de Distribuidores de Produtos Alimentares e Outras, e a FEPCES – Federação Portuguesa dos Sindicatos do Comercio, Escritórios e Serviços e Outros, entretanto publicadas, designadamente a de 2 de Dezembro de 1992, e 10 de Março de 1993, publicadas respectivamente nos Boletins de Trabalho e Emprego, nº 46, 1ª Série, de 15 de Dezembro de 1992, e no nº 11, 1ª Série, de 22 de Março de 1993.

17 – Invocando a cláusula 20º, nº 1, do supra identificado CCT reclama o Autor a B o valor das diuturnidades atrás referidas.

18 – A Sucursal em Portugal da Sociedade B e B nunca pagaram ao Autor qualquer tipo de valor a título de diuturnidades.

19 – Invocando a cláusula 10º, 12º e 13º do CCT acima referido, que estabelece que a duração de trabalho em cada semana será de 44 horas (44 horas até Junho 1996; 42 horas de Julho de 1996 a Junho de 1997; 40 horas a partir de Julho de 1997) repartidas por 5 dias, de segunda a sexta-feira e, que são considerados dias de descanso semanal o sábado e domingo, reclama o Autor a remuneração de 200% pelo trabalho prestado aos domingos, bem como o trabalho prestado aos feriados.

20 – Importa ainda referir que ao Autor sempre foi solicitado o trabalho aos feriados, excepto quando estes coincidiam com o sábado, uma vez que aos domingos, quer a Sucursal em Portugal da Sociedade B, quer B não efectuavam distribuição.

21 – Mais se refere que sempre que era solicitado ao Autor o trabalho aos feriados, o mesmo era compensado com um dia de descanso remunerado no dia anterior ao feriado trabalhado.

22 – Em 4 de Novembro de 1996, C comunicou ao IDICT o horário de trabalho que vigoraria para o seu estabelecimento, local de trabalho do Autor, quer para os empregados de armazém, quer para os administrativos de vendas.

24 – Nos termos dessa comunicação, o horário de trabalho a praticar pelo Autor seria o seguinte:

a) De segunda a sexta-feira: Entrada às 22h00m e saída às 6h00m;

Intervalo de descanso entre a 1h00m e as 3h30m;

b) Domingo: Entrada às 21h00 e saída às 6h30m;

Intervalo de descanso entre a 1h00m e as 3h00m;

Descanso semanal – sábado;

25 – Não obstante esse facto, o horário que efectivamente o Autor sempre praticou foi o seguinte:

Domingo a Sexta-Feira: Entrada às 21h00 e saída às 4h00m

Intervalo de descanso de 1 hora

Descanso semanal – sábado

26 – Tal alteração nunca foi comunicada ao Instituto de Desenvolvimento e Inspecção das Condições de Trabalho (IDICT) ou à Autoridade das Condições de Trabalho (ACT).

27 – A título de trabalho aos domingos e feriados e compensação pelos dias de descanso não gozados em função do trabalho prestado aos domingos, reclama o Autor a importância de € 97.909,85.

28 – Alegando que os suplementos remuneratórios pelo trabalho prestado aos domingos e feriados deveriam ter sido considerados para efeitos de cálculo de retribuição de férias, subsídio de férias e subsídio de Natal que se venceram durante a vigência da relação laboral, reclama o Autor a importância de € 25.015,28.

29 – As funções do Autor consistiam em receber as cargas de mercadoria (essencialmente pão) que diariamente chegavam ao armazém onde trabalhava e proceder ao carregamento dos veículos que, no dia seguinte pela manhã, iriam distribuir os produtos fabricados e comercializados pela Ré aos seus clientes, nomeadamente hipermercados, supermercados e outros, por forma a que o pão pudesse estar disponível nas segundas-feiras de manhã, bem como nos dias úteis seguintes aos dias feriados.

30 – B não efectua distribuição aos domingos e feriados.

31 – B tem o CAE 10711 (Decreto-Lei nº 381/2007 de 14 de Novembro).

32 – No estabelecimento da Ré sito em M e, posteriormente, em V, a Ré apenas tinha ao seu serviço 2 trabalhadores com as funções de empregado de armazém, o Autor e outro funcionário, que exerciam a sua actividade nos moldes atrás descritos e no mesmo horário.

33 – Nesse horário de trabalho não se encontravam nas instalações da Ré os chefes hierárquicos do Autor.

II - QUESTÕES

Perante os factos apresentados, colocam-se as seguintes questões:

1 – À Sucursal em Portugal da Sociedade B ou à Ré B aplica-se o CCT invocado pelo Autor?

2 – À Sucursal em Portugal da Sociedade B ou à Ré B aplicam-se as portarias de extensão invocadas pelo Autor?

3 – O Autor tem direito às diuturnidades reclamadas na acção judicial que interpôs contra B?

4 – O horário de trabalho praticado efectivamente pelo Autor respeita as disposições legais aplicáveis, designadamente no que diz respeito aos períodos de descanso entre jornadas de trabalho e aos períodos de descanso semanal?

5 – Deve o trabalho aos domingos ser considerado prestado em dia de descanso semanal obrigatório e, por isso, entendido como trabalho suplementar?

6 – O Autor tem direito a qualquer importância pelo trabalho prestado nos feriados, tendo em conta a compensação de um dia de descanso remunerado que gozava nos dias anteriores aos feriados trabalhados?

7 – Quais as actividades isentas de obrigatoriedade de encerramento semanal?

DELIMITAÇÃO DA ANÁLISE

I. Como resulta do exposto, a presente Consulta incide essencialmente sobre o âmbito de aplicação das fontes convencional, administrativa, bem como o tempo de trabalho e os consequentes períodos de descanso.

A factualidade apresentada pela Consulente cruza três períodos legislativos que importa ter presente: o regime (imediatamente) anterior ao Código do Trabalho de 2003, este diploma e o actual quadro normativo (Código do Trabalho de 2009)[1].

[1] Principais abreviaturas utilizadas: a) CT2003 – Código do Trabalho (aprovado pela Lei nº 99/2003, de 27 de Agosto); b) CT2009 – Código do Trabalho de 2009 (aprovado pela Lei nº 7/2009, de 12 de Fevereiro; c) LAP – Lei das Associações Patronais (Decreto-Lei nº 215-C/75, de 39 de Abril); d) LCT – Lei do Contrato de Trabalho (Decreto-Lei nº 49408, de 24 de Novembro de 1969); e) LECT de 2003 – Lei especial do Código do Trabalho de 2003 (Lei nº 35/2004, de 29 de Julho); f) LS – Lei Sindical (Decreto-Lei nº 215-B/75, de 30 de Abril); g)LRCT – Lei de Regulamentação Colectiva (Decreto-Lei nº 519-C1/79, de 29 de Dezembro); h) LTSUP – Lei do Trabalho Suplementar (Decreto-Lei nº 421/83, de 27 de Setembro); i) LFFF – Lei das Férias, Feriados e Faltas (Decreto-Lei nº 874/76, de 28 de Dezembro).
As citações referem-se à versão dos diplomas com as respectivas alterações.

Por essa, razão, cada uma das questões colocadas tem de ser analisada face aos diferentes regimes normativos.

II. Importa, no entanto, antes de encetar esta análise, apurar a prescrição de eventuais créditos, o que impediria, assim, a sua apreciação substantiva.

Começaremos, por isso, por estudar esta matéria.

§ 1º) Da prescrição dos créditos laborais

I. Invoca o trabalhador diversos créditos laborais, entre os quais, os relativos ao contrato de trabalho celebrado no dia 21 de Junho de 1993 e cessado – por revogação – a 31 de Outubro de 1996.

Importa, por isso, e desde logo, apurar se os créditos alegados pelo Autor da acção merecem análise substantiva.

II. E a resposta é imediata e clara: os alegados créditos prescreveram. Com efeito, determina o regime legal então aplicável à relação laboral:

> "Todos os créditos resultantes do contrato de trabalho e da sua violação ou cessação, quer pertencentes à entidade patronal, quer pertencentes ao trabalhador, extinguem-se por prescrição, decorrido um ano a partir do dia seguinte àquele em que cessou o contrato de trabalho, sem prejuízo do disposto na lei geral acerca dos créditos pelos serviços prestados no exercício de profissões laborais" (artigo 38º, nº 1, da LCT)[2].

Este preceito fixa um prazo especial relativamente aos créditos resultantes do contrato de trabalho e uma norma específica para a sua contagem, assim se esgotando o desvio ao regime geral contido no Código Civil (artigos 303º e ss).

[2] O nº 2 determina um regime probatório especial para certos créditos, não alterando, no entanto, o prazo de prescrição previsto no nº 1, nem o regime geral plasmado no Código Civil, visando apenas identificar os meios de prova que o trabalhador pode utilizar para demonstrar a existência dos factos constitutivos dos seus créditos, cfr. Jorge Leite e Coutinho de Almeida, *Colectânea de Leis do Trabalho*, Coimbra Editora, 1985, p. 81; Romano Martinez, *Direito do Trabalho*, Instituto de Direito do Trabalho da Faculdade de Direito de Lisboa, Almedina, Coimbra, 2002, p. 558; Mário Pinto, Furtado Martins e Nunes de Carvalho, *Comentário às Leis do Trabalho*, volume I, Lex, Lisboa, 1994, pp. 187-188.

Este desvio ao regime geral encontra justificação – relativamente ao trabalhador – na ideia de o estado de subordinação decorrente do contrato de trabalho constituir uma limitação, de facto, no exercício dos direitos do trabalhador.

Esta explicação permite perceber a razão de a contagem de um ano se iniciar após a cessação do contrato, momento em que o trabalhador recupera, de facto, na sua plenitude, a liberdade para fazer valer os seus direitos perante o empregador[3].

III. Acontece, no entanto, que o legislador impôs o prazo de um ano a contar da data da cessação, a partir da qual os créditos estão prescritos. Com efeito, é pacífico na doutrina[4] – acompanhada pela jurisprudência[5] – que se trata de uma prescrição extintiva – aliás, bem expressa na lei, "extinguem-se por prescrição" – razão pela qual, tendo o contrato de trabalho do Autor com a Sucursal em Portugal da Sociedade B, cessado no dia 31 de Outubro de 1996, há muito que os alegados créditos prescreveram, uma vez que a sua contagem se inicia no dia seguinte ao da desvinculação[6].

Deve, pois, concluir-se que relativamente à relação laboral entre o Autor e esta sociedade não é devido ao trabalhador o pagamento de quaisquer créditos que fossem eventualmente devidos, encontrando-se os mesmos inequivocamente prescritos[7].

[3] Para mais desenvolvimentos, ROMANO MARTINEZ, *Direito do Trabalho*, cit., 2002, pp. 556 e ss; MÁRIO PINTO, FURTADO MARTINS e NUNES DE CARVALHO, *Comentário às Leis do Trabalho*, cit., p. 185.

[4] Neste sentido, por exemplo, ROMANO MARTINEZ, *Direito do Trabalho*, cit., 2002, p. 557; ABÍLIO NETO, *Contrato de Trabalho – Notas Práticas*, 13ª edição, Ediforum, Lisboa, 1994, p. 195; MÁRIO PINTO, FURTADO MARTINS e NUNES DE CARVALHO, *Comentário às Leis do Trabalho*, cit., p. 185.

[5] A título de exemplo, podem ver-se vários arestos identificados em ABÍLIO NETO, *Contrato de Trabalho – Notas Práticas*, cit., pp. 197-198.

[6] Igualmente, a título de exemplo, podem ver-se várias decisões identificadas em ABÍLIO NETO, *Contrato de Trabalho – Notas Práticas*, cit., pp. 199-200.

[7] Nos termos do artigo 303º do Código Civil, a prescrição carece, para ser eficaz, de ser invocada, judicial ou extrajudicialmente, por aquele a quem aproveita, não podendo o tribunal suprir, de ofício, essa invocação.

§ 2º) Do Contrato Colectivo de Trabalho

2.1. Considerações prévias

I. Compulsando a Constituição portuguesa facilmente se constata que o Estado não detém o monopólio da elaboração normativa (v.g., artigos 56º, nº 3, 227º e 241º). De facto, o nosso ordenamento apresenta uma concepção pluralista da produção jurídica e, em especial, no que respeita às condições de trabalho, o que demonstra que o Estado não detém o exclusivo da produção normativa[8]. Assim sendo, cabe invocar, desde logo, a autonomia normativa que confere a determinadas entidades intermédias, nomeadamente aos trabalhadores e às entidades patronais, "... uma verdadeira potestas normandi, ou seja, um poder de criação de autênticas regras de conduta, de atribuição de direitos e deveres relacionados com a sua situação de assalariados (artigo 56º/3)"[9].

II. A autonomia colectiva[10], mais exactamente o direito de contratação colectiva[11], corolário natural da liberdade sindical, encontra, como

[8] Jorge Leite, *Direito do Trabalho*, volume I, Serviços de Acção Social da Universidade de Coimbra, 1998, p. 79.

[9] Jorge Leite, *Direito do Trabalho*, cit., pp. 79-80. Conforme salienta este Autor, *op. cit.*, p. 233, o fundamento da convenção colectiva, no nosso ordenamento, é a Constituição, cujo artigo 56º, nº 3, concede às associações sindicais a competência para exercer o direito de contratação colectiva.

[10] Sobre o conceito de *autonomia* e as suas diferentes concepções, *vd.*, por todos, Bigotte Chorão, "Autonomia", *Temas Fundamentais de Direito*, Almedina, Coimbra, 1991, pp. 251 e ss (previamente publicado no *Dicionário Jurídico da Administração Pública*, volume I, s.e., Coimbra, 1965, pp. 606 e ss); Menezes Cordeiro, *Direito das Obrigações*, 1º volume, Associação Académica da Faculdade de Direito de Lisboa, reimpressão, 1994, pp. 49 e ss, para quem, p. 90, os contratos colectivos têm como fonte, no que respeita à sua técnica normativa, o Direito das Obrigações; Baptista Machado, *Participação e Descentralização, Democratização e Neutralidade na Constituição de 76*, Almedina, Coimbra, 1982, p. 8; e, em especial, Alarcón Caracuel, "La Autonomia: Concepto, Legitimacion para Negociar y Eficacia de los Acuerdos", AAVV, *La Reforma de la Negociacion Colectiva*, coordinadores Manuel R. Alarcon – Salvador Del Rey, Marcial Pons, Madrid, 1995, pp. 51 e ss; Santoro-Passarelli, "Autonomia", *Enciclopedia del Diritto*, volume IV (Atto-Bana), Giuffrè, Varese, 1959, pp. 349 e ss.

[11] Sobre o conteúdo do direito de contratação colectiva, *vd.*, entre outros, João Caupers, *Os Direitos Fundamentais dos Trabalhadores e a Constituição, Almedina*, Coimbra, 1985, pp. 105-106; do mesmo Autor, "Direitos dos Trabalhadores em Geral e Direito de Contratação Colectiva em Especial", AAVV, *Nos Dez Anos da Constituição*, organização de Jorge Miranda, Imprensa

decorre do exposto, arrimo na Constituição Portuguesa (artigo 56º, nº 3), tal como em diversos documentos internacionais[12/13].

Prescreve a Lei Fundamental, no preceito referido, que "*compete às associações sindicais exercer o direito de contratação colectiva, o qual é garantido nos termos da lei*". Pode, então, inferir-se que o poder normativo das asso-

Nacional Casa da Moeda, Lisboa, 1986, pp. 50-51; RIBEIRO LOPES, "Contratação Colectiva", AAVV, *I Congresso Nacional de Direito do Trabalho – Memórias*, coordenação de António Moreira, Almedina, Coimbra, 1998, pp. 49-50; MÁRIO PINTO, *Direito do Trabalho – Introdução, Relações Colectivas de Trabalho*, Universidade Católica Editora, pp. 287 e ss; GONÇALVES DA SILVA, *Contributo para o Estudo da Portaria de Extensão*, Dissertação de Mestrado, policopiado, Lisboa, 1999, pp. 319 e ss.

[12] Entre os diversos textos internacionais, saliente-se da Organização Internacional do Trabalho: a) Convenção nº 87, datada de 1948, aprovada pelo Decreto-Lei nº 45/77, de 19 de Abril; b) Convenção nº 98, de 1949, aprovada pelo Decreto-Lei nº 45 758, de 12 de Junho de 1964; c) Recomendação nº 91, de 1951.

[13] Como observa RIBEIRO LOPES, "Contratação Colectiva", cit., p. 50, existe uma diferente abordagem dos instrumentos internacionais ratificados por Portugal e aquela que é apresentada pela nossa Lei Fundamental. Com efeito, enquanto as convenções nºs 87 – versa a liberdade sindical e a protecção do direito sindical – e 98 – incide sobre o direito de organização e de negociação colectiva – revelam uma igualdade, no que respeita à sua matéria, de tratamento entre trabalhadores e empregadores, a nossa Lei Fundamental não consagrou (expressamente) o direito de os empregadores se associarem através de associações patronais para defesa dos seus direitos e, consequentemente, o direito de contratação colectiva, bem como qualquer referência à participação na elaboração da legislação do trabalho.
Dizemos que a Constituição não consagrou expressamente, pois, pelo menos no que respeita ao direito de contratação colectiva, entendemos que tal faz parte do conteúdo da liberdade de iniciativa económica – na sua vertente de direito de contratação –, que é considerado pela doutrina como um direito fundamental de natureza análoga aos direitos, liberdades e garantias (neste sentido, VIEIRA DE ANDRADE, *Os Direitos Fundamentais na Constituição Portuguesa de 1976*, 2ª edição, Almedina, Coimbra, 2001, p. 194, GOMES CANOTILHO e VITAL MOREIRA, *Constituição da República Portuguesa Anotada*, volume I, 4ª edição, 2007, p. 789 (II); JORGE MIRANDA e RUI MEDEIROS, *Constituição Portuguesa Anotada*, tomo I, Coimbra Editora, 2005, p. 620 (I)). Sobre a iniciativa económica privada, *vd.* COUTINHO DE ABREU, "Limites Constitucionais à Iniciativa Económica Privada", *Estudos em Homenagem ao Prof. Doutor Ferrer Correia*, Boletim da Faculdade de Direito da Universidade de Coimbra, número especial, volume III, Coimbra, 1991, pp. 411 e ss (previamente publicado, com o mesmo título, em *Temas de Direito do Trabalho – Direito do Trabalho na Crise, Poder Empresarial, Greves Atípicas*, AAVV, IV Jornadas Luso-Hispano-Brasileiras de Direito do Trabalho, Coimbra Editora, 1990, pp. 423 e ss); GOMES CANOTILHO e VITAL MOREIRA, *op. cit.*, pp. 787 e ss; Podem ser compulsados elementos históricos em JORGE MIRANDA, "Iniciativa Económica", AAVV, *Nos Dez Anos da Constituição*, organização de Jorge Miranda, Imprensa Nacional Casa da Moeda, Lisboa, 1986, *maxime*, pp. 69 e ss. Na jurisprudência constitucional, *vd.*, por exemplo, aresto nº 76/85, de 6 de Maio, *Boletim do Ministério da Justiça* nº 360 (Novembro), suplemento, 1986, pp. 296 e ss.

ciações sindicais e de empregadores se alicerça directamente na Constituição, sendo assegurado pela lei. Ou seja: com base no preceito constitucional, o direito de contratação colectiva não necessita do posterior reconhecimento de qualquer acto *infra-constitucional*, cabendo apenas à lei garanti-lo, conforme prescrição constitucional[14].

III. Celebradas por associações de direito privado, como são considerados os sindicatos e as associações de empregadores[15/16], as convenções colectivas[17], depois de uma fase de negociação, e para que possam produzir os efeitos legalmente previstos, têm de ser depositadas nos serviços do Ministério do Trabalho (artigo 24º da LRCT)[18].

Não ocorrendo nenhum dos casos taxativamente previstos para a recusa do depósito[19], segue-se, nos quinze dias imediatos, a publicação da convenção no *Boletim do Trabalho e Emprego* (artigo 26º, nºs 1 e 2, da LRCT). Uma vez publicada, a convenção entra em vigor nos mesmos termos das leis (artigo 10º, nº 1, da LRCT).

IV. Completado o ciclo final de procedimento da convenção – i.e., depósito, publicação e entrada em vigor –, esta produz os efeitos legal e contratualmente previstos; o facto de esses efeitos serem, em regra,

[14] Neste sentido, Jorge Leite, *Direito do Trabalho*, volume I, cit., p. 91.

[15] Neste sentido, em relação aos sindicatos e às associações de empregadores, por exemplo, Menezes Cordeiro, *Manual de Direito do Trabalho*, Almedina, Coimbra, reimpressão, 1994, pp. 119-121 e 121-122, respectivamente; Romano Martinez, *Direito do Trabalho*, cit., 2002, pp. 138-138 e 141-142, respectivamente; Mário Pinto, *Direito do Trabalho*, cit., p. 197.

[16] Apesar de qualquer modalidade de associação sindical – i.e., sindicato, federação, união ou confederação geral – possuir capacidade para outorgar convenções colectivas, na prática apenas os sindicatos e as federações sindicais usam tal faculdade.
Para mais desenvolvimentos, *vd.* Ribeiro Lopes, "A Contratação Colectiva", cit. pp. 51-52.

[17] Como se sabe a expressão convenção colectiva abrange, quer os contratos colectivos, quer os acordos colectivos, quer ainda os acordos de empresa, *vd.* 2º, nº 2, da LRCT.

[18] Sobre o depósito, *vd.* Barros Moura, *Compilação de Direito do Trabalho – Sistematizada e Anotada*, Almedina, Coimbra, 1980, p. 604 (I).

[19] No sentido da taxatividade também se pronuncia, por exemplo, Menezes Cordeiro, *Manual de Direito do Trabalho*, cit., p. 273.
O controlo feito pelos serviços do Ministério do Trabalho é de mera conformidade formal, estando, assim, vedada qualquer apreciação respeitante ao conteúdo da convenção colectiva. Neste sentido, Menezes Cordeiro, *op. cit.*, p. 273; Jorge Leite e Coutinho de Almeida, *Colectânea de Leis do Trabalho*, cit., pp. 429-430 (II e III); Romano Martinez, *Direito do Trabalho*, cit., 2002, p. 977.

gerais e abstractos[20], leva a que a doutrina[21] considere estarmos, situação que também já decorria do anteriormente exposto, ante uma fonte específica de Direito do Trabalho, posição que tem, como decorre dos artigos 56º, nº 4, *in fine,* da CRP, e do 12º, nº 1, da LCT, acolhimento no direito positivo[22].

Donde, poder afirmar-se que sendo elaboradas por entidades privadas correspondem a um exemplo de criação descentralizada de Direito, com o intuito de conseguir "... uma melhor adequação das suas normas aos interesses dos corpos sociais em presença"[23].

V. Na análise (do conteúdo e consequentemente dos efeitos) da convenção colectiva é comummente apontada uma dupla vertente: *obrigacional* e *normativa* (ou regulativa)[24]. A primeira consiste nos efeitos que ocorrem na esfera jurídica das entidades outorgantes; enquanto a *eficácia*

[20] Neste sentido, Barros Moura, *A Convenção Colectiva entre as Fontes de Direito do Trabalho,* cit., por exemplo, pp. 125 e 129-130. Não ignoramos, contudo, a possibilidade de uma convenção ter uma cláusula normativa individual e concreta, mas será uma excepção e não a regra, sob pena de descaracterização do interesse colectivo. Sobre a questão, *vd.* Nikitas Aliprantis, – *La Place de la Convention Collective dans la Hierarchie des Normes,* «Bibliothèque d'Ouvrages de Droit Social», Tome XXII, Libraire Generale de Droit et de Jurisprudence, Paris, 1980, pp. 78-79; Romano Martinez, *Direito do Trabalho,* cit., 2002, pp. 979 e ss.

[21] Neste sentido, entre outros, Menezes Cordeiro, *Manual de Direito do Trabalho,* cit., pp. 172-173, 322, que a considera uma fonte mediata; Romano Martinez, *Direito do Trabalho,* cit., 2002, pp. 186 e ss; Jorge Miranda, *Funções, Órgãos e Actos do Estado,* s.e., Lisboa, 1990, pp. 345-346; Barros Moura, *A Convenção Colectiva entre as Fontes de Direito do Trabalho,* cit., por exemplo, pp. 117 e 125.

[22] No sentido de a convenção colectiva ser fonte de Direito do Trabalho, *vd.* Acórdão da Relação do Porto, de 8 de Outubro de 1984, *Colectânea de Jurisprudência,* 1984, nº 4, pp. 277 e ss; Acórdão do Supremo Tribunal de Justiça, de 21 de Outubro de 1998, *Boletim do Ministério da Justiça* nº 480, pp. 205 e ss.

[23] Agostinho Rosa, "A Negociação das Convenções Colectivas do Trabalho", *1º Colóquio Nacional do Trabalho da Organização Corporativa e da Previdência Social,* Comunicações, volume II, s.e., Lisboa, 1961, p. 31.

[24] O destaque desta dupla faceta é comum na doutrina, *vd.*, por exemplo, Menezes Cordeiro, *Convenções Colectivas de Trabalho e Alterações de Circunstâncias,* cit., pp. 45-49; Romano Martinez, *Direito do Trabalho,* cit., 2002, pp. 187 e 978 e ss; Barros Moura, *A Convenção Colectiva entre as Fontes de Direito do Trabalho,* cit., pp. 111 e ss e 135 e ss; Lobo Xavier, *Curso de Direito do Trabalho, Curso de Direito do Trabalho,* Verbo, Lisboa, 2ª edição, 1993, pp. 246-247; e na doutrina estrangeira, por exemplo, Wolfgang Däubler, *Derecho del Trabajo,* Ministerio de Trabajo y Seguridad Social, Madrid, 1994 (tradução castelhana de Mª Paz Acero Serna e Pío Acero Lópes, *Das Arbeitsrecht,* 1 e 2, Rowohlt Taschenbuch Verlag GmbH, Hamburg,

normativa se reporta aos efeitos produzidos nos contratos individuais de trabalho.

Dentro desta é ainda necessário distinguir as *cláusulas de eficácia diferida* das de *eficácia imediata*, pois enquanto as primeiras necessitam, para que os seus efeitos se repercutam nos contratos individuais de trabalho, de actos posteriores de execução, em regra, a cargo dos empregadores, as *cláusulas de eficácia imediata* produzem os seus efeitos pela mera entrada em vigor.

Deve, no entanto, salientar-se que, atendendo ao conteúdo das convenções colectivas - onde os temas mais regulados são, em primeiro lugar, a retribuição, depois, a redução da duração do trabalho e a adaptabilidade dos horários, a definição de funções, carreiras profissionais e férias[25] –, em regra, as cláusulas são de eficácia imediata.

VI. A eficácia da convenção colectiva deve ser analisada com base em três elementos gerais que condicionam a sua eficácia: por um lado, o âmbito pessoal (artigo 7º da LRCT); por outro, o *âmbito temporal* (em especial, artigos 10º e ss e 16º da LRCT)[26]; e, ainda, a *área geográfica*[27].

1990), pp. 142-143; MATTIA PERSIANI, *Diritto Sindicale*, quarta edizione, Cedam, Padova, 1994, pp. 91 e ss, com indicação de diversa bibliografia.
Sobre a distinção entre cláusulas obrigacionais e normativas, *vd.*, entre outros, MENEZES CORDEIRO, *Convenções Colectivas e Alterações de Circunstâncias*, cit., pp. 45 e ss, com diversos desdobramentos; ROMANO MARTINEZ, *Direito do Trabalho*, cit., 2002, *idem*; BARROS MOURA, *A Convenção Colectiva entre as Fontes de Direito do Trabalho*, cit., pp. 114 e ss e 125 e ss. Na doutrina estrangeira *vd.*, entre outros, ALONSO OLEA e CASA BAAMONDE, *Derecho del Trabajo*, decimoquinta edicion, Civitas, Madrid, 1997, pp. 835 e ss; WOLFGANG DÄUBLER, *Derecho del Trabajo*, cit., pp. 142 e ss.
Sobre a classificação das cláusulas obrigacionais, *vd.* VALDÉS DAL RÉ, "La Adhesion y la Extensión de los Convenios Colectivos", *Revista Española de Derecho del Trabajo*, nº 36 (Octbre/Dicbre), 1988, p. 542.

[25] *Vd.* RIBEIRO LOPES, "Contratação Colectiva", cit., pp. 58-59, que inclui, p. 58, um quadro sobre os temas mais regulados quanto ao conteúdo normativo das convenções colectivas. Sobre a eficácia imediata, ROMANO MARTINEZ *Direito do Trabalho*, cit., 2002, pp. 981-982.

[26] O regime do artigo 10º, da LRCT, não é totalmente coincidente com o previsto, nos termos gerais, para as leis (*vd.* artigo 2º, da Lei nº 74/98, de 11 de Novembro), uma vez que o nº 2 daquele preceito refere que a data da publicação é a da distribuição.

[27] A *área* e o *âmbito de aplicação* fazem parte do conteúdo obrigatório da convenção (artigo 23º, nº 1, alínea b), da LRCT). A ausência destas cláusulas legitima a recusa do depósito (artigo 24º, nº 3, da LRCT), por parte dos serviços do Ministério do Trabalho.

VII. Quanto aos factos e esclarecimentos apresentados pela Consulente, recorde-se que:

1) Nenhuma das entidades que celebrou contrato de trabalho com o Autor da acção foi ou é filiada em qualquer associação de empregadores;
2) Também nenhuma das entidades outorgou qualquer convenção colectiva;
3) Acresce que nenhuma das entidades acordou com o trabalhador a aplicação da convenção colectiva;
4) E, finalmente, o Autor da acção nunca comunicou a opção de ser destinatário de nenhum instrumento convencional.

2.2. LRCT

I. Como acima referimos, os instrumentos de regulamentação colectiva foram regulados, antes do Código do Trabalho de 2003, pela LRCT. Por outro lado, como também sublinhámos, um dos pontos que em geral condicionam a eficácia da convenção é o elemento pessoal[28].

II. No nosso ordenamento, as convenções colectivas têm somente *eficácia inter-partes*, pois como prescreve o artigo 7º, nº 1, da LRCT[29], "as convenções colectivas de trabalho obrigam as entidades patronais que as subscrevem e as inscritas nas associações patronais signatárias, bem como os trabalhadores ao seu serviço que sejam membros quer das asso-

[28] Para uma análise da evolução histórica do regime legal aplicável à convenção colectiva, *vd.* Gonçalves da Silva, *Notas sobre a Eficácia Normativa das Convenções Colectivas*, «Cadernos Laborais», nº 1, Instituto de Direito do Trabalho da Faculdade de Direito de Lisboa, Almedina, Coimbra, 2002, pp. 22 e ss, com indicação de diversa bibliografia.

[29] Iguais efeitos tem a decisão arbitral, não obstante ser uma figura jurídica diferente da convenção colectiva (artigo 34º, nº 8, da LRCT). Aquela visa essencialmente resolver "... *os conflitos colectivos que resultem da celebração ou revisão de uma convenção colectiva*" (artigo 34º, nº 1, da LRCT), sendo para isso necessário, em princípio, que as partes acordem nesse sentido (artigo 34º, da LRCT).
Dizemos "em princípio", pois existe juridicamente a arbitragem obrigatória (artigo 35º, da LRCT), apesar de não funcionar na prática devido à inexistência da lista de árbitros (artigo 35º, nº 8, da LRCT).

ciações celebrantes, quer das associações sindicais representadas pelas associações sindicais celebrantes"[30].

[30] Os efeitos da convenção colectiva nos ordenamentos jurídicos estrangeiros não são idênticos. Na Alemanha, por exemplo, a convenção colectiva tem apenas efeitos inter-partes i.e., só os sujeitos outorgantes estão vinculados. Existe, contudo, uma excepção importante à regra de a convenção apenas abranger os filiados: se o empresário estiver vinculado à convenção, ainda que os trabalhadores não o estejam, aquele tem de cumprir o estipulado na convenção relativamente às normas de empresa e de organização social – § 3º, § 1 e 2, da Lei das Convenções Colectivas (TVG – *Tarifvertragsgesetz*). Sobre os efeitos pessoais da convenção, *vd.* WOLFGANG DÄUBLER, *Derecho del Trabajo*, cit., pp. 149-150; HUECK-NIPPERDEY, *Compendio de Derecho del Trabajo*, Editorial Revista de Derecho Privado, Madrid, 1963 (tradução castelhana de Miguel Rodriguéz Piñero e Luis Enrique de la Villa, *Grundriss des Arbeitsrecht*, s.e., 1962), pp. 342-343; ALFRED SÖLLNER, *Grundrib des Arbeitsrechts*, Verlag Vahlen, Munchen, 1994, p. 150.

Já em Espanha, a convenção colectiva produz efeitos gerais – sem esquecer a destrinça feita pela doutrina e jurisprudência entre convenções colectivas estatutárias e extra-estatutárias (sobre a questão, entre muitos outros, ALONSO OLEA e CASAS BAAMONDE, *Derecho del Trabajo*, cit., entre outras, pp. 778-779, 863 e ss) –, ou seja, abrange todos os trabalhadores e empregadores incluídos no âmbito funcional e territorial da convenção, independentemente da existência de inscrição sindical ou associativa (artigo 82º, nº 3, do Estatuto do Trabalhadores – *Estatuto de los Trabajadores*) – *vd.*, por todos, ALONSO OLEA e CASAS BAAMONDE, *op. cit.*, pp. 786-788, 823-826; SALA FRANCO e ALBIOL MONTESINOS, *Derecho Sindical*, 5ª edición, Tirant lo Blanch, Valencia, 1998, pp. 342 e ss. *Vd.* também RIVERO LAMAS, "Estructura y Funciones de la Negociación Colectiva tras la Reforma Laboral de 1997", *Revista Española de Derecho del Trabajo*, nº 89, 1998, pp. 381 e ss.

Finalmente, em Itália existem quatro tipos de convenções colectivas:

a) as *corporativas*: foram celebradas pelas organizações sociais fascistas, durante o regime corporativo, e têm eficácia geral. Os contratos colectivos de direito corporativo mantiveram os seus efeitos, não obstante o fim do regime, pelo Decreto-Lei «Luogotenenziale», nº 369, de 23 de Novembro de 1944. *Vd.* sobre o assunto, GINO GIUGNI, *Diritto Sindicale*, IX edizione, Cacucci Editore, Bari, 1992, pp. 133 e ss; GIULIANO MAZZONI, *Manuale di Diritto del Lavoro*, volume I, Giuffrè, Milano, 1988, p. 190; RENATO SCOGNAMIGLIO, *Diritto del Lavoro*, terza edizione, Jovene Editore, Napoli, 1994, p. 7;

b) as de *direito comum*: regem-se pelas regras previstas para o direito comum dos contratos, tendo o seu âmbito de aplicação definido pelo próprio contrato, *Vd.* GIULIANO MAZZONI, *op. cit.*, pp. 188-190; MATTIA PERSIANI,
Diritto Sindicale, nona edizione, Cedam, Padova, 2003, pp. 95 e ss; G. ZAGREBELSKY, *Manuale di Diritto Costituzionale*, volume primo, Utet, Torino, 1988, p. 252;

c) as de *eficácia erga omnes*: segundo a Constituição (artigo 39º, 3º par.) são celebradas pelas associações reconhecidas e têm eficácia obrigatória para todos os membros da categoria; no entanto, este preceito constitucional tem tido problemas de concretização face aos obstáculos políticos e técnicos colocados, *vd.* GINO GIUGNI, *op. cit.*, 135; MATTIA PERSIANI, *Diritto Sindicale*, cit., pp. 24 e ss; M. ZAGREBELSKY, *op. cit.*, pp. 247 e ss;

O mesmo se verifica se estivermos perante convenções outorgadas por uniões, federações ou confederações (artigo 7º, nº 2).

III. Ressalta então do exposto, a necessidade de existir concomitantemente filiação do empregador (caso não celebre directamente a convenção) e do trabalhador nas associações outorgantes[31]. A isto se chama *princípio da filiação* ou, talvez mais correctamente, *princípio da dupla filiação*.

Dito de outro modo: a ausência de filiação de uma das partes da relação laboral – salvo se o empregador a celebrar directamente – impede a aplicação da convenção colectiva, sublinhando-se que o trabalhador tem o ónus da prova de demonstrar que é destinatário da convenção[32].

Sublinha-se, aliás, que a dupla filiação consta do próprio contrato colectivo, invocado pelo Autor, celebrado pela Associação dos Distribui-

d) e, por último, as que foram objecto da Lei nº 741, de 14 de Julho de 1959: têm um efeito idêntico ao que, noutros ordenamentos, se atinge através da portaria de extensão e que este país não consagra. *Vd.* Gino Giugni, *op. cit.*, pp. 136-138; Andrea Lassandri, *Il Diritto del Lavoro – La Contrattazione e il Contratto Collettivo*, Ediesse, Roma, 2003, pp. 36 e ss; AAVV, *Problemi di Interpretazione e di Applicazione della Legge 1959, nº 741 sui Minimi di Trattamento Económico e Normativo ai Lavatori*, Università di Firenze, direttore Giuliano Mazzoni, Giuffrè, Milano, 1962; Gonçalves da Silva, *Contributo para o Estudo da Portaria de Extensão*, cit., pp. 56 e ss.

[31] Evidentemente, repita-se, que se estivermos perante um acordo de empresa ou colectivo os empregadores não farão parte de uma associação patronal, antes negociarão directamente (*vd.* artigo 2º, nº 3, da LRCT).
Sobre os efeitos (subjectivos) da convenção, *vd.* Acórdão do Supremo Tribunal de Justiça, de 1 de Junho de 1984, *Acórdãos Doutrinais do Supremo Tribunal Administrativo*, nº 274, pp. 1199 e ss; Sentença do Tribunal do Trabalho de Lisboa, de 26 de Junho de 1986, *Colectânea de Jurisprudência*, 1986, nº 4, pp. 329 e ss; Acórdão do Supremo Tribunal de Justiça, de 2 de Outubro de 1996, *Acórdãos Doutrinais do Supremo Tribunal Administrativo*, nº 423, pp. 380 e ss.

[32] O ónus da prova da filiação do trabalhador recai, nos termos do artigo 342º, nº 1, do Código Civil, sobre o trabalhador. Neste sentido, Acórdão do Supremo Tribunal de Justiça, de 20 de Janeiro de 1993, *Colectânea de jurisprudência*, 1993, nº 1, p. 238 e ss; Acórdão do Supremo Tribunal de Justiça, de 12 de Janeiro de 1994, *Acórdãos Doutrinais do Supremo Tribunal Administrativo*, nº 389, pp. 613 e ss.
Note-se que, de acordo com o artigo 7º, nº 1, da Lei nº 67/98, de 26 de Outubro, é proibido o tratamento de dados pessoais respeitantes à filiação sindical. O titular dos dados pode, contudo, autorizar tal tratamento, conforme preceitua o artigo 7º, nºs 2 e 3 alínea b), da Lei nº 67/98. Sobre a questão, *vd.* Romano Martinez, "Relações Empregador – Empregado", AAVV, *Direito da Sociedade da Informação*, volume I, Coimbra Editora, 1999, pp. 198-199; e a Deliberação nº 15/95, de 1 de Setembro, da Comissão Nacional de Protecção de Dados.

dores de Produtos Alimentares e outros e a Federação Nacional dos Sindicatos dos Trabalhadores do Comércio, no qual se pode ler:

> "O presente instrumento de regulamentação colectiva de trabalho obriga, por um lado, as entidades patronais cuja actividade seja armazenagem de mercearias, importação, comércio, exportação e armazenagem e exportação de azeite, exercendo a sua actividade no continente e ilhas, **representadas pelas associações ADIPA, AREA e ANAIEF, e,** por outro lado, **os trabalhadores ao seu serviço representados pelos sindicatos outorgantes**" (clausula 1º, sublinhado nosso)[33].

IV. Deve, contudo, assinalar-se que existem situações em que a convenção se aplica a sujeitos não filiados nas associações outorgantes. São verdadeiras excepções ao princípio da dupla filiação previstas na LRCT.

Tal é o que acontece, desde logo, por determinação do artigo 8º (1ª parte) e por acordo das partes.

V. De acordo com o artigo 8º (1ª parte), da LRCT, a convenção colectiva abrange

> "... os trabalhadores e as entidades patronais que estivessem filiados nas associações signatárias no momento do início do processo negocial ..."[34].

Nesta situação, o legislador estabeleceu um elemento de conexão temporal – *o momento do início do processo negocial* –, com o intuito de evi-

[33] *Boletim do Trabalho e Emprego,* 1ª série, nº 5, de 8 de Fevereiro de 1978, p. 454. O contrato colectivo foi objecto de várias alterações (parciais), cfr., nomeadamente, *Boletim do Trabalho e Emprego,* 1ª série, nº 31, de 22 de Agosto de 1980, pp. 2285 e ss; *Boletim do Trabalho e Emprego,* 1ª série, nº 41, de 8 de Novembro de 1981, pp. 2913 e ss; *Boletim do Trabalho e Emprego,* 1ª série, nº 45, de 8 de Dezembro de 1985, pp. 2532 e ss; *Boletim do Trabalho e Emprego,* 1ª série, nº 46, de 15 de Dezembro de 1987, p. 1791 e ss; *Boletim do Trabalho e Emprego,* 1ª série, nº 46, de 15 de Dezembro de 1988, pp. 1913 e ss; *Boletim do Trabalho e Emprego,* 1ª série, nº 48, de 29 de Dezembro de 1992, pp. 3149 e ss; *Boletim do Trabalho e Emprego,* 1ª série, nº 6, de 15 de Fevereiro de 1994, pp. 146 e ss; *Boletim do Trabalho e Emprego,* 1ª série, nº 15, de 22 de Abril de 2003, pp. 666 e ss, tendo este contrato uma lista completa das diversas modificações.

[34] Apenas a primeira parte da norma corresponde a uma excepção ao princípio da dupla filiação, uma vez que na situação prevista na segunda parte o que se verifica é que os trabalhadores e as entidades patronais se filiam nas respectivas associações durante o período de vigência das mesmas.

tar que a manipulação da filiação associativa esvaziasse a eficácia subjectiva da convenção.

Ao eleger o início do processo negocial – que corresponde, nos termos do artigo 16º, nº 1, da LRCT, à apresentação da proposta de celebração da convenção, proposta essa que é recipienda (artigo 17º, nº 1, da LRCT)[35] –, como momento determinante da vinculação da convenção a celebrar, a lei neutralizou, no que respeita aos trabalhadores, um dos aspectos individuais da liberdade sindical: a liberdade de inscrição negativa, i.e., o que permite a não inscrição em qualquer sindicato ou, caso o trabalhador se inscreva, a sua desfiliação[36].

VI. A outra excepção acima assinalada diz respeito ao acordo das partes. De facto, os sujeitos do contrato de trabalho podem fixar a aplicação do instrumento convencional à sua relação laboral.

[35] Entendemos que o artigo 8º remete directamente, ao utilizar o termo "início do processo negocial", para o artigo 16º, nº 1, que se refere ao início do processo de negociação, e não para o artigo 19º, nº 1, que trata do início das negociações.
Tomamos esta posição não apenas pela utilização da mesma expressão – artigos 8º e 16º, nº 1 – mas também porque a teleologia do preceito assim o impõe. Por outro lado, é preciso notar que o artigo 16º, nº 1, considera como o início do processo negocial a apresentação da proposta – e não a mera emissão da mesma, o que aconteceria se usasse o termo início do processo negocial no sentido usual, i.e., actividade pré-contratual juridicamente relevante –, ou seja, logo que o destinatário a recebe ou a conhece (ou podia conhecer), artigo 224º, do Código Civil.
Deve esclarecer-se, no entanto, que apesar de o artigo 16º, nº 1, da LRCT, utilizar o termo "proposta de celebração", tal não corresponde a uma proposta contratual em sentido próprio, pois esta deve ser firme, completa e utilizar a forma requerida para o acordo, imposição que não se verifica face ao artigo 16º, nº 1. A Lei não impõe os dois primeiros elementos, afirmando mesmo, no artigo 19º, nº 1, que as negociações deverão ter início nos quinze dias seguintes à recepção da resposta à proposta.
Para mais desenvolvimentos sobre algumas das questões apresentadas, *vd.* MENEZES CORDEIRO, *Manual de Direito do Trabalho*, cit., pp. 262 e ss; ROMANO MARTINEZ, *Direito do Trabalho*, cit., pp. 2002, pp. 972 e ss. Com interesse para a questão, *vd.*, na doutrina espanhola, LACOMBA PÉREZ, *La Negociación del Convenio Colectivo Estatutario*, «colección laboral», nº 84, tirant lo blanch, Valencia, 1999; SÁNCHEZ TORRES, *El Deber de Negociar y la Buena Fe en la Negociacion Colectiva*, «colección estudios», número 78, Consejo Económico y Social, Madrid, 1999.

[36] Para mais desenvolvimentos sobre o conteúdo da liberdade sindical, *vd.*, entre outros, MÁRIO PINTO, *Direito do Trabalho, Introdução e Relações Colectivas de Trabalho*, Universidade Católica Editora, 1996 pp. 179 e ss.

Nestas situações de acordo das partes, o empregador e o trabalhador terão a sua relação laboral também regulada – além da lei – pelo instrumento convencional, cabendo, no âmbito da autonomia individual, os sujeitos contratuais fixar os termos em que essa fonte se aplica.

VII. Realizada a análise do regime legal aplicável até à entrada em vigor do Código do Trabalho de 2003, e, por outro lado, face aos factos apresentados pela Consulente, devemos concluir o seguinte:

1) O empregador não esteve nem está filiado, razão pela qual existindo no ordenamento nacional o *princípio da dupla filiação*, não se aplica qualquer instrumento convencional aos contratos de trabalho celebrados entre o trabalhador e as duas sociedades acima identificadas, não sendo sequer necessária a análise da subsunção da actividade da Consulente no âmbito do contrato colectivo acima citado;

2) A mesma conclusão de não aplicação de qualquer instrumento convencional é imposta pelo facto de as partes outorgantes dos contratos de trabalho não terem, com base na autonomia individual, acordado a aplicação de qualquer instrumento convencional[37];

3) Finalmente, idêntica conclusão decorre do facto de o empregador não ser filiado nas entidades outorgantes da convenção, nem ter outorgado directamente qualquer instrumento;

4) Face ao exposto só uma afirmação tem fundamento legal: a convenção colectiva não se aplica aos contratos de trabalho outorgados pelas partes, não sendo, portanto, as respectivas situações reguladas pelo instrumento convencional;

5) E, deste modo, o trabalhador não tem qualquer direito a usufruir do regime convencional, aliás, tal como não estava adstrito a cumprir nenhuma obrigação decorrente da fonte, razão pela qual não existe fundamento jurídico que o habilite a ser titular do direito, desde logo, ao pagamento das diuturnidades; diuturnidades que, como é sabido, não têm base legal.

[37] O que, aliás, não aconteceu até ao fim da relação laboral.

2.3. Código do Trabalho de 2003

I. A 1 de Dezembro de 2003 entrou em vigor o Código do Trabalho (artigo 3º, nº 1, da Lei nº 99/2003, de 27 de Agosto)[38], passando os contratos de trabalho a ser regulados pelo novo diploma (artigo 8º, nº 1, da Lei nº 99/2003)[39].

II. Em matéria de filiação, determina o diploma que "a convenção colectiva de trabalho obriga os empregadores que a subscrevem e os inscritos nas associações de empregadores signatárias, bem como os trabalhadores ao seu serviço que sejam membros das associações sindicais outorgantes" (artigo 552º, nº 1).

O Código prescreve ainda nesta matéria:

> "a convenção outorgada pelas uniões, federações e confederações obrigam os empregadores e os trabalhadores inscritos, respectivamente, nas associações de empregadores e nos sindicatos representados nos termos dos estatutos daquelas organizações quando outorguem em nome próprio ou em conformidade com os mandatos a que se refere o 540º" (artigo 552º, nº 2)[40/41].

[38] Sobre a reforma do Código do Trabalho, *vd.*, com indicações bibliográficas, GONÇALVES DA SILVA, "Visita Guiada ao Código do Trabalho: A Primeira Fase da Reforma Laboral", *Estudos de Direito do Trabalho (Código do Trabalho)*, volume I, 2ª edição, Instituto de Direito do Trabalho da Faculdade de Direito de Lisboa, Almedina, Coimbra, 2008, pp. 113 e ss.

[39] Para mais desenvolvimentos sobre a aplicação temporal do Código, *vd.* ROMANO MARTINEZ, em ROMANO MARTINEZ, LUÍS MIGUEL MONTEIRO, JOANA VASCONCELOS, MADEIRA DE BRITO, GUILHERME DRAY e GONÇALVES DA SILVA, *Código do Trabalho Anotado*, Almedina, Coimbra, 6ª edição, 2008, pp. 46 e ss.

[40] Corresponde, com alterações formais, ao artigo 7º da LRCT.

[41] A diferença entre o nºs 1 e nº 2 é que o primeiro prescreve a eficácia da convenção outorgada directamente pelos empregadores ou por associações de empregadores e por sindicatos, enquanto o nº 2 regula a eficácia da convenção subscrita por associações de segundo grau, ou seja, associação de associações. Com efeito, diversamente o nº 2 regula as situações em que a convenção é celebrada por organizações de associações de empregadores ou por associações de sindicatos (cfr., respectivamente, artigos 476º, alíneas a), b), c) e d) e 508º), prescrevendo o preceito que obriga os empregadores e os trabalhadores inscritos nas associações outorgantes representados nos termos previstos nos estatutos quando outorguem em nome próprio ou em conformidade com os mandatos prescritos no nº 2 do artigo 540º.

Como se pode verificar, foi mantida a regra geral existente no ordenamento, segundo a qual as convenções colectivas têm somente *eficácia inter-partes*. Nestes termos, o âmbito subjectivo (ou pessoal) da convenção é determinado, em regra (cfr. artigos 553º e 554º), pela filiação do empregador – (caso este não a celebre directamente) e do trabalhador nas associações outorgantes.

III. O Código manteve a excepção ao princípio da filiação, segundo a qual "As convenções colectivas abrangem os trabalhadores e os empregadores que estejam filiados nas associações signatárias no momento do início do processo negocial ..." (artigo 553º, nº 1)[42].

Não se verificou, deste modo, modificações no desvio à regra geral do princípio da dupla filiação, uma vez que o legislador manteve como elemento de conexão o "momento do início do processo negocial".

IV. Há ainda que salientar uma nova excepção ao princípio da dupla filiação, constante do artigo 15º da Lei nº 99/2003, de 27 de Agosto[43].

Neste preceito, o legislador[44] permitiu que um trabalhador – não filiado em sindicato outorgante e cuja situação jurídico-laboral (sectorial ou profissional) se subsuma no âmbito de aplicação do instrumento – escolha, por escrito, sem carecer do acordo do empregador, a aplicação de uma convenção que regula a situação na empresa, desde que, por um lado, exista um instrumento posterior à entrada em vigor do Código do Trabalho (1 de Dezembro de 2003, artigo 3º, nº 1) e, por outro, seja aplicável à empresa um ou mais instrumentos anteriores a essa data[45].

[42] Corresponde, sem alterações substanciais, ao artigo 8º da LRCT.

[43] Existem outras excepções que, aliás, já constavam da LRCT, podendo exemplificar-se com os artigos 553º e 555º. Para mais desenvolvimentos, cfr. Gonçalves da Silva, *Notas sobre a Eficácia Normativa das Convenções Colectivas*, cit., pp. 54 e ss; "Nótula sobre os Efeitos Colectivos da Transmissão da Empresa", *Subjudice*, nº 27, 2004, Janeiro/Março, pp. 127 e ss; Gonçalves da Silva, em Romano Martinez, Luís Miguel Monteiro, Joana Vasconcelos, Madeira de Brito, Guilherme Dray e Gonçalves da Silva, *Código do Trabalho Anotado*, cit., 2008, pp. 779 e ss e 782 e ss.

[44] Para mais desenvolvimento sobre o preceito, *vd.* Gonçalves da Silva em Romano Martinez, Luís Miguel Monteiro, Joana Vasconcelos, Madeira de Brito, Guilherme Dray e Gonçalves da Silva, *Código do Trabalho Anotado*, cit., 2008, pp. 48 e ss.

[45] Esta situação não se confunde com a aplicação de uma convenção a trabalhador não filiado em sindicato outorgante mediante acordo entre aquele (trabalhador) e o empregador.

Com o intuito de evitar a constante alteração da convenção aplicável – face aos efeitos nefastos que uma situação destas acarretaria – fixou-se que após a opção do trabalhador, a convenção se aplica até ao final do seu prazo ou, sendo esta objecto de alteração, até à respectiva entrada em vigor (artigo 15º, nº 2); não tendo a convenção prazo de vigência, o prazo de aplicação é de um ano (artigo 15º, nº 3).

O trabalhador poderá usufruir deste regime, i.e. utilizar o mecanismo da opção, dentro dos limites temporais dos nºs 2 e 3, e, por outro lado, desde que se mantenha o pressuposto da existência de convenções posteriores e anteriores à entrada em vigor do Código aplicáveis na empresa.

V. Novamente, e conforme os factos, não existe qualquer elemento que permita a aplicação da convenção colectiva ao trabalhador parte nos contratos de trabalho.

Com efeito, não se verificando os pressupostos legais relativos ao princípio da (dupla) filiação, não tendo – independentemente de haver duas ou mais convenções aplicáveis à sociedade – as partes dos contratos de trabalho acordado sobre a matéria e, finalmente, não tendo o trabalhador exercido o direito potestativo de que era titular, não existe fundamento jurídico para que o trabalhador seja destinatário do instrumento convencional.

Deste modo, mantém-se a asserção acima realizada, segundo a qual o trabalhador não tem direito a usufruir do regime convencional, tal como não estava adstrito às obrigações previstas naquela fonte, razão pela qual, e desde logo, não tem direito ao pagamento das diuturnidades; diuturnidades que se mantiveram sem base legal.

Neste caso, o empregador pode, caso o trabalhador esteja de acordo, aplicar cláusulas da convenção. Tal pode acontecer, desde logo, em matéria retributiva, pois a disparidade de regimes contratuais pode causar, por um lado, dificuldades na organização da empresa e, por outro, conflitos internos quando os trabalhadores se encontrem em situação de igualdade funcional. Diferentemente, a situação referida no texto permite que o trabalhador opte – portanto, unilateralmente – por uma convenção que passa a regular a sua situação jurídica.

2.4. Código do Trabalho de 2009

I. Em 2009, entrou em vigor[46] a revisão do Código do Trabalho de 2003 que passou a regular os contratos de trabalho existentes (artigo 7º da Lei nº 7/2009)[47].

II. Com efeito, o quadro normativo manteve a eficácia interpartes do instrumento convencional, prescrevendo:

> "A convenção colectiva obriga o empregador que a subscreve ou filiado em associação de empregadores celebrante, bem como os trabalhadores ao seu serviço que sejam membros de associação sindical celebrante" (artigo 496º, nº 1).

A esta norma, acrescenta:

> "A convenção celebrada por união, federação ou confederação obriga os empregadores e os trabalhadores filiados, respectivamente, em associações de empregadores ou sindicatos representados por aquela organização quando celebre em nome próprio, nos termos dos respectivos estatutos, ou em conformidade com os mandatos a que se refere o nº 2 do 491º" (artigo 496º, nº 2)[48].

Não houve, portanto, novidades no regime de aplicação da convenção colectiva, mantendo-se a regra geral existente, segundo a qual a convenção colectiva tem somente *eficácia inter-partes*. Nestes termos, o

[46] Mais precisamente a 17 de Fevereiro do mesmo ano, nos termos da *vacatio legis* geral.

[47] Para uma análise do preceito, *vd.* ROMANO MARTINEZ em ROMANO MARTINEZ, LUÍS MIGUEL MONTEIRO, JOANA VASCONCELOS, MADEIRA DE BRITO, GUILHERME DRAY e GONÇALVES DA SILVA, *Código do Trabalho Anotado*, Almedina, Coimbra, 8ª edição, 2009, pp. 70 e ss.

[48] Os nºs 1 e 2 correspondem ao artigo 552º do CT de 2003, com meras alterações formais. A diferença, como acima referimos, entre o nº 1 e nº 2 é que o primeiro prescreve a eficácia da convenção outorgada directamente pelos empregadores ou por associações de empregadores e por sindicatos, enquanto o nº 2 regula a eficácia da convenção subscrita por associações de segundo grau, ou seja, associação de associações. Com efeito, diversamente o nº 2 regula as situações em que a convenção é celebrada por organizações de associações de empregadores ou por associações de sindicatos (cfr., respectivamente, artigos 442º, nº 2, e nº 1 alíneas *a*), *b*), *c*) e *d*) e nº 2), prescrevendo o preceito que obriga os empregadores e os trabalhadores inscritos nas associações outorgantes representados nos termos previstos nos estatutos quando outorguem em nome próprio ou em conformidade com os mandatos prescritos no nº 2 do artigo 491º.

âmbito subjectivo – ou pessoal – da convenção continuou a ser determinado, em regra, pela filiação do empregador (caso não celebre a convenção directamente) e do trabalhador nas associações outorgantes.

III. Uma das excepções ao princípio da dupla filiação foi mantida, mais exactamente a que determina

> "A convenção abrange trabalhadores e empregadores filiados em associações celebrantes no início do processo negocial ..." (artigo 496º, nº 3)[49].

Este desvio à regra geral do princípio da dupla filiação manteve o quadro constante do Código do Trabalho de 2003, tendo o legislador optado por não alterar o elemento de conexão temporal com o intuito de evitar que a manipulação da filiação associativa afectasse a eficácia subjectiva da convenção.

IV. Houve, no entanto, uma novidade na temática das excepções ao princípio da filiação: trata-se da possibilidade de o trabalhador optar pela aplicação de uma convenção colectiva.

Segundo a nova norma,

> "Caso sejam aplicáveis, no âmbito de uma empresa, uma ou mais convenções colectivas ou decisões arbitrais, o trabalhador que não seja filiado em qualquer associação sindical pode escolher qual daqueles instrumentos lhe passa a ser aplicável" (artigo 497º, nº 1)[50].

O presente preceito permite que um trabalhador não filiado escolha, por acto unilateral – aplicando-se, no âmbito da empresa, uma ou mais convenções colectivas ou decisões arbitrais –, ser destinatário de um destes instrumentos. Este direito potestativo conferido pelo legislador torna naturalmente irrelevante a posição do empregador.

[49] Corresponde sem alterações substanciais ao artigo 553º do CT de 2003.

[50] Este artigo inspira-se no artigo 15º da Lei nº 99/2003, de 27 de Agosto.
É, no entanto, um preceito com um alcance substancialmente diferente. Por um lado, aquela norma aplicava-se quando estavam em causa instrumentos negociais anteriores e posteriores ao Código do Trabalho; por outro lado, era, quer pela sua natureza, quer pela sua inserção sistemática, uma norma transitória.

V. Face ao quadro normativo do Código do Trabalho de 2009 e perante os factos em análise, temos, mais uma vez, de concluir que não se verificou qualquer alteração legal que permita a aplicação da convenção colectiva.

Com efeito, não se encontrando as duas partes dos contratos de trabalho concomitantemente filiadas em entidades outorgantes – ou tendo o empregador celebrado directamente – não existe base legal para a aplicação da convenção. Por outro lado, o trabalhador não exerceu o direito potestativo que a lei lhe conferiu, razão pela qual não pode usufruir do regime convencional.

Assim, não é titular de quaisquer direitos decorrentes da convenção colectiva – desde logo, as diuturnidades que não têm base legal – tal como não tinha o dever de cumprir as obrigações plasmadas naquela fonte.

§ 3º) Da portaria de extensão

3.1. Considerações prévias

I. No nosso ordenamento as convenções colectivas têm, como vimos, *eficácia inter-partes* (artigo 7º da LRCT), pois apenas se aplicam aos contratos de trabalho existentes ou que venham a existir durante a sua vigência – desde que outorgados por representantes dos trabalhadores e empregadores (isto é, que sejam membros das associações subscritoras) –, ou, quanto aos empregadores, que as tenham celebrado directamente.

II. Face a esta limitação dos efeitos da convenção colectiva (e da decisão arbitral), a *portaria de extensão* permite a ampliação dos mesmos (artigo 27º, da LRCT). Ou seja: estamos perante um instrumento jurídico (artigo 2º, nº 2, da LRCT) através do qual o Ministro do Trabalho alarga o âmbito de aplicação de uma convenção colectiva ou de uma decisão arbitral (artigo 29º, nºs 1 e 2, da LRCT)[51].

[51] Para uma análise da evolução histórica da portaria de extensão, *vd.*, com indicações bibliográficas, Gonçalves da Silva, "Pressupostos, Requisitos e Eficácia da Portaria de Extensão", AAVV, *Estudos do Instituto de Direito do Trabalho,* volume I, coordenação de Romano Martinez, Almedina, Coimbra, 2001, pp. 674 e ss.

Assim sendo, e em virtude da inexistência de regulamentação criada com base na autonomia colectiva, a Administração intervém utilizando o conteúdo de uma convenção (ou de uma decisão arbitral) e torna-o aplicável a trabalhadores não abrangidos por estes instrumentos.

III. Noutra perspectiva, deve trazer-se à colação que a eficácia limitada da convenção colectiva origina diferentes regimes jurídicos, o que não só cria graves constrangimentos às empresas, cuja gestão é mais eficaz havendo uniformização das condições de trabalho, como, por outro lado, deixa em aberto a possibilidade de os empregadores e trabalhadores se colocarem à margem da aplicação da convenção, sendo, para isso, suficiente que não se filiem nas respectivas associações, aliás, em total respeito pela liberdade de associação[52].

É, então, para fazer face a estas e a outras questões que se torna necessário atribuir à convenção colectiva uma maior eficácia, sendo certo que em situações em que a taxa de sindicalização é bastante elevada os problemas são menores; ao invés, quando as convenções abrangem uma quantidade de trabalhadores pouco significativa, a questão assume contornos significativos. Acontece que entre nós a eficácia imediata das convenções é diminuta, uma vez que mais de dois terços dos trabalhadores não têm representação sindical, além de muitos empregadores não estarem inscritos nas respectivas associações[53].

IV. A actuação do Ministro do Trabalho aquando da elaboração da portaria de extensão está impregnada, necessariamente, dos valores que informam a actividade administrativa (artigo 266º da Constituição), de que são exemplo, a legalidade, o interesse público, a justiça, a igualdade, a proporcionalidade e a imparcialidade. Destes princípios, os quais constam igualmente do Código do Procedimento Administrativo (arti-

[52] Chamam a atenção para este ponto, Borrajo Dacruz, "La Regulacion de las Condiciones de Trabajo en España: Poderes Normativos y Autonomia Individual", AAVV, *La Reforma del Mercado de Trabajo*, Actualidad Editorial, Madrid, 1993, pp. 1073-1074; Barros Moura, *A Convenção Colectiva entre as Fontes de Direito do Trabalho*, cit., p. 218.

[53] Os dados estão em Ribeiro Lopes, "Contratação Colectiva", cit., p. 52.
Para mais desenvolvimentos sobre a evolução da sindicalização, *vd.* Ribeiro Lopes, "Contratação Colectiva", cit., pp. 49-50; Conceição Cerdeira, *A Evolução da Sindicalização Portuguesa de 1974 a 1995*, «colecção estudos», Ministério para a Qualificação e o Emprego, Lisboa, 1997, *maxime*, pp. 45 e ss, onde se analisam as causas da situação.

gos 3º e ss), resulta que a actuação da Administração deve prosseguir os valores efectivamente consagrados no ordenamento, sob pena de se bastar com meras actuações formais.

V. É neste quadro jurídico-social que surge a portaria de extensão. A doutrina, ao referir-se aos *fins da portaria*, distingue entre a extensão interna e a externa (respectivamente, artigo 29º, nºs 1 e 2, da LRCT)[54]. No primeiro caso – interna –, Autores como NUNES DE CARVALHO[55], BARROS MOURA[56] e MÁRIO PINTO[57], apontam, como objectivo essencial da portaria de extensão, a promoção da igualdade de condições de trabalho; enquanto que na segunda situação – externa –, os mesmos Autores[58] defendem o propósito de colmatar um vazio de regulamentação.

[54] A afirmação tem apenas um carácter geral, pois por exemplo SOUSA E BRITO, no voto de vencido do aresto do Tribunal Constitucional nº 172/93, de 10 de Fevereiro – *Boletim do Ministério da Justiça* nº 424 (Março), 1993, pp. 226 e ss –, refere-se apenas à igualdade como fundamento da portaria de extensão.

[55] Escreve NUNES CARVALHO, "Regulamentação de Trabalho por Portarias de Extensão", *Revista de Direito e de Estudos Sociais*, ano XXX (III da 2ª série), 1988, nº 4, p. 443, que "... se é certo que existe o denominador comum que se deixou referido [i.e., zonas brancas de regulamentação colectiva], não deixam os autores de sublinhar que na extensão interna aflora, essencialmente, uma preocupação de igualdade ...".

[56] Pode ler-se em BARROS MOURA, *Compilação de Direito do Trabalho (Sistematizada e Anotada*, cit., p. 614, que na extensão interna "... se trata, fundamentalmente de assegurar a *igualdade de tratamento* entre todos os trabalhadores e empregadores pertencentes às mesmas categorias e situados no âmbito territorial originário da convenção (cfr. artigos 7º e 8º [, da LRCT])", itálico no original.

[57] Escreve MÁRIO PINTO, *Direito do Trabalho*, cit., p. 354, que na extensão interna "... a finalidade primacial da portaria é a de assegurar uma igualdade de tratamento entre empregadores que, pertencendo às mesmas categorias, exerçam a sua actividade na mesma área geográfica. Igualdade essa que, entre outras razões, pode ser originada pela falta de representação sindical de alguns empregadores ou trabalhadores".

[58] NUNES CARVALHO, "Regulamentação de Trabalho por Portarias de Extensão", cit., p. 443, que escreve "... que na extensão externa assoma o imperativo de cobertura normativa de uma área em que se verifica um «deficit» de representação sindical"; e MÁRIO PINTO e FURTADO MARTINS, *As Fontes do Direito do Trabalho*, volume I, Universidade Católica Portuguesa, Lisboa, policopiado, 1986/1987, pp. 29-30, onde pode ler-se que, neste caso, "trata-se ... de procurar suprir as deficiências do processo negocial ou a falta de regulamentação autónoma, visando-se assegurar uma regulamentação semelhante àquela que poderia resultar da negociação colectiva em situações semelhantes".

Por sua vez, MENEZES CORDEIRO, ao indicar os objectivos das duas extensões, preconiza, além da igualdade, que "a *extensão interna* visa abranger as entidades e os trabalhadores que, por não estarem filiados nas organizações celebrantes, não sejam atingidos pelas convenções colectivas por elas concluídas – artigo 29/1 ... [e que] a *extensão externa* destina-se a solucionar os problemas postos por áreas onde não existem associações sindicais ou patronais – artigo 29º/2"[59].

3.2. LRCT

I. A eficácia da portaria de extensão está sujeita – tal como a convenção colectiva – a três elementos: pessoal, espacial e temporal[60].

Concentrando-nos naquele elemento, importa sublinhar que a portaria de extensão se aplica:

1) Às entidades patronais do mesmo sector económico e a trabalhadores da mesma profissão ou de profissão análoga, desde que exerçam a sua actividade no âmbito territorial da convenção (ou decisão arbitral) (artigo 29º, nº 1, da LRCT);

2) E ainda às entidades patronais e trabalhadores do sector económico e profissional regulado que exerçam a sua actividade fora do âmbito da convenção (ou decisão arbitral), quando não existam associações sindicais ou patronais, desde que se verifique identidade ou semelhança económica e social (artigo 29º, nº 2, da LRCT).

II. Por outro lado, uma portaria de extensão está sujeita à regra da subsidiariedade, ou seja, não se aplica no caso de existir instrumento convencional que regule a relação entre as partes (artigo 29º, nº 4, da

Por sua vez, Barros Moura escreve, *Compilação de Direito do Trabalho (Sistematizada e Anotada*, cit., p. 614, que se procura "... suprir o processo negociado de regulamentação .... com base na *analogia* de enquadramento categorial e de circunstancialismo económico e social", itálico no original. Quanto à posição de MONTEIRO FERNANDES *vd.* nota *supra*.

[59] MENEZES CORDEIRO, *Manual de Direito do Trabalho*, cit., p. 344, itálico no original. O Autor refere-se, mais à frente (pp. 344-345), à igualdade, quer na extensão interna, quer na extensão externa.

[60] Para uma análise destes elementos, GONÇALVES DA SILVA, "Pressupostos, Requisitos e Eficácia da Portaria de Extensão", cit., em especial pp. 747 e ss.

LRCT)[61], sublinhando-se ainda que a entrada em vigor de uma convenção colectiva aplicável no âmbito de uma portaria faz com que esta cesse os seus efeitos (artigo 38º da LRCT)[62].

Trata-se de preceitos que privilegiam, e bem, a autonomia colectiva em detrimento da intervenção administrativa.

III. Este quadro legal funciona como limite na redacção do clausulado da portaria. Ou seja: o Ministro do Trabalho não poderá fixar um regime normativo que ultrapasse os limites subjectivos legalmente fixados, sob pena de ilegalidade.

E, por isso, o conteúdo da portaria de extensão deve ser fixado tendo presente os limites legalmente impostos, desde logo, quanto à sua eficácia subjectiva.

IV. Tendo ficado demonstrada a não aplicação do contrato colectivo às situações laborais em análise, importa apurar se a portaria de exten-

[61] O preceito afasta, por regra, a aplicação da portaria no caso de existir regulamentação colectiva específica, o que inclui, inequivocamente, a convenção colectiva.
No Acórdão da Relação de Évora, de 6 de Junho de 1995, publicado na *Colectânea de Jurisprudência*, ano XX, tomo III, 1995, pp. 317-318, foi sufragado que o nº 4 do artigo 29º se aplica quer à portaria de extensão, quer à portaria de regulamentação, o que demonstra, mais uma vez, a subsidiariedade da intervenção administrativa.

[62] O princípio da autonomia colectiva e a identidade da situação são valores mais do que suficientes para aplicarmos o preceito em causa à portaria de extensão, embora tal não seja necessário, para quem defenda, como Monteiro Fernandes, *Direito do Trabalho*, Almedina, Coimbra, 1999, p. 105, que o artigo 29º, nº 4, da LRCT, se aplica aos casos em que existe uma convenção específica "... no âmbito da extensão e *depois* desta", itálico no original.
De qualquer modo a nossa afirmação sai reforçada pela invocação do artigo 38º da LRCT, porquanto o nº 4 do artigo 29º permite o afastamento da convenção específica, no caso de haver referência expressa da portaria neste sentido. Deste modo, como o artigo 29º, nº 4, só se refere, pelo menos explicitamente, ao caso de a portaria ser posterior à convenção, aplicaríamos o artigo 38º à situação em que a convenção é posterior àquela, não havendo nesta situação qualquer possibilidade de afastamento. Parece-nos, então, mais correcto a aplicação analógica do artigo 38º da LRCT. No sentido da aplicação analógica, Mário Pinto, *Direito do Trabalho*, cit., p. 353, nota 398.
Por outro lado, se o instrumento posterior for não uma convenção colectiva mas uma decisão arbitral, pensamos que também o artigo 38º deve ser aplicado de modo a dar preferência aos instrumentos autónomos face aos heterónomos, o que aliás a LRCT consagra (*v.g.* artigos 29º, nº 4, e 38º).

são emitida abrange os contratos de trabalho celebrados entre as duas sociedades enunciadas e o trabalhador.

V. No quadro normativo da LRCT, foi publicada, a 15 de Dezembro de 1992, a portaria de extensão – invocada pelo Autor da acção – que incidiu sobre o contrato colectivo de trabalho celebrado entre a ADIPA, a ANAIEF e a AREA e a FEPCES[63] e que determinou o seguinte:

> "1 – Às relações de trabalho estabelecidas entre entidades patronais não filiadas nas associações patronais outorgantes que no território do continente prossigam a actividade de armazenista, importador ou exportador de fruta ou produtos hortícolas, armazenista ou exportador de azeite e ainda às que em exclusivo se dediquem à distribuição por grosso de produtos alimentares e trabalhadores ao seu serviço das profissões e categorias profissionais nele previstas, bem como às relações de trabalho estabelecidas entre entidades patronais já abrangidas pela convenção e trabalhadores ao seu serviço das mesmas profissões e categorias não representados pelas associações sindicais outorgantes"[64].

VI. De acordo com a primeira parte da norma citada, a portaria de extensão aplicar-se-á às relações laborais, verificados os seguintes pressupostos:

1) *Estarem em causa entidades patronais não filiadas nas associações patronais outorgantes:* Como foi demonstrado, as duas sociedades outorgantes dos contratos de trabalho nunca foram destinatárias do contrato colectivo.

[63] Cfr. *Boletim do Trabalho e Emprego*, de 15 de Dezembro de 1992, 1ª série, número 46, p. 3114, que teve como objecto o contrato colectivo celebrado entre a ADIPA, a ANAIEF, a AREA e a FEPCES e outras associações sindicais, publicado no *Boletim do Trabalho e Emprego*, de 15 de Dezembro de 1991, 1ª série, nº 46.
A outra Portaria citada pelo Autor da acção teve como objecto a regulamentação constante do contrato colectivo de trabalho celebrado entre a ADIPA, a ANAIEF, a AREA e a FEPCES e outras associações sindicais – publicado no *Boletim do Trabalho e Emprego*, de 29 de Dezembro de 1992, 1ª série, nº 48 – cuja publicação se encontra no *Boletim do Trabalho e Emprego*, de 22 de Março de 1993, 1ª série, nº 11, p. 381. Esta portaria manteve a cláusula acima analisada, tendo apenas sido colocadas duas vírgulas entre a expressão "em exclusivo", da qual não resulta qualquer alteração em matéria de conteúdo.

[64] O nº 2 refere-se a outras situações, que não têm relevância para o presente caso.

2) *Estas entidades patronais têm de prosseguir no território do continente a actividade de armazenista, importador ou exportador de fruta ou produtos agrícolas, armazenista ou exportador de azeite ou dedicarem-se em exclusivo à distribuição por grosso de produtos alimentares* – Este pressuposto não está preenchido, pelo simples facto de não ser esse o objecto comercial de nenhuma das duas sociedades em causa.

Com efeito, a Sucursal em Portugal da Sociedade B tinha por objecto "a fabricação e venda de pão de forma, biscoitos e restantes produtos alimentares" (cfr. certidão).

Por outro lado, B tem como objecto:

"Fabricação, importação e exportação, compra e venda de pão mole, biscoitos e outros produtos alimentares" (cfr. certidão). Dito de outro modo: as sociedades não têm "a actividade de armazenista, importador ou exportador de fruta ou produtos agrícolas, armazenista ou exportador de azeite nem se dedicam em exclusivo à distribuição por grosso de produtos alimentares".

Não se verificando um dos pressupostos – e sendo estes cumulativos – fica impossibilitada a aplicação do instrumento convencional.

Podemos, então, concluir, sem considerar necessária demonstração adicional, que a ausência de pressupostos constantes da primeira parte da norma da portaria de extensão impede a aplicação deste instrumento.

VII. Demonstrada a inaplicabilidade da primeira parte da norma constante da portaria de extensão, importa agora apurar se estão ou não verificados os pressupostos da parte final do preceito.

De acordo com este, recorde-se, a portaria aplica-se ainda às relações de trabalho estabelecidas – pressupostos cumulativos – entre:

1) Entidades patronais já abrangidas pela convenção;

2) E trabalhadores ao seu serviço das mesmas profissões e categorias, não representadas pelas associações sindicais outorgantes.

Ora, é patente, como ficou inequivocamente demonstrado, que as sociedades não se encontram abrangidas pelo instrumento convencional; por outro lado, segundo o trabalhador, este seria filiado em sindicato outorgante, o que, a confirmar-se, seria mais um facto impeditivo da aplicação da portaria de extensão.

Daqui decorre que nenhum – sendo necessário, repita-se, os dois – dos pressupostos está verificado, razão pela qual também a segunda parte da norma constante da portaria de extensão não se refere às situações em análise na presente consulta.

VIII. Face ao exposto, impõe-se idêntica conclusão à verificada relativamente ao regime convencional: as relações laborais em que o Autor da acção foi parte não foram reguladas pelo instrumento administrativo, razão pela qual o trabalhador não tem direito a quaisquer pagamentos que tenham por base esta fonte, tal como não estava adstrito a nenhuma obrigação decorrente da portaria de extensão, asserção que naturalmente inclui as diuturnidades.

Note-se, aliás, que interpretação diferente – e sem prejuízo da aplicação da portaria que não tem sequer base no articulado – seria igualmente incompatível com os fins acima identificados pela doutrina.

Com efeito, a aplicação do instrumento administrativo a sociedades que não se integram na mesma área de actividade prevista na portaria colidiria com os fins desta, gerando, naturalmente, uma ilegalidade.

IX. Cabe, agora, apurar se a evolução do regime legal permite conclusão diferente da alcançada, ainda que o conteúdo da portaria de extensão se tenha mantido.

3.3. Código do Trabalho de 2003

I. A LRCT foi substituída, como acima vimos, pelo Código do Trabalho de 2003.

Entre as novidades, o legislador limitou a *possibilidade de recurso aos regulamentos de extensão e de condições* mínimas (anteriores portarias de extensão e de regulamentação do trabalho), tendo, por exemplo, introduzido a expressão "circunstâncias sociais e económicas" (artigo 575º, nº 3)[65].

[65] Cfr. artigos 29º e 36º da LRCT com os artigos 575º, nº 3, e 578º do CT de 2003, cuja inspiração foi o regime existente nos ordenamentos alemão (§ 5º, nº 2, da Lei de Contratação Colectiva (*Tarifvertragsgesestz*) e espanhol (artigos 92º, nº 2, do Estatuto dos Trabalhadores, e 3º, nº 1, alínea b) do Decreto 572/1982, de 5 de Março).

Tratou-se, em suma, de reconhecer-se que no moderno Direito do Trabalho a intervenção administrativa deve ser a excepção e não a regra, pois esta cabe à contratação colectiva (artigo 3º). Era, por isso, necessário garantir que o regime jurídico assegurasse uma efectiva subsidiariedade dos instrumentos não negociais face aos negociais.

II. Relativamente ao quadro normativo respeitante ao tema em análise, foi mantida a possibilidade de o conteúdo da convenção colectiva ou da decisão arbitral (obrigatória ou facultativa) poder ser alargado a outros sujeitos (artigo 573º).

Verifica-se então que o Ministro do Trabalho pode emitir uma portaria de extensão (artigo 574º), devendo ocorrer os seguintes pressupostos:

1) A existência (objecto da extensão) de uma convenção colectiva (ou decisão arbitral) aplicável a empregadores do sector de actividade em causa e, por outro lado, a trabalhadores da mesma profissão ou profissão análoga;
2) Os empregadores e trabalhadores destinatários do regulamento de extensão exercem a sua actividade na área geográfica e no âmbito sectorial e profissional do instrumento a estender (extensão interna) (artigo 575º, nº 1).

III. Note-se ainda que foi prevista a possibilidade de o alargamento ser relativamente a área geográfica diferente daquela a que a convenção (e a decisão arbitral) se aplica, devendo:

1) Por um lado, os empregadores e trabalhadores realizarem a sua actividade no mesmo âmbito sectorial e profissional;

2) Por outro, inexistir associações sindicais ou de empregadas que os possam representar;

3) Finalmente, verificar-se identidade ou semelhança económica e social (extensão externa) (artigo 575º, nº 2)[66].

[66] O artigo 575º corresponde, com alterações, ao artigo 29º nºs 1 e 2, da LRCT.
O nº 3 é novo. Para mais desenvolvimentos sobre o preceito, *vd.* Gonçalves da Silva em Romano Martinez, Luís Miguel Monteiro, Joana Vasconcelos, Madeira De Brito, Guilherme Dray e Gonçalves da Silva, *Código do Trabalho Anotado*, cit., 2008, pp. 997 e ss.

IV. Do quadro legal analisado, não se identifica qualquer alteração que imponha ou sequer permita uma interpretação diferente da que acima apresentámos quanto à aplicação da portaria de extensão.

Deste modo, o trabalhador não foi, em momento algum, destinatário do instrumento administrativo, verificando-se as inerentes consequências atrás identificadas.

3.4. Código do Trabalho de 2009

I. O Código do Trabalho de 2003 foi revisto, tendo então surgido o Código do Trabalho de 2009.

Foi mantida a possibilidade de ser aplicado o conteúdo da convenção colectiva através de uma portaria de extensão emitida pelo Ministro do Trabalho (artigo 516º).

II. De acordo com o regime legal[67], a convenção colectiva ou decisão arbitral (obrigatória ou facultativa) em vigor pode ser aplicada – na terminologia legal – a empregadores e a trabalhadores integrados no âmbito do sector de actividade e profissional definido naquele instrumento (artigo 514º, nº 1).

Deste preceito decorre que o legislador manteve a possibilidade de a Administração Laboral recorrer quer a extensão interna (aplicável a empregadores do mesmo sector de actividade e a trabalhadores da mesma profissão ou profissão análoga, exercendo a sua actividade na área geográfica e no âmbito sectorial e profissional fixados nos instrumentos a estender), quer a extensão externa (aplicável a empregadores e a trabalhadores do mesmo âmbito sectorial e profissional, exercendo a sua actividade em área geográfica diversa daquela em que os instrumentos a estender se aplicam)[68/69].

[67] Para uma análise completa do regime legal, pode ver-se GONÇALVES DA SILVA em ROMANO MARTINEZ, LUÍS MIGUEL MONTEIRO, JOANA VASCONCELOS, MADEIRA DE BRITO, GUILHERME DRAY e GONÇALVES DA SILVA, *Código do Trabalho Anotado,* 8ª edição, Almedina, Coimbra, 2009, pp. 1253 e ss.

[68] O artigo 514º corresponde, com alterações, aos artigos 573º e 575º do CT de 2003. O nº 1 corresponde aos artigos 573º e 575º, nº 1 e 2 (parcialmente); o nº 2, por sua vez, corresponde ao artigo 575º, nº 2 (parte) e nº 3.

Entre as alterações deve salientar-se que o nº 2 do artigo 575º do CT de 2003 (que regulava a extensão externa) tinha um pressuposto que era a inexistência de associações sindicais ou

III. Cabe colocar a mesma questão: existiu alguma alteração legal que imponha ou sequer permita uma mudança na interpretação acima sufragada?

Mais uma vez a resposta é clara no sentido da conclusão que alcançámos: a portaria de extensão não se aplica aos contratos de trabalho celebrados pelo trabalhador e as duas sociedades.

§ 4º) Tempo de trabalho

4.1. Considerações prévias

I. A matéria da organização dos tempos de trabalho é um elemento de particular relevância na relação laboral. Na verdade, tal facto é facilmente compreensível, pois basta atender à sua interferência directa em direitos ou interesses fundamentais do trabalhador, nomeadamente a auto-disponibilidade (assim, por exemplo, 59º, nº 1, alíneas *b)* e *d)*, da Constituição) e a saúde (cfr., entre outros, artigos 59º, nº 1, alínea *c)*, e s 120º, alínea *c)*, e 149º da Constituição).

Esses interesses fundamentais também existem por parte do empregador, devendo ter-se presente, desde logo, a liberdade de iniciativa económica (artigo 61º, nº 1) e, dentro desta, as necessidades de gestão das empresas[70].

Por isso, é natural que o legislador revele especiais preocupações com o tema e efectue a respectiva harmonização dos interesses em causa, assumindo nessa tarefa relevância especial os conceitos envolvidos para a percepção das questões colocadas.

de empregadores, que foi agora eliminado; por outro lado, enquanto antes o legislador afirmava que "a emissão do regulamento de extensão só é possível estando em causa circunstâncias sociais e económicas que a justifiquem" (nº 3 do artigo 575º), agora apenas exige que sejam ponderadas (nº 2); acresce que a referência do nº 2 contém um "*nomeadamente*" que confere maior discricionariedade – tal como a alteração anteriormente identificada – à Administração e que não estava consagrado.

[69] As extensões internas e externas estavam antes previstas, de forma expressa, nos nºs 1 e 2 do artigo 575º do CT de 2003, respectivamente.

[70] Cfr. nota *supra*.

II. Deve ainda ter-se presente que nesta matéria existe normativos comunitários que regulam o assunto. Tratam-se das Directivas 93/104//CE do Conselho, de 23 de Novembro de 1993, relativa a determinados aspectos da organização do tempo de trabalho, alterada pela Directiva 2000/34/CE do Parlamento Europeu e do Conselho, de 22 de Junho de 2000[71] e, posteriormente, a Directiva 2003/88/CE do Parlamento Europeu e do Conselho, de 4 de Novembro de 2003, que revogou a Directiva de 93/104/CE.

III. Importa ainda, antes de passar à análise dos diversos diplomas, recordar os factos relevantes apresentados pela Consulente, na execução do contrato de trabalho celebrado, a 2 de Novembro de 1996, entre o Autor e B, terminado, a 1 de Junho de 2009, mediante invocação de resolução com justa causa por parte do trabalhador:

1) O trabalhador estava adstrito a cumprir o horário de trabalho fixado nos termos legais (cfr. cláusula 4ª do contrato de trabalho);
2) O horário de trabalho comunicado ao IDICT foi de segunda a sexta-feira, das 22h00 às 6 h00, com um intervalo entre 1h00 e as 3h30m; bem como ao domingo, das 21h00 às 6h30m, com um intervalo entre a 1h00 e 3h00;
3) O horário de trabalho efectivamente praticado pelo trabalhador era de domingo a sexta, das 21h00 às 4h00, com um intervalo de descanso de 1 hora situado entre a 1h00 e as 2h00;
4) O dia de descanso semanal era o sábado;
5) A actividade do trabalhador era exercida sem qualquer controlo presencial, pois não se encontravam nas instalações da Consulente quaisquer superiores hierárquicos;
6) Foi solicitado ao trabalhador o exercício da actividade aos feriados, excepto quando estes coincidissem com o sábado, uma vez que aos domingos B não efectuava distribuição;

[71] Relativa a determinados aspectos da organização do tempo de trabalho, a fim de abranger os sectores e actividades excluídas daquela Directiva.

7) Sempre que o trabalhador prestou a sua actividade em dia feriado, o mesmo era compensado com um dia de descanso remunerado no dia anterior ao feriado trabalhado.

4.2. LDT

I. A matéria do tempo de trabalho encontrava-se regulada antes do Código do Trabalho de 2003 essencialmente pela LDT (Decreto-Lei nº 409/71, de 27 Setembro, com sucessivas alterações)[72].

II. Prescreve o legislador que

> "Compete às entidades patronais estabelecer o horário de trabalho do pessoal ao seu serviço, dentro dos condicionalismos legais" (artigo 11º, nº 1, da LDT)[73].

Ou seja: cabe ao empregador, a determinação do horário de trabalho, i.e., "das horas do início e do termo do período normal de trabalho diário, bem assim como dos intervalos de descanso" (nº 2 do artigo citado), do qual resulta, desde logo, a fixação dos dias de trabalho, de descanso semanal, a interrupção do período de trabalho diário e o intervalo de descanso entre dias de trabalho.

III. A organização do tempo e do horário de trabalho está sujeita a diversos parâmetros que importa ter presente[74].

São estes os seguintes[75]:

[72] Para uma análise histórica do regime do tempo de trabalho, Menezes Cordeiro, *Isenção de Horário – Subsídios para a Dogmática Actual do Direito da Duração do Trabalho*, Almedina, Coimbra, 2000, pp. 49 e ss, em especial pp. 56 e ss, onde são referidas as alterações à LDT. Quanto às alterações mais recentes da LDT, Monteiro Fernandes, *Direito do Trabalho*, cit., 1999, pp. 335 e ss; Sá e Melo, "Modelos de Organização do Tempo de Trabalho", AAVV, *Estudos do Instituto de Direito do Trabalho*, volume I, coordenação de Romano Martinez, Almedina, Coimbra, 2001, pp. 322 e ss.

[73] Conteúdo idêntico tem o artigo 49º da LCT.

[74] Veja-se, por exemplo, a referência aos "*condicionalismos legais*" no artigo 11º, nº 1, da LDT.

[75] Não nos referiremos ao regime de adaptabilidade, por não ser relevante para o presente estudo.

1) *Período normal de trabalho*, i.e., o número de horas que o trabalhador se obrigou a prestar (artigo 45º da LCT)[76], com o limite das 8 horas diárias e das 40 horas semanais (artigos 5º da LDT[77] e 1º da Lei nº 21/96, de 23 de Julho[78]);

2) *Período de descanso do trabalhador*, i.e. qualquer período que não seja tempo de trabalho (artigo 2º, nº 1, alínea b), da Lei nº 73/98, de 10 de Novembro[79]):

    a) Os *intervalos de descanso durante uma jornada de trabalho* (que são, em regra, de duração não inferior a uma hora nem superior a duas), de modo a que os trabalhadores não prestem mais de cinco horas de trabalho consecutivo (artigos 48º da LCT e 10º, nº 1, da LDT[80]), período que não é naturalmente tempo de trabalho, apesar da sua indissociabilidade do horário de trabalho;

    b) Aqueles *intervalos que medeiam entre os diferentes dias de trabalho*, ou seja, o intervalo mínimo entre jornadas de trabalho – que a Lei nº 73/98 fixou em 11 horas (artigo 5º)[81] –, até então a cargo da autonomia colectiva;

[76] A que a Constituição chama "jornada de trabalho" (artigo 59º, nº 1, alínea d)).

[77] Nos termos do artigo 1º da Lei nº 2/91, de 17 de Janeiro.

[78] Para mais desenvolvimentos sobre a matéria, ROMANO MARTINEZ, *Direito do Trabalho*, cit., 2002, pp. 484 e ss; GONÇALVES DA SILVA, "A Lei nº 21/96: Redução da Duração do Trabalho e Organização dos Horários de Trabalho", AAVV, *Francisco Lucas Pires: Exemplo Presente*, Ediual, Lisboa, 1999, pp. 183 e ss.

[79] Este diploma transpôs para a ordem jurídica a Directiva 93/1047CE, acima citada.
A Lei nº 73/98, definiu, por sua vez, como *tempo de trabalho*, qualquer período durante o qual o trabalhador está a trabalhar ou se encontra à disposição da entidade empregadora e no exercício da sua actividade ou das suas funções (artigo 2º, nº 1, alínea a); *vd.* também artigo 2º, nº 2).
Para uma análise das noções, SÁ E MELO, "Modelos de Organização do Tempo de Trabalho", cit., pp. 326 e ss.

[80] O artigo continha ainda situações de duração inferior dos intervalos de descanso, com base em convenção colectiva ou mediante intervenção da Administração Laboral (nºs 2 a 7). Veja-se, no entanto, o artigo 4º da Lei nº 73/98.

[81] O período de 12 horas consagrado no artigo 3º, nº 5, da Lei nº 21/96 refere-se à adaptação decorrente da redução do período normal de trabalho, ROMANO MARTINEZ, *Direito do Trabalho*, cit., 2002, p. 504.
Sublinhe-se, aliás, que a Directiva 93/104/CE do Conselho, de 23 de Novembro de 1993, relativa a determinados aspectos da organização do tempo de trabalho (alterada pela Directiva 2000/34/CE do Parlamento Europeu e do Conselho, de 22 de Junho de 2000) prescrevia

c) *Dia descanso semanal obrigatório* – todos os trabalhadores têm direito a um dia de descanso semanal obrigatório, que apenas poderá deixar de ser o domingo:

i) "Quando os trabalhadores prestem serviço a entidades patronais que sejam dispensadas de encerrar ou suspender a laboração um dia completo por semana ou que sejam obrigadas a encerrar ou a suspender a laboração um dia completo por semana" (artigo 37º, nº 1, da LDT[82])[83];

ii) Note-se que ao dia de descanso semanal obrigatório deve ser adicionado o período de 11 horas do descanso diário (artigo 6º, nº 1, da Lei nº 73/98) que se considera cumprido, no todo ou em parte, pela concessão do descanso complementar, caso este seja contíguo ao dia de descanso semanal (artigo 6º, nº 2, Lei nº 73/98);

d) *O descanso semanal complementar* – poderia ser concedido, em todas ou em determinadas semanas do ano, meio-dia ou um dia de descanso, além do descanso semanal obrigatório (artigo 38º da LDT; veja-se também os artigos 39º e 40º da LDT);

3) *Período de funcionamento da empresa*, i.e., o período diário durante o qual os estabelecimentos podem exercer a sua actividade (artigo 23º, nº 2, da LDT), sendo o *período de laboração*, o período de funcionamento dos estabelecimentos industrias (artigo 26º, nº 1, da LDT):

a) O empregador legalmente sujeito a regime de período de funcionamento estava adstrito a respeitar esse regime na organização dos horários de trabalho relativamente aos seus trabalhadores (artigo 23º, nº 1, da LDT);

b) O período de laboração era normalmente fixado entre as 7 e as 20 horas (artigo 26º, nº 2, da LDT), havendo, no entanto, duas excepções:

o descanso diário (mínimo) de onze horas consecutivas por cada período de vinte e quatro horas (artigo 3º).

[82] Veja-se também o artigo 51º da LCT. O preceito foi revogado pelo artigo 31º da LFFF, embora alguma doutrina defenda que se tratou de um lapso, cfr. Jorge Leite e Coutinho de Almeida, *Colectânea de Leis do Trabalho*, cit., p. 86, nota 1.

[83] A Lei previa ainda outras situações nas alíneas a), b) c) e d) do mesmo artigo, mas que não relevam directamente para a presente análise.

i) *Laboração contínua* – para as actividades industriais fixadas em despacho da Administração laboral (artigo 26º, nº 3, da LDT)[84].

ii) *Ampliação dos períodos gerais (das 7 às 20 h)* – mediante autorização do Inspector-Geral do Trabalho[85], quando os estabelecimentos industriais necessitem, permanente ou temporariamente, por razões de ordem económica ou técnica (artigo 26º, nº 4, da LDT)[86].

c) *Encerramento semanal* –

i) Os estabelecimentos industriais devem suspender a sua laboração um dia completo por semana, normalmente o domingo (artigo 35º, nº 1, da LDT);

ii) Competia às câmaras municipais determinar o dia de suspensão da laboração nos casos em que este não ocorresse ao domingo (artigo 35º, nº 2, da LDT);

iii) Nos dias qualificados como feriados obrigatórios[87] tinham de suspender a laboração todas as actividades que não fossem permitidas aos domingos (artigo 35º, nº 3, da LDT);

iv) A determinação das actividades industriais que, além das actividades industriais autorizadas a laboral continuamente, estavam isentas de obrigatoriedade de suspender a sua laboração um dia completo por semana, compete ao Ministro das Corporações e Ministros interessados, sendo feita através despacho conjunto (artigo 36º, nº 1)[88];

[84] Nos termos do Despacho, de 20 de Dezembro de 1971, foram autorizadas a laborar continuamente os serviços de transporte urbanos de passageiros e de mercadorias, cfr. *Diário do Governo*, de 22 de Dezembro de 1971, I série, número 298, p. 1990(1). Veja-se também o Despacho, de 3 de Abril de 1978, *Boletim do Trabalho e Emprego*, de 22 de Abril de 1978, 1ª série, número 15.

[85] A norma atribuía competência ao Ministro das Corporações e da Previdência Social, devendo, no entanto, consultar-se o artigo 14º, nº 2, alínea c), do Decreto-Lei nº 219/93, de 16 de Junho, que passou a conferir ao Inspector-Geral.

[86] A matéria dos horários de funcionamento dos estabelecimentos comerciais tem um regime especial (Decreto-Lei nº 48/96, de 15 de Maio, objecto de alterações).

[87] Os feriados obrigatórios constam do artigo 18º da LFFF e os facultativos do artigo 19º, não sendo possível negociar (individual ou colectivamente) feriados diferentes.

[88] Nos termos do Despacho, de 20 de Dezembro de 1971, ficaram isentas de obrigatoriedade de encerrar (estabelecimentos comerciais) ou suspender a sua laboração (estabelecimentos industriais) "... um dia completo por semana, as farmácias, hospitais, maternidades, casas de

v) A requerimento do empregador e mediante despacho conjunto dos Ministros (artigo 36º, nº 1, da LDT), os estabelecimentos industriais podem ainda ser isentos, temporariamente, da obrigatoriedade de suspender a laboração um dia completo por semana, devido a motivos inerentes ao carácter sazonal e de acréscimo prolongado e transitório de trabalho não sendo justificável o recurso a outras formas de organização do trabalho (artigo 36º, nº 2);

4) *Trabalho prestado em dias feriados* – Tendo o legislador elaborado uma lista taxativa dos dias feriados (artigos 18º, 19º e 21º das LFFF), e determinado que o trabalhador tem direito à retribuição correspondente aos feriados obrigatórios (tal como facultativos), sem que o empregador os possa compensar com trabalho extraordinário (artigo 20º).

Delimitado o quadro geral, cabe agora subsumir os factos nos normativos legais.

IV. Como vimos, desde que respeitadas as indicações legais, a fixação do horário de trabalho compete ao empregador[89], o que aconteceu nos termos do contrato de trabalho.

V. O horário realizado pelo trabalhador respeita os limites das 8 horas diárias e 40 horas semanais (artigos 5º da LDT e 1º da Lei nº 21/96),

saúde, balneários, infantários, estabelecimentos hoteleiros e similares, estabelecimentos de venda de peixe, carne, aves, hortaliças, frutas, lacticínios e flores, charcutarias, tabacarias, agências noticiosas, agências de viagens, agências de venda de bilhetes para espectáculos públicos, estabelecimentos de aluguer de automóveis, garagens, estações de serviço, postos de venda de combustíveis e lubrificantes, serviços de telecomunicações e de radiofusão, órgãos de informação de tiragem diária e estabelecimentos autorizados a exercer a sua actividade em aeroportos, gares marítimas e postos fronteiriços", cfr. *Diário do Governo*, de 22 de Dezembro de 1971, I série, número 298, p. 1990(1).

[89] A LDT refere ainda que as entidades patronais estão adstritas a, na organização dos horários de trabalho, "... facilitar aos trabalhadores a frequência de cursos escolares, em especial os de formação técnica ou profissional" (artigo 12º, nº 1); bem como, que "... deverão adoptar para os trabalhadores com capacidade de trabalho reduzida os horários de trabalho que se mostrem mais adequados às limitações que a redução da capacidade implique" (artigo 12º, nº 2).

bem como as normas acima enunciadas quanto ao intervalo de descanso, porquanto o trabalhador não prestava mais de cinco horas seguidas tendo um intervalo de 1 hora situado entre a 1h00 e as 2h00 (artigo 10º da LDT).

Sublinhe-se, no entanto, que contrariamente ao horário comunicado ao IDICT (segunda a sexta-feira, das 22h00 às 6h00, com um intervalo entre 1h00 e as 3h30m; bem como ao domingo, das 21h00 às 6h30m, com um intervalo entre a 1h00 e 3h00), o trabalhador não prestava sequer o número de horas diárias e semanais constantes da comunicação, mas sim, de acordo com o horário efectivamente praticado, apenas 6 horas diárias e 36 horas semanais (domingo a sexta, das 21h00 às 4h00, com um intervalo de descanso de 1 hora situado entre a 1h00 e as 2h00).

E mesmo que tivesse realizado temporariamente o horário comunicado à Administração laboral, não se colocava nenhum problema quanto à posterior redução do tempo de trabalho. Na verdade, a ter existido uma alteração, esta configuraria uma modificação acordada tacitamente do horário de trabalho com a inerente redução do período normal de trabalho diário e semanal, sem que se possa identificar qualquer afectação do princípio da irredutibilidade da retribuição (artigo 21º, nº 1, alínea c), da LCT), bem como do direito de ocupação efectiva[90].

Nada há, portanto, a apontar em matéria de incumprimento do quadro legal ou contratual.

VI. Importa apurar se o descanso inter-jornadas respeita o quadro normativo.

O descanso que medeia entre os diferentes dias de trabalho foi apenas expressamente regulado em 1998 (artigo 5º da Lei nº 73/98), tendo sido fixado em 11 horas.

[90] Romano Martinez, *Direito do Trabalho*, cit., 2002, p. 488, a propósito da alteração unilateral do período normal de trabalho, considera que "nada obsta à alteração unilateral do período de trabalho determinado pelo empregador, se esta implicar uma redução pouco significativa, e corresponder a uma necessidade da empresa".
No caso em análise do texto, entendemos, face à factualidade apresentada, desde logo, a anuência do trabalhador, que houve uma alteração por acordo, mediante declaração tácita (artigo 217º, nº 1, *in fine*, do Código Civil), mas mesmo que tivesse sido unilateral, a conclusão seria a mesma.
Sobre o direito de ocupação efectiva, Romano Martinez, *op. cit.*, pp. 518 e ss.

De qualquer modo, de acordo com horário executado pelo trabalhador, este descansava entre as 4h00 de sábado e as 21h00 de domingo, momento em que retomava a prestação. Verifica-se, então, que o trabalhador recuperava a sua auto-disponbilidade durante 17 horas, o que, independentemente da posição que se adopte quanto à duração do período de descanso diário antes de 1998, este era claramente respeitado.

O mesmo ocorre com a determinação das 11 horas fixadas pelo diploma de 1998 que são amplamente ultrapassadas face ao horário cumprido pelo trabalhador.

Deve, por isso, concluir-se que o descanso diário foi efectivamente respeitado face ao quadro legal fixado.

VII. O período de funcionamento é fixado pelo empregador, tendo presente as normas legais e administrativas, devendo ter-se presente que se trata de matérias relacionadas "com regras de concorrência, defesa do consumidor, gestão empresarial e não de Direito do Trabalho"[91]. Não quer isto, naturalmente dizer que o período de funcionamento não se repercuta indirectamente nas situações laborais, o que realmente acontece (por exemplo, artigos 23º, nº 1, e 27º da LDT).

O empregador tinha, de facto, um período de laboração superior ao normalmente fixado (entre as 7h00 e as 20h00, artigo 26º, nº 2, da LDT)[92].

No entanto, esta é uma matéria que não diz respeito, como acima vimos, ao Direito do Trabalho, ou, dito de outro modo, à relação entre o trabalhador e o empregador. Entendemos, aliás, que havendo, de facto, um regime de laboração mais amplo do que o comum, deve ser esta a base analítica da relação entre o trabalhador e o empregador[93].

Note-se, aliás, que a defender-se posição diversa e que o eventual incumprimento do período de funcionamento teria como consequência que o empregador violou as regras atinentes ao período normal de trabalho, horário de trabalho, períodos de descanso, etc., tinha então de

[91] ROMANO MARTINEZ, *Direito do Trabalho*, cit., 2002, p. 488.

[92] O que constituiu, no caso de não ter o respectivo suporte administrativo, uma contra-ordenação grave (artigo 48º, nº 2, da LDT), há muito prescrita (artigo 27º do Decreto-Lei nº 433/82, de 27 de Outubro, com diversas alterações.

[93] Veja-se com especial interesse, apesar de diferente, a matéria da isenção de facto, MENEZES CORDEIRO, *Isenção de Horário ...*, cit., pp. 95 e ss, com acolhimento jurisprudencial.

concluir-se que toda a prestação foi realizada fora do quadro normal e legal em matéria de tempo de trabalho e, em última instância, qualificar-se o trabalho desenvolvido como suplementar.

Ou seja: como o horário de trabalho tinha sido fixado em incumprimento do período de laboração, então o trabalhador desenvolveria a sua actividade fora do horário a que legalmente deveria estar adstrito (artigo 2º, nº 1, LTSUP).

Ora, tal tese não tem qualquer apoio legal: por um lado, repetimos, o período de funcionamento (laboração) prende-se com a relação do empregador com o Estado; por outro, essa posição teria como efeito que o trabalhador nunca prestaria a sua actividade, pois o horário foi-lhe fixado fora do período de funcionamento a que o empregador estava adstrito, o que quer dizer que seria retribuído por uma prestação que não realizava; e, por último, ficaria sempre por estabelecer qual o horário, quem é que o determinava e de acordo com que critérios.

Entendemos, por isso, que no caso de eventualmente não ter sido respeitado o período de funcionamento, o incumprimento das normas legais verifica-se perante o Estado, não podendo o trabalhador aproveitar tal situação, pelo que a legalidade do quadro temporal do seu trabalho deve aferir-se face ao período de laboração, de facto, ocorrido.

VIII. Em matéria de descanso semanal, o trabalhador, recorde-se, tinha como dia de descanso o sábado, o que ocorria semanalmente.

O dia de descanso semanal visa assegurar que o trabalhador recupera a auto-disponibilidade, desenvolvendo a sua vida privada, além de permitir que recupere física e psiquicamente do trabalho realizado ao longo de uma semana. Por outro lado, o descanso semanal também tutela a situação do empregador, na medida em que contribui para a diminuição dos riscos de acidentes de trabalho, preservação do equipamento de trabalho e manutenção ou aumento do rendimento de trabalho[94].

Não obstante, o legislador ter fixado como dia preferencial de descanso semanal o domingo (artigo 37º da LDT), o certo é que a doutrina tem aceitado que as partes fixem dia diferente através de cláusula indivi-

[94] Liberal Fernandes, *Comentário às Leis da Duração do Trabalho e do Trabalho Suplementar*, Coimbra Editora, 1995, p. 110.

dual[95], o que, aliás, se compreende atendendo ao facto de tal dia radicar na tradição cristã do Ocidente e o Estado português consagrar a liberdade religiosa e a sua não confessionalidade (artigo 41º da Constituição)[96].

Não se identifica, face ao exposto, valores de ordem pública que impeçam as partes de acordar como dia de descanso o sábado, como aconteceu no presente caso; os valores subjacentes ao dia de descanso semanal estão assegurados.

Mas mesmo que assim não se entendesse – que as partes do contrato de trabalho podem acordar dia de descanso semanal diferente do domingo, hipótese que colocamos por mera análise – sempre se subsumiria a situação no quadro resultante de a sociedade exercer a sua actividade em regime de laboração superior ao normalmente previsto (artigo 37º, nº 1, da LDT), o que permite tal situação.

Por fim, tenha-se igualmente presente que a posição sufragada não colide nem com a Constituição (artigo 59º, nº 1, alínea d)), nem com a Directiva 93/104/CE do Conselho, de 23 de Novembro de 1993 (relativa a determinados aspectos da organização do tempo de trabalho, alterada pela Directiva 2000/34/CE do Parlamento Europeu e do Conselho, de 22 de Junho de 2000). De facto, a Directiva previa inicialmente:

> "O período mínimo de descanso referido no primeiro parágrafo [vinte e quatro horas mais as onze horas do descanso diário em cada período de sete dias] inclui, em princípio o domingo" (artigo 5º, 2º §).

Ou seja: tratava-se apenas de uma indicação geral, deixando o legislador comunitário espaço para que outro dia fosse determinado, tendo, aliás, suprimido o preceito aquando da revisão da Directiva.

IX. Deve sublinhar-se que o descanso inter-jornadas não pode ser consumido pelo dia de descanso semanal. Com efeito, como vimos, ao dia de descanso semanal obrigatório deve ser adicionado o período de 11 horas do descanso diário (artigo 6º, nº 1, da Lei nº 73/98)[97] que se consi-

[95] Neste sentido, em anotação ao artigo 37º da LDT, LIBERAL FERNANDES, *Comentário às Leis da Duração do Trabalho e do Trabalho Suplementar*, cit., p. 110.

[96] Veja-se também a Lei da Liberdade Religiosa (Lei nº 16/2001, de 22 de Junho, com diversas alterações).

[97] Tal como está previsto, enquanto regra geral, no artigo 5º da Directivas 93/104/CE do Conselho, de 23 de Novembro de 1993, relativa a determinados aspectos da organização do

dera cumprido, no todo ou em parte, pela concessão do descanso complementar, caso este seja contíguo ao dia de descanso semanal (artigo 6º, nº 2, Lei nº 73/98).

O trabalhador não tinha, no entanto, dia de descanso complementar, não configurando tal situação qualquer violação da lei, uma vez que cabe às partes estabelecerem ou não a sua existência[98].

X. A questão que cabe agora analisar é a de o trabalhador terminar a sua actividade no sábado às 4h00 e recomeçar ao domingo às 21h00.

Decorre do exposto que o trabalhador gozou de um período de descanso de 41 horas. Ou seja: em termos quantitativos, o trabalhador usufruía do período de descanso de 24 horas (descanso semanal), bem como das 11 horas de descanso entre dias de trabalho (descanso diário), tendo ainda mais 6 horas de descanso do que o legalmente prescrito.

Deve, no entanto, ter-se presente que o legislador recorre ao termo "dia de descanso semanal" (artigo 37º, nº 1, da LDT), pelo que se impõe apreciar se o facto de o trabalhador ter o período descanso acima referido está de acordo com o regime legal.

A questão coloca-se em virtude de alguma doutrina defender que o período de repouso semanal

> "deverá cobrir um dia de calendário, isto é, um segmento temporal iniciado às 0 horas e terminado às 24; não hão-de, pois, ser computadas no descanso semanal obrigatório as horas que, normalmente, medeiam entre o termo de uma jornada de trabalho e as 24 horas, assim como as que vão das 0 horas até ao início do correspondente dia de actividade. Esta exigência coloca alguns condicionamentos à organização de horários de turnos rotativos, no regime de laboração contínua, mas não se vê que, com a referência a «um dia», a lei queira outra coisa, tendo nomeadamente em vista que o descanso semanal só preenche plenamente a sua finalidade se corresponder na íntegra ao ciclo biológico do dia normal"[99].

tempo de trabalho, alterada pela Directiva 2000/34/CE do Parlamento Europeu e do Conselho, de 22 de Junho de 2000.

[98] Neste sentido, por exemplo, Liberal Fernandes, *Comentário às Leis da Duração do Trabalho e do Trabalho Suplementar*, cit., p. 114, que além das partes no contrato de trabalho, se refere aos parceiros sociais e ao legislador.

[99] Monteiro Fernandes, *Direito do Trabalho*, cit., 1999, p. 386.

De acordo com esta posição, o trabalhador não tinha um dia de descanso semanal, uma vez que este período não abrangia um período temporal entre as 0 horas e as 24 horas.

XI. Não consideramos ser esta a única posição cumpridora do Direito Comunitário nem mesmo a mais sustentável face ao direito interno.

Quanto ao Direito Comunitário, a Directiva 93/104/CE acima citada, que regula a organização do tempo de trabalho, prescreve o seguinte:

> "Os Estados-membros tomarão as medidas necessárias para que todos os trabalhadores beneficiem, por cada período de sete dias, de um período mínimo de descanso ininterrupto de vinte e quatro horas às quais se adicionam as onze horas, de descanso diário previstas no artigo 3º" (artigo 5º).

Como demonstrámos, o trabalhador tem um período de descanso de 41 horas, estando inequivocamente cumprida a determinação constante da Directiva.

XII. É certo que, como vimos, o nosso legislador recorreu ao termo "dia de descanso semanal", mas uma interpretação puramente literal pode gerar resultados desproporcionais entre o bem protegido (descanso do trabalhador) e o funcionamento da empresa. E isto pelo simples razão que bastaria que o trabalhador terminasse a sua actividade poucos minutos depois das 0 horas de sábado para gozar sempre o restante desse dia – que era quase de 24 horas – mais o domingo; igualmente demonstrativo da desproporcionalidade é a hipótese de o trabalhador cessar a sua actividade às 14h00 de sábado, usufruindo das 11 horas de descanso diário, período que terminaria à 1h00 de domingo e só começaria a contar o dia de descanso semanal às 00h de segunda, o que na prática levaria a ter mais de dois dias de descanso, ou seja, um período muito superior ao legalmente previsto e desproporcional face à *ratio* norma.

Esta desproporcionalidade, que assume especial relevância relativamente a empresas com período de laboração superior ao normalmente fixado (7h00 às 20h00), não pode ser ignorada, desde logo quando estiver em causa uma empresa com um período de funcionamento excepcional e, por outro lado, estiver assegurado o objectivo da norma: interrupção regular da actividade de modo a que o trabalhador tenha semanalmente um período de descanso (24 horas) superior ao diário de modo a recuperar o desgaste físico e a sua autodisponibilidade.

E, neste caso, consideramos que o trabalhador, face ao diminuto período que era afectado no sábado (4 horas), e, por outro lado, tendo presente que o descanso usufruído ultrapassava o legalmente determinado (mais 6 horas), tinha efectivamente condições de repouso que não eram inferiores ao imposto pelo legislador, razão pela qual consideramos cumprida a obrigação legal.

XIII. Relativamente à prestação da actividade nos dias feriados, importa apurar se estamos ou não perante trabalho suplementar[100].

De acordo com a noção legal, considera-se trabalho suplementar

> "... todo aquele que é prestado fora do horário de trabalho" (artigo 2º, nº 1, da LTSUP).

Face a esta noção, a jurisprudência tem afirmado o seguinte:

> "O trabalho prestado em dias feriados por trabalhadores ao serviço de empresas que nesses dias podem normalmente laborar não é trabalho suplementar"[101].

O que se compreende, pois para as empresas que tenham permissão para realizar a sua actividade nos dias qualificados como feriados obrigatórios – e, por maioria de razão, quanto ao feriados facultativos – trata-se de um dia que deve ser qualificado como útil, especialmente quando é reconhecido que os dias feriados não são dias de descanso[102], mas sim dias em que deve ser obrigatoriamente suspensa a laboração na empresa, "tendo em vista a comemoração colectiva de acontecimentos considerados notáveis, nos planos político, religioso, cultural, etc..

[100] Tenha-se presente que é o trabalhador que tem o ónus de provar a realização do suplementar, nos termos do artigo 342º, nº 1, do Código Civil; posição sufragada pela jurisprudência, cfr. Liberal Fernandes, *Comentário às Leis da Duração do Trabalho e do Trabalho Suplementar*, cit., p. 138, com indicação de arestos.

[101] Cfr. Acórdão da Relação do Porto, de 26 de Fevereiro de 1988, *Boletim do Ministério da Justiça*, nº 344, p. 469; Acórdão da Relação de Coimbra, de 12 de Julho de 1990, *Colectânea de Jurisprudência*, 1990, tomo 4, p. 104; Acórdão da Relação de Lisboa, de 9 de Junho de 1993, *Colectânea de Jurisprudência*, 1993, tomo 2, p. 183.

[102] Em sentido idêntico, Romano Martinez, *Direito do Trabalho*, cit., 2002, p. 506.

A paragem da prestação de trabalho nesses dias é, pois *consequência da suspensão de laboração* a que as entidades patronais estão adstritas perante o Estado"[103].

Não se tratando, portanto, de matéria de repouso, naturalmente que o regime dos feriados espelha tal situação. Na verdade, o legislador excepciona da suspensão de laboração, as actividades que possam desenvolver a sua actividade (artigo 35º, nº 3, da LDT). E, exactamente, por o período de suspensão de trabalho ter como fundamento interesses gerais e não um benefício assente na pessoa do trabalhador, os dias considerados feriados obrigatórios (e facultativos) são retribuídos (artigo 20º da LFFF); e, também por isso, por ser um dia de mera abstenção de trabalho e não de repouso, o trabalho suplementar prestado em dia feriado – somente nas empresas com mais de 10 trabalhadores – confere apenas[104] ao trabalhador direito a um descanso compensatório remunerado correspondente a 25% das horas de trabalho realizado, que se vence quando perfizer um número de horas igual ao período normal de trabalho diário (artigo 9º, nºs 1 e 2, LTSUP); finalmente, sublinhe-se que o trabalho prestado em dia feriado deve ser também remunerado com um acréscimo mínimo de 100% da retribuição normal (artigo 7º, nº 2, *in fine*, da LTSUP).

Acontece, no entanto, que a empresa exercia, de facto, uma laboração superior ao quadro normal, pelo que, como acima vimos, não estamos perante uma situação subsumível no regime do trabalho suplementar, como, e bem, sublinhou a decisão judicial citada.

XIV. Finalmente, idêntica análise se coloca face ao trabalho prestado ao domingo. Na verdade, tratando-se de um empregador que realiza a sua laboração sete dias por semana, o trabalho prestado nesse dia deve ser qualificado como trabalho normal sem direito a retribuição especial. E assim mesmo decidiu já a Relação de Coimbra, ao afirmar que

[103] Monteiro Fernandes, *Direito do Trabalho*, cit., 1999, p. 391, itálico no original.

[104] Dizemos apenas, pois tratando-se de trabalho prestado em dia de descanso semanal obrigatório, o trabalhador tem direito a um dia de descanso compensatório remunerado a gozar num dos 3 dias úteis seguintes (artigo 9º, nº 3, LTSUP).

Se a entidade patronal tem de laborar aos sábados e domingos, o trabalho prestado nestes dias considera-se trabalho normal sem direito a retribuição especial[105].

4.3. Código do Trabalho de 2003

I. Com a entrada em vigor do Código do Trabalho de 2003, como acima vimos, o contrato de trabalho entre as partes passou a ser regulado pelo novo diploma.

A matéria do tempo de trabalho foi objecto de alterações, ainda que para a situação em apreço se tenha mantido, no essencial, o quadro normativo[106].

Vejamos o regime legal face ao novo diploma.

II. Prescreve o legislador que

"Compete ao empregador definir os horários de trabalho dos trabalhadores ao seu serviço, dentro dos condicionalismos legais" (artigo 170º, nº 1, do CT de 2003). Do preceito resulta que o empregador tem, por um lado, o poder de fixar inicialmente e, por outro, de alterar o horário dentro do quadro legalmente determinado[107].

Deste modo, cabe ao empregador, a determinação do horário de trabalho, i.e., "das horas do início e do termo do período normal de trabalho diário bem como dos intervalos de descanso" (artigo 159º, nº 1, do CT de 2003), do qual decorre, desde logo, a fixação dos dias de trabalho, de descanso semanal, a interrupção do período de trabalho diário e o intervalo de descanso entre dias de trabalho.

III. A organização do tempo e do horário de trabalho continuou a estar sujeita a diversos parâmetros que importa ter presente.

[105] Acórdão da Relação de Coimbra, de 12 de Julho de 1990, *Colectânea de Jurisprudência*, 1990, tomo 4, p. 104.

[106] Sobre as alterações especificamente nesta matéria, NUNES DE CARVALHO, A Gestão do Tempo de Trabalho no Projecto de Código do Trabalho", AAVV, *Alguns Aspectos Cruciais do Código do Trabalho*, Principia, Cascais, 2003, pp. 107 e ss.

[107] Dentro dos "*condicionalismos legais*" merece, desde logo, destaque o artigo 173º do CT de 2003 que impede a alteração unilateral dos horários acordados individualmente, bem como prescreve a tramitação necessária para as respectivas modificações.

São estes os seguintes[108]:

1) *Período normal de trabalho,* i.e., "o tempo de trabalho[109] que o trabalhador se obriga a prestar, medido em número de horas por dia e por semana" (artigo 158º do CT de 2003). Noutros termos, trata-se do números de horas em que o trabalhador está adstrito a realizar a prestação (diário e semanal)[110/111].

2) *Período de descanso do trabalhador,* i.e. qualquer período que não seja tempo de trabalho (artigo 157º do CT de 2003):
   a) Os *intervalos de descanso durante uma jornada de trabalho* (que são, em regra, de duração não inferior a uma hora nem superior a duas), de modo a que os trabalhadores não prestem mais de cinco horas de trabalho consecutivo (174º do CT de 2003[112]), período que não é naturalmente tempo de trabalho, apesar da sua indissociabilidade do horário de trabalho;
   b) Aqueles *intervalos que medeiam entre os diferentes dias de trabalho,* ou seja, o intervalo mínimo entre jornadas de trabalho (artigo 176º, nº 1, do CT de 2003),
   c) *Dia descanso semanal obrigatório* – todos os trabalhadores têm direito a um dia de descanso semanal obrigatório (205º, nº 1, do CT de 2003), que apenas poderá deixar de ser o domingo:
   i) Quando o empregador esteja dispensado de (encerrar ou) suspender a laboração um dia completo por semana ou seja

[108] Não nos referiremos ao regime de adaptabilidade, por não ser relevante para o presente estudo.

[109] Considera-se "tempo de trabalho qualquer período durante o qual o trabalhador está a desempenhar a actividade ou permanece adstrito à realização da prestação, bem como as interrupções e os intervalos previsto no seguinte" (artigo 155º do CT de 2003).

[110] O regime do tempo de trabalho foi fixado atendendo, desde logo, ao prescrito na Directiva 2003/88/CE, do Parlamento Europeu e do Conselho, de 4 de Novembro, relativa a determinados aspectos da organização do tempo de trabalho.

[111] Veja-se também os artigos 156º e 157º do CT de 2003, bem como o artigo 10º da Lei nº 99/2003, de 27 de Agosto. Para uma análise destes preceitos, *vd.* Romano Martinez, Luís Miguel Monteiro, Joana Vasconcelos, Madeira de Brito, Guilherme Dray e Gonçalves da Silva, *Código do Trabalho Anotado,* cit., 2008.

[112] Veja-se também o artigo 175º do CT de 2003.

obrigado a (encerrar ou) a suspender a laboração num dia que não seja o domingo (artigo 205º, nº 2, do CT de 2003[113]);

ii) Note-se que ao dia de descanso semanal obrigatório deve ser adicionado o período de 11 horas do descanso diário (artigo 207º, nº 1, do CT de 2003) que se considera cumprido, no todo ou em parte, pela concessão do descanso complementar, caso este seja contíguo ao dia de descanso semanal (artigo 207º, nº 2, do CT de 2003);

d) *O descanso semanal complementar* – pode ser concedido, em todas ou em determinadas semanas do ano, meio-dia ou um dia de descanso, além do descanso semanal obrigatório (artigo 206º, nº 1, do CT de 2003);

3) *Período de funcionamento da empresa*, i.e., o intervalo de tempo diário durante o qual os estabelecimentos podem exercer a sua actividade (artigo 160º, nº 1, do CT de 2003), sendo o *período de laboração*, o período de funcionamento dos estabelecimentos industriais (artigo 160º, nº 3, do CT de 2003):

a) O empregador legalmente sujeito a regime de período de funcionamento estava adstrito a respeitar esse regime na organização dos horários de trabalho relativamente aos seus trabalhadores (artigo 171º, nº 1, do CT de 2003);

b) O período de laboração normalmente fixado entre as 7h00 e as 20h00 (artigos 171º, nº 2, do CT de 2003, e 176º, nº 1, da LECT2003), havendo, no entanto, duas excepções, através de despacho individual:

i) *Ampliação dos períodos gerais (das 7 às 20 h)* – mediante autorização do Ministro do Trabalho, ouvidas as entidades públicas competentes, por motivos económicos ou tecnológicos (artigo 175º, nº 2, da LECT de 2003);

ii) *Laboração contínua* – através de autorização (despacho conjunto) do Ministro do Trabalho e do sector de actividade por motivos económicos ou tecnológicos (artigo 175º, nº 3, da LECT de 2003)[114];

[113] Veja-se outras situações no artigo 205º, nº 3, do CT de 2003.

[114] As autorizações constantes dos nºs 2 e 3 do artigo 175º da LECT de 2003 estavam sujeitas às regras procedimentais previstas no nº 4 do mesmo preceito.

c) *Encerramento semanal* –

i) Os estabelecimentos industriais devem suspender a laboração um dia completo por semana, normalmente o domingo (artigo 205º, nº 2, do CT de 2003)[115];

ii) Nos dias qualificados como feriados obrigatórios[116], o legislador não expressou a obrigatoriedade de suspender a laboração todas as actividades que não fossem permitidas ao domingo, embora se deduza tal proibição, por exemplo, do artigo 259º, nº 2, do CT de 2003;

d) *Trabalho prestado em dias feriados* –

i) O legislador elaborou uma lista taxativa dos dias feriados (artigos 208º a 210º do CT de 2003) e, por outro lado, determinou que o trabalhador tem direito à retribuição correspondente aos feriados (obrigatórios e facultativos), sem que o empregador os possa compensar com trabalho suplementar (artigo 259º, nº 1, do CT de 2003);

ii) Por outro lado – e isso constitui novidade – prescreveu que o trabalhador que efectua a prestação em empresa legalmente dispensada de suspender o trabalho em dia feriado obrigatório tem direito a um descanso compensatório de igual duração ou ao acréscimo de 100% da retribuição pelo trabalho prestado nesse dia, competindo a escolha ao empregador (artigo 259º, nº 2, do CT de 2003)[117].

Delimitado o regime geral, cabe agora subsumir os factos nos normativos legais.

[115] Retira-se da parte final esta regra, não obstante o legislador não o ter afirmado com tanta clareza e em preceito autónomo como ocorria antes do CT de 2003 (artigo 35º, nº 1, da LDT).

[116] Os feriados obrigatórios constam do artigo 208º do Código do Trabalho de 2003 e os facultativos do artigo 209º, não sendo possível negociar (individual ou colectivamente) feriados diferentes (artigo 210º); veja-se, no entanto, o artigo 209º, nº 2.

[117] Para mais desenvolvimentos sobre a matéria do tempo de trabalho no CT2003, Leal Amado, *Contrato de Trabalho,* Coimbra Editora, 2009, pp. 261 e ss; Júlio Gomes, *Direito do Trabalho – Relações Individuais de Trabalho,* volume I, Coimbra Editora, 2007, pp. 651 e ss; Menezes Leitão, *Direito do Trabalho,* Almedina, Coimbra, 2008, pp. 285 e ss; Romano Martinez, *Direito do Trabalho,* 4ª edição, Almedina, Coimbra, 2007, pp. 532 e ss; Palma Ramalho, *Direito do Trabalho, Parte II – Situações Laborais Individuais,* Almedina, Coimbra, 2006, pp. 425 e ss.

IV. A primeira questão que se coloca é a de saber se se verificou alguma alteração legal susceptível de infirmar as conclusões que acima alcançámos.

E a resposta só pode ser negativa. Na verdade, na matéria em apreço o legislador não realizou modificações que contrariem a análise acima realizada, nem se verificou alteração na Directiva comunitária que aponte noutro sentido.

V. Quanto ao instrumento comunitário, recorde-se que a Directiva 2003/88/CE do Parlamento Europeu e do Conselho, de 4 de Novembro de 2003, revogou a Directiva de 93/104/CE. No entanto, as prescrições atinentes ao descanso diário (artigo 3º), intervalos de descanso (artigo 4º) e descanso semanal (artigo 5º) continuam a sustentar as conclusões que acima enunciámos.

VI. Relativamente ao Código do Trabalho de 2003, sublinhe-se, muito sumariamente[118], o seguinte:

1) O horário realizado pelo trabalhador continuou a cumprir os limites das 8 horas diárias e 40 horas semanais (artigo 163º, nº 1, do CT de 2009), tal como as regras relativas ao intervalo de descanso, porquanto o trabalhador não prestava mais de 5 horas seguidas tendo um intervalo de 1 hora situado entre a 1h00 e as 2h00 (artigo 174º do CT de 2003);

2) O descanso inter-jornadas manteve o respeito das 11 horas legalmente prescritas (artigo 176º, nº 1, do CT de 2003);

3) O período de funcionamento fixado pelo empregador era superior ao normalmente fixado (entre as 7h00 e as 20h00, artigo 176º, nº 1, do CT de 2003)[119], incumprindo eventualmente o empregador as regras face ao Estado, não podendo, no entanto, o trabalhador aproveitar tal situação, pelo que a legalidade do quadro temporal

118 Dizemos muito sumariamente, pois é desnecessário repetir os argumentos atrás apresentados.

119 O que constitui, no caso de não ter a respectiva autorização, uma contra-ordenação grave (artigo 481º da LECT de 2003).

do seu trabalho deve aferir-se face ao período de laboração, de facto, ocorrido;

4) No que respeita ao descanso semanal, o trabalhador, recorde-se, tinha como dia de descanso o sábado, o que ocorria semanalmente, pelo que se mantém a doutrina que preconiza a possibilidade de alterar por acordo das partes; e mesmo que assim não se entendesse, sempre se subsumiria a situação no quadro resultante de a sociedade exercer, de facto, a sua actividade em regime de laboração superior ao legalmente previsto (artigo 205º, nº 2, do CT de 2003);

5) O descanso inter-jornadas continuou sem poder ser consumido pelo dia de descanso semanal, usufruindo, no entanto, o trabalhador de 41 horas de descanso entre sábado e domingo, o que respeita o quadro legal (artigo 207º, nº 1, do CT de 2003);

6) A prestação da actividade nos dias feriados, deve também continuar a não ser qualificada como trabalho suplementar – noção legal que foi mantida (artigo 197º, nº 1, do CT de 2003) – pois, repita-se, trata-se de empresa que exercia, de facto, uma laboração superior ao quadro normal, pelo que, como acima vimos, não estamos perante uma situação subsumível no regime do trabalho suplementar;

7) Registe-se, todavia, que a lei passou a determinar que o trabalhado prestado em dia feriado obrigatório confere ao trabalhador direito a um descanso compensatório de igual duração ou ao acréscimo de 100% da retribuição pelo trabalho prestado nesse dia (artigo 259º, nº 2, do CT de 2009)[120];

[120] O novo preceito refere-se a "... empresa legalmente dispensada ...", o que poderia inculcar a ideia de não havendo a autorização para um período de laboração superior ao legalmente previsto (das 7 h 00 às 20 h 00), o preceito seria inaplicável.
Não concordamos com esta posição, pois, por um lado, o Código regula as situações que têm como pressuposto o cumprimento da autorização prevista; por outro, não se aceitando como procedente a tese da laboração de facto, teríamos um resultado indefensável, como acima demonstrámos, desde logo por não ter presente que a matéria da laboração não tem natureza laboral, mas sim administrativa e que a alternativa, seria, em última instância, defender que todo o regime em matéria de tempo de trabalho executado de acordo com a lei era ilegal, por não inexistir a respectiva autorização.

8) Ora, de acordo com os elementos da Consulente, sempre que o trabalhador realizou a sua prestação em dia feriado, foi-lhe conferido um dia de descanso remunerado no dia anterior, o que demonstra o absoluto cumprimento da nova regra do CT de 2003;

9) Face ao trabalho prestado ao domingo e tratando-se de um empregador que realiza a sua laboração sete dias por semana, o trabalho prestado nesse dia deve manter a qualificação de trabalho normal sem direito a retribuição especial.

4.4. Código do Trabalho de 2009

I. A entrada em vigor do Código do Trabalho de 2009 colocou sob novo regime a relação laboral do trabalhador com o empregador. O quadro normativo, no entanto, não introduziu novidades que nos levem a alterar a posição sufragada.

II. Na verdade, o regime acima analisado foi mantido, como se constata, muito sinteticamente, face aos seguintes normativos:

1) O horário[121] realizado pelo trabalhador continuou a cumprir os limites das 8 horas diárias e 40 horas semanais (artigo 203º, nº 1), tal como as regras relativas ao intervalo de descanso, porquanto o trabalhador não prestava mais de 5 horas seguidas tendo um intervalo de 1 hora situado entre a 1h00 e as 2h00 (artigo 203º, nº 1, do CT de 2009);

2) O descanso inter-jornadas respeitou o período de 11 horas legalmente prescritas (artigo 214º, nº 1, do CT de 2009);

3) O período de funcionamento executado pelo empregador era superior ao normalmente fixado (entre as 7h00 e as 20h00, artigos 201º do CT de 2009 e 16º da Lei nº 105/2009, de 14 de Setembro), incumprindo eventualmente o empregador as regras face ao Estado,

[121] O legislador especificou que compete ao empregador determinar o horário de trabalho do trabalho, dentro dos limites legais, exemplificando com o regime de período de funcionamento (artigo 212º, nº 1), o que não constitui novidade substantiva, pois já assim era entendido e foi adoptado no presente parecer a propósito da LDT.

não podendo, no entanto, o trabalhador beneficiar de tal situação, pelo que a legalidade do quadro temporal do seu trabalho deve aferir-se face ao período de laboração, de facto, ocorrido;

4) No que respeita ao descanso semanal, o trabalhador, recordese, tinha como dia de descanso o sábado, o que ocorria semanalmente, pelo que se mantém a doutrina que preconiza a possibilidade de alterar por acordo das partes; e mesmo que assim não se entendesse, sempre se subsumiria a situação no quadro resultante de a sociedade exercer a sua actividade em regime de laboração superior ao legalmente previsto (artigo 232º, nº 2, alínea a), do CT de 2009);

5) O descanso inter-jornadas continuou sem poder ser consumido pelo dia de descanso semanal, usufruindo, no entanto, o trabalhador de 41 horas de descanso entre sábado e domingo, o que respeita o quadro legal (artigo 233º, nº 1, do CT de 2009);

6) A prestação da actividade nos dias feriados deve também continuar a não ser qualificada como trabalho suplementar; noção legal que foi mantida (artigo 226º, nº 1, do CT de 2009), pois, repita-se, trata-se de empresa que exercia, de facto, uma laboração superior ao quadro normal, pelo que, como acima vimos, não estamos perante uma situação subsumível no regime do trabalho suplementar;
   a) Sublinhe-se, todavia, que a lei manteve – face ao CT2003 – que o trabalhado prestado em dia feriado obrigatório confere ao trabalhador direito a um descanso compensatório de igual duração ou ao acréscimo de 100% da retribuição pelo trabalho prestado nesse dia (artigo 269º, nº 2, do CT de 2009);
   b) Ora, de acordo com os elementos da Consulente, e como vimos, sempre que o trabalhador realizou a prestação em dia feriado, foi-lhe conferido um dia de descanso remunerado no dia anterior, o que demonstra o absoluto cumprimento da regra;

5) Face ao trabalho prestado ao domingo e tratando-se de um empregador que realiza a sua laboração sete dias por semana, o trabalho prestado nesse dia deve manter a qualificação de trabalho normal sem direito a retribuição especial[122].

[122] Sobre a matéria do tempo de trabalho no CT2009, Menezes Leitão, *Direito do Trabalho*, Almedina, Coimbra, 2ª edição, 2010, pp. 307 e ss; Luís Miguel Monteiro em Romano

IV. Em face do exposto, reafirma-se o resultado acima alcançado: a sociedade parte no contrato de trabalho cumpriu o quadro legal e contratual que regulava a relação laboral com o Autor da presente acção.

Este é, salvo melhor opinião, o parecer de

LUÍS GONÇALVES DA SILVA
Mestre em Direito
Assistente da Faculdade de Direito de Lisboa
Membro Fundador do Instituto de Direito do Trabalho
da Faculdade de Direito da Universidade de Lisboa

MARTINEZ, LUÍS MIGUEL MONTEIRO, JOANA VASCONCELOS, MADEIRA DE BRITO, GUILHERME DRAY e GONÇALVES DA SILVA, *Código do Trabalho Anotado*, cit., 2009, anotação aos artigos 197º e ss; PALMA RAMALHO, *Direito do Trabalho, Parte II – Situações Laborais Individuais*, 3ª edição, Almedina, Coimbra, 2009, p. 495.

A Relevância do Local de Trabalho na Aplicação da Convenção Colectiva*

Sumário: § 1º) Considerações Prévias 1.1.) Generalidades 1.2. Delimitação do Objecto § 2º) Âmbito Espacial da Convenção Colectiva § 3º) Alterações do Local de Trabalho

§ 1º) Considerações Prévias[1] [2]

1.1. Generalidades

I. Compulsando a Constituição portuguesa facilmente se constata que o Estado não detém o monopólio da elaboração normativa (*v.g.*, artigos 56º, nº 3, 227º e 241º). De facto, o nosso ordenamento apresenta uma concepção pluralista da produção jurídica, em especial, no que respeita às condições de trabalho, o que demonstra que o Estado não

* Com este texto, pretendemos associarmo-nos à justa homenagem que a comunidade académica faz a um dos seus insignes Mestres, cuja obra constitui um marco singular do Direito do Trabalho português.

[1] O presente texto corresponde, com algum desenvolvimento, à conferência proferida no XVIII Congresso Nacional de Direito do Trabalho, em Novembro de 2014.

[2] Todos os artigos sem indicação da fonte, referem-se ao Código do Trabalho (versão actual).

possui o exclusivo da produção normativa[3]. Assim sendo, cabe invocar, desde logo, a autonomia normativa que confere a determinadas entidades intermédias, nomeadamente às associações de trabalhadores e de empregadores, "... uma verdadeira *potestas normandi*, ou seja, um poder de criação de autênticas regras de conduta, de atribuição de direitos e deveres relacionados com a sua situação de assalariados (artigo 56º/3)" da Constituição[4].

II. A autonomia colectiva, mais exactamente o direito de contratação colectiva, corolário natural da liberdade sindical, encontra, como decorre do exposto, arrimo na Constituição Portuguesa (artigo 56º, nº 3), tal como em diversos documentos internacionais[5]. Prescreve a Lei Fundamental, no preceito referido, que "compete às associações sindicais exercer o direito de contratação colectiva, o qual é garantido nos termos da lei". Pode, então, inferir-se que o poder normativo das associações

[3] Jorge Leite, *Direito do Trabalho*, volume I, Serviços de Acção Social da Universidade de Coimbra, 2004, p. 53.

[4] Jorge Leite, *Direito do Trabalho*, cit., p. 53.

[5] Entre os diversos textos internacionais, saliente-se, desde logo, da Organização Internacional do Trabalho, em especial: a) Convenção nº 87, datada de 1948, aprovada pelo Decreto-Lei nº 45/77, de 19 de Abril; b) Convenção nº 98, de 1949, aprovada pelo Decreto-Lei nº 45 758, de 12 de Junho de 1964; c) Recomendação nº 91, de 1951.
Importa salientar que existe uma diferente abordagem dos instrumentos internacionais ratificados por Portugal e aquela que é apresentada pela nossa Lei Fundamental. Com efeito, enquanto as convenções nºs 87 – versa a liberdade sindical e a protecção do direito sindical – e 98 – incide sobre o direito de organização e de negociação colectiva – revelam uma igualdade, no que respeita à sua matéria, de tratamento entre trabalhadores e empregadores, a nossa Lei Fundamental não consagrou expressamente o direito de os empregadores se coligarem através de associações para defesa dos seus direitos e, consequentemente, o direito de contratação colectiva, bem como qualquer referência à participação na elaboração da legislação do trabalho.
Dizemos que a Constituição não consagrou expressamente, pois, pelo menos no que respeita ao direito de contratação colectiva, entendemos que tal faz parte do conteúdo da liberdade de iniciativa económica – na sua vertente de direito de contratação –, que é considerado pela doutrina como um direito fundamental de natureza análoga aos direitos, liberdades e garantias; neste sentido, Gomes Canotilho e Vital Moreira, *Constituição da República Portuguesa Anotada*, Coimbra Editora, volume I, 4ª edição, 2007, p. 789 (II); Ferreira Mendes, em Jorge Miranda e Rui Medeiros, *Constituição Portuguesa Anotada*, tomo I, 2ª edição, Coimbra Editora, 2010, p. 1184.

sindicais e de empregadores[6] se alicerça directamente na Constituição, sendo assegurado pela lei. Ou seja: com base no preceito constitucional, o direito de contratação colectiva não necessita do posterior reconhecimento de qualquer acto infra-constitucional, cabendo apenas à lei garanti-lo, conforme prescrição constitucional[7].

III. Celebrada por associações de direito privado, como são consideradas as associações sindicais e de empregadores, a convenção colectiva[8], depois de uma fase de negociação (artigos 486º e ss), e para que possam produzir os efeitos legalmente previstos, tem de ser depositada nos serviços do Ministério do Trabalho (artigos 494º e 495º).

Não ocorrendo nenhum dos casos taxativamente previstos no Código do Trabalho para a recusa do depósito, segue-se a publicação da convenção no *Boletim do Trabalho e Emprego* (artigo 519º, nºs 1 e 3); uma vez publicada, a convenção entra em vigor nos mesmos termos das leis (artigo 519º, nº 1, *in fine*)[9].

IV. Completado o ciclo final de procedimento da convenção – i.e., depósito, publicação e entrada em vigor –, esta produz os efeitos legal e convencionalmente previstos; o facto de esses efeitos serem, em regra, gerais e abstractos[10], impõe que se considere estarmos, situação que também já decorria do anteriormente exposto, ante uma fonte especí-

[6] Cfr. nota anterior.

[7] Para uma análise da convenção colectiva no quadro constitucional, Gonçalves da Silva, *Da Eficácia da Convenção Colectiva*, Dissertação de Doutoramento, Faculdade de Direito da Universidade de Lisboa, volume II, pp. 589 e ss.

[8] Como se sabe a expressão convenção colectiva abrange, quer os contratos colectivos, quer os acordos colectivos, quer ainda os acordos de empresa, (artigo 2º, nº 3).

[9] Sobre a entrada em vigor da lei, cfr. Lei nº 74/98, de 11 de Novembro, com diversas alterações.

[10] Neste sentido, Barros Moura, *A Convenção Colectiva entre as Fontes de Direito do Trabalho*, Almedina, Coimbra, 1984, por exemplo, pp. 125 e 129-130. Não ignoramos, contudo, a possibilidade de uma convenção ter uma cláusula individual e concreta, mas será uma excepção e não a regra, sob pena de descaracterização do interesse colectivo. Sobre a questão, *vd.* Nikitas Aliprantis, *La Place de la Convention Collective dans la Hierarçhie des Normes*, «Bibliothèque d'Ouvrages de Droit Social», Tome XXII, Libraire Generale de Droit et de Jurisprudence, Paris, 1980, pp. 78-79.

fica de Direito do Trabalho, posição que tem, como decorre dos artigos 56º, nº 4, *in fine*, da CRP, e do artigo 1º, acolhimento no direito positivo[11].

1.2. Delimitação do Objecto

I. É comum analisar a eficácia da convenção colectiva com base em três elementos gerais (âmbitos) que delimitam os seus efeitos: por um lado, o âmbito *subjectivo* (artigo 496º e ss); por outro, o âmbito temporal (artigos 499º e ss); e, ainda, o âmbito *geográfico* (artigo 492º, nº 1, alínea c), *in fine*)[12].

II. Julgamos, no entanto, que o âmbito espacial está implícito no princípio da filiação (artigo 496º)[13].

O Código do Trabalho delimitou a aplicação da fonte convencional através do *princípio da filiação* (epígrafe do artigo 496º)[14/15] ou *princípio da dupla filiação*[16].

[11] Também a jurisprudência tem considerado que a convenção colectiva é fonte de Direito do Trabalho, *vd.*, por exemplo, Acórdão da Relação do Porto, de 8 de Outubro de 1984, *Colectânea de Jurisprudência*, 1984, nº 4, pp. 277 e ss; Acórdão do Supremo Tribunal de Justiça, de 21 de Outubro de 1998, *Boletim do Ministério da Justiça* nº 480, pp. 205 e ss; Acórdão do Supremo Tribunal de Justiça, de 12 de Abril de 2012, processo nº 229/09.6TTBRR.L1.S1,www.dgsi.pt.

[12] Para uma análise dos preceitos, e com indicações doutrinárias, Gonçalves da Silva, em Romano Martinez, Luís Miguel Monteiro, Madeira de Brito, Guilherme Dray e Gonçalves da Silva, *Código do Trabalho Anotado*, 9ª edição, Almedina, Coimbra, 2013, respectivas anotações.

[13] Como decorre da denominação do princípio, este refere-se aos sujeitos inscritos nas entidades outorgantes. Não quer isto naturalmente dizer que as partes (artigo 492º, nº 2, alínea a)) não sejam abrangidas pelo instrumento convencional, mas apenas que o legislador considerou relevante delimitar o âmbito de aplicação dos filiados, não reconhecendo idêntica necessidade relativamente aos subscritores, o que, aliás, se compreende, uma vez que a repercussão dos efeitos da convenção na sua esfera é manifesta e sem necessidade de qualquer delimitação, regendo-se, na ausência de cláusula convencional e de regra especial, pelas normas aplicáveis aos contratos constantes do Código Civil, na medida em que tal opção não colida com vectores da área laboral. Para mais desenvolvimentos sobre o princípio da filiação, *vd.*, por todos, Gonçalves da Silva, *Da Eficácia da Convenção Colectiva*, cit., volume II, pp. 1101 e ss.

[14] Sem prejuízo de diversas excepções; sobre o assunto, Gonçalves da Silva, *Da Eficácia da Convenção Colectiva*, cit., volume II, pp. 1163 e ss.

[15] A eficácia pessoal tem especificidades em diversos países. Por exemplo, na Alemanha, a convenção colectiva tem apenas efeitos inter-partes, mais exactamente é obrigatória para os

sujeitos outorgantes e respectivos filiados (§§ 3, nº 1, e 1, nº 1, *Tarifvertragsgesetz*, TVG); isto não quer dizer que, na prática, não se aplique a maior parte das vezes a todos os trabalhadores, sendo comum a remissão do contrato de trabalho para o regime convencional, regulando, naturalmente, como cláusula individual, ULRICH ZACHERT, *Lezioni di Diritto del Lavoro Tedesco*, «Quaderni del Dipartimento di Scienze Giuridiche», nº 12, Università degli Studi di Trento, 1995, p. 54. Note-se que o diploma tem um amplo âmbito de aplicação, regendo, por exemplo, os trabalhadores que sejam dependentes economicamente (§ 12ª TVG).
Existe, contudo, uma importante excepção a esta regra: em matéria de questões empresariais e jurídicas de organização democrática da empresa é suficiente o empresário estar vinculado à convenção para ter de cumprir o estipulado no instrumento (§ 3º, nº 2, TVG). Trata-se de questões afectas ao âmbito empresarial e a determinadas matérias da *BetrVG*. Entre essas questões encontram-se, por exemplo, as relativas à segurança e higiene ou as que aumentam o direito de codeterminação do comité de empresa; em suma, aquelas que não permitem um tratamento diferenciado em virtude da filiação sindical, cfr. ULRICH ZACHERT, "La Negociación Colectiva en Alemania", AAVV, *La Negociación Colectiva en Europa*, coordenação Ojeda Avilés, Comisión Consultiva Nacional de Convenios Colectivos, «relaciones laborales», Ministerio de Trabajo y Asuntos Sociales, Madrid, 2004, p. 45; veja-se ainda sobre os efeitos pessoais da convenção, WOLFGANG DÄUBLER, *Derecho del Trabajo*, Ministerio de Trabajo y Seguridad Social, Madrid, 1994 (tradução castelhana de Mª Paz Acero Serna e Pío Acero Lópes, *Das Arbeitsrecht*, 1 e 2, Rowohlt Taschenbuch Verlag GmbH, Hamburg, 1990, pp. 149-150; HUECK-NIPPERDEY, *Compendio de Derecho del Trabajo*, Editorial Revista de Derecho Privado, Madrid, 1963 (tradução castelhana de Miguel Rodriguéz Piñero e Luis Enrique de la Villa, *Grundriss des Arbeitsrecht*, s.e., 1962, pp. 342-343; VOLKER RIEBLE, "Die Akteure im Kollektiven Arbeitsrecht", *Recht der Arbeit*, 2004, März/April, pp. 81-82; ALFRED SÖLLNER, *Grundrib des Arbeitsrechts*, Verlag Vahlen, Munique, 1994, p. 150.
Por sua vez, e também a título de exemplo, no ordenamento francês, a vinculação do empregador constitui elemento de conexão para ser aplicada a fonte convencional, salvo se a cláusula contratual for mais favorável. Ou seja: é necessário e suficiente que o empregador celebre directamente ou esteja filiada na associação outorgante, pois caso tal não se verifique, ainda que o trabalhador esteja, a convenção não poderá obrigar aquele a seguir o regime acordado (artigo L. 2254-1 C. Trav.). Nestes termos, a vinculação do empregador a uma convenção colectiva é elemento bastante para que os efeitos desta se produzam na empresa e abranjam quer os trabalhadores filiados, quer os não filiados, cfr., por exemplo, JEAN PÉLISSIER, GILLES AUZERO e EMMANUEL DOCKÈS, *Droit du Travail*, Dalloz, Paris, 27e édition, 2013, pp. 1317 e ss. Naturalmente que é também necessário que a actividade da empresa se enquadre no campo de aplicação geográfico e profissional da convenção (artigo 2222-1), cfr., por exemplo, ISABELLE DESBARATS, *L'Entreprise à Établissements Multiples en Droit du Travail*, «Bibliothèque de Droit Social», tome 28, LGDJ, Paris, 1996, pp. 29 e ss. Por outro lado, sendo o empregador o elemento de conexão, importa ter presente que releva a sua principal actividade, podendo a autonomia colectiva, em caso de pluralidade de actividades e incerteza na aplicação, intervir na matéria, cfr. SERGE FROSSARD, "Application des Conventions Collectives: Les Limites de lá Autodétermination (Quelques Remarques relatives à l'Article

Em nossa opinião, este princípio tem subjacente um conjunto de situações que carecem de decomposição. Com efeito, é necessário identificar realidades ou pressupostos diversos sob a expressão geral daquele princípio e que se prendem com vários elementos, tais como a condição de filiado (pessoal), o âmbito territorial (geográfico), o sector de actividade e a profissão abrangido (funcional) e o momento determinante de produção de efeitos da filiação (temporal).

III. Na verdade, cabe sublinhar que no âmbito da liberdade sindical, o trabalhador (subordinado) tem o direito de se inscrever[17] em sindi-

L. 132-5-1 du Code du Travail)", *Droit Social*, 2006, nº 1, pp. 17 e ss, actualmente a matéria está regulada no artigo L2261-2.

[16] Expressão utilizada, por exemplo, por Furtado Martins, "Convenção Colectiva Vertical e Mudança de Actividade da Empresa", AAVV, *Trabalho e Relações Laborais*, «Cadernos Sociedade e Trabalho», nº 1, Celta Editora, Oeiras, 2001, p. 277; Gonçalves da Silva, *Notas sobre a Eficácia Normativa das Convenções Colectivas*, «Cadernos Laborais», nº 1, Instituto de Direito do Trabalho da Faculdade de Direito de Lisboa, Almedina, Coimbra, 2002, p. 20.

Apesar de estar consagrada, a expressão *princípio da dupla filiação* pode ser equívoca ou mesmo incorrecta tecnicamente, porquanto no acordo de empresa, não há filiação do empregador; por outro lado, se estivermos perante um instrumento outorgado por associação de nível superior, a filiação em "cascata" não se subsume quantitativamente na expressão; finalmente, o elemento especialmente relevante é a representação de sujeitos que ocupam diferentes posições no contrato de trabalho e, por isso, seria mais correcta e explicativa a expressão *princípio da representação*, como defende Ribeiro Lopes no seu ensino oral. No entanto, uma vez que a expressão está enraizada e legalmente consagrada manteremos a sua utilização.

[17] A inscrição e consequente aquisição de condição de filiado – que constitui a representação laboral e cria um nexo funcional entre aderente e a respectiva entidade, gerando um amplo conjunto de efeitos, entre os quais se destaca a aplicação do regime convencional delimitado pelo princípio da filiação (artigo 496º, nºs 1 e 2) – são questões essencialmente de direito (interno) associativo, mas é de salientar que tendo a filiação como pressuposto a qualidade de associado, isso significa que havendo uma inscrição inválida e ineficaz, tal situação não deixará de ter consequências ao nível da aplicação da convenção. Imagine-se, por exemplo, que um trabalhador se inscreve num sindicato que não representa efectivamente a sua actividade (profissão) ou não a representa na área (espacial) onde aquele a realiza (artigo 444º, nº 1); ora, tal situação configura um dissenso entre a actividade exercida e a representada e, na segunda situação, entre o âmbito de intervenção geográfico do sindicato e o do trabalhador, o que naturalmente não poderá deixar de inviabilizar a aplicação da convenção, uma vez que a representação do outorgante não é legal e estatutariamente admitida, porquanto não existe a necessária conexão entre representante e representado. E, portanto, como cabe a quem invoca ser destinatário de uma convenção demonstrar os factos constitutivos do direito (artigo 342º, nº 1, do CC), o mesmo é dizer também os seus pressupostos que, neste caso, serão, desde logo, a validade e eficácia da inscrição.

cato que, na área (espacial) da sua actividade (ou profissão), represente a categoria respectiva (artigo 444º, nº 1)[18], o mesmo acontecendo com o empregador (artigo 444º, nº 3) e com as correspondentes associações[19].

A entidade em causa terá, desde logo, de agir de acordo com os âmbitos subjectivo (profissional), objectivo (sector de actividade) e

Veja-se com interesse, DUARTE RODRIGUES, Âmbito de Aplicação da Convenção Colectiva de Trabalho, Instituto Superior de Contabilidade e Administração, Universidade de Aveiro, 1980, pp. 25-26, ainda que noutro quadro legal.

[18] Contrariamente ao que se verificava com a LAS ("conjunto de trabalhadores que exercem a mesma profissão, ou se integram na mesma actividade, ou que exercem profissões ou se integram em actividades de características globalmente afins entre si e diferenciadas de todas as demais", artigo 2º, alínea g)), o CT2003 – e o de 2009 manteve a opção – não há qualquer definição de categoria, o que não quer dizer que não existam referências (por exemplo, artigo 444º, nº 1). E bem esteve o legislador ao eliminar aquela definição – que remontava ao regime em que existia unicidade sindical –, pois num quadro de liberdade e pluralismo sindical – bem diferente do que se verificava no Estado Novo, no qual a categoria profissional tinha um reconhecimento jurídico autónomo perante a organização sindical – não há uma realidade pré-jurídica ou ontológica que imponha ou condicione as opções de organização e representação dos trabalhadores; a decisão de identificar e destacar os interesses comuns e profissionais dos trabalhadores deve estar a cargo destes e, nessa medida, a definição legal não tinha justificação, pois não é ao Direito que compete criar, impor ou limitar a categoria profissional, mas sim aos trabalhadores (artigo 55º, nº 2, alínea a), da CRP). Em suma, como escreveu o Tribunal Constitucional, aresto nº 342/86, de 10 de Dezembro *Diário da República*, II série, número 65, de 19 de Março de 1987, p. 3486, a propósito da liberdade sindical, "é ao próprio sindicato que compete escolher o modelo da sua própria organização e, bem assim, definir a categoria profissional que há-de abarcar"; na mesma linha, inventariando diversas decisões em igual sentido, Ac. do Tc. nº 314/86, de 12 de Novembro, *Diário da República*, II série, nº 61, de 14 de Março de 1987, p. 3287. Para mais desenvolvimentos, LIBERAL FERNANDES, *A Obrigação de Serviços Mínimos como Técnica de Regulação da Greve nos Serviços Essenciais*, Coimbra Editora, 2010, pp. 380 e ss, nota 841; LOBO XAVIER, *Curso de Direito do Trabalho – Introdução, Quadros Organizacionais e Fontes*, volume I, 3ª edição, Verbo, Lisboa, 2004, pp. 173 e ss e 193 e ss, que conclui criticando a supressão da definição de categoria e o lugar destacado e explícito da figura (p. 200); e mais recentemente, LOBO XAVIER, com a colaboração de FURTADO MARTINS, A. NUNES DE CARVALHO, JOANA VASCONCELOS, GUERRA DE ALMEIDA, *Manual de Direito do Trabalho*, cit., pp. 109-110 e 184 e ss. E sobre as correntes fundamentais relativas à natureza de categoria, DUARTE RODRIGUES, *Concorrência de Convenções Colectivas de Trabalho*, Separata de Estudos, ano I, 1981, A Lusitânia, Aveiro, 1982, pp. 5 e ss.

[19] É certo que o legislador não prevê expressamente esta situação, mas devem as regras fixadas para o trabalhador e empregador individuais ser aplicáveis às situações associativas. Retenha-se que o direito de inscrição (de trabalhadores e empregadores em associações e destas noutras) consta da Convenção nº 87 da OIT (artigos 2º e 5º).

geográfico (territorial) que estão previstos nos estatutos (artigo 450º, nº 1, alínea a)).

IV. Importa sublinhar que, com excepção do elemento pessoal (da filiação), os restantes pontos não são objecto de regulação legal expressa, impondo o legislador a indicação destas matérias (artigo 492º, nº 1, alínea c))[20], gerando recusa do depósito a sua ausência (artigo 494º, nº4, alínea c)).

A obrigação destas indicações visa permitir, desde logo, por parte da Administração laboral, o controlo da legitimidade dos outorgantes[21] e deixar claro que está subjacente ao princípio da filiação um espaço delimitado de regulação (geográfico), na qual se inclui a materialidade das actividades (económica e profissional) efectivamente exercidas pelos titulares do contrato de trabalho.

V. É sobre o elemento espacial que o presente texto incide, tendo o intuito de definir algumas linhas orientadoras no que respeita ao território nacional[22], em particular quando opera uma transferência do local de trabalho (definitiva *vs* temporária).

Está, por isso, afastada desta análise a aplicação da convenção a situações internacionais[23], tal como o estudo do conteúdo da fonte colectiva.

[20] Salvo se estiver em causa a revisão de uma convenção que mantenha o âmbito da fonte revista.
Com interesse sobre o assunto, ainda que em quadro legal diferente, Duarte Rodrigues, Âmbito de Aplicação da Convenção Colectiva de Trabalho, cit., pp. 27 e ss.

[21] Ainda que não seja comum essa análise por parte da Administração.

[22] Sabemos que a convenção pode, atendendo ao critério geográfico de aplicação, ser objecto de uma ampla divisão, salientando-se o âmbito nacional, regional ou local, consoante o espaço que for abrangido pela fonte autónoma, consequência natural da amplitude de representação dos outorgantes. Estas classificações, ainda que com variações, são comuns na doutrina, cfr., por exemplo, Menezes Cordeiro, Menezes Cordeiro, *Manual de Direito do Trabalho*, Almedina, Coimbra, 1989, reimpressão, 1994, p. 292; Jorge Leite, *Direito do Trabalho*, volume I, cit., p. 163; Romano Martinez, *Direito do Trabalho*, 6ª edição, Instituto de Direito do Trabalho da Faculdade de Direito de Lisboa, Almedina, Coimbra, 2013, p. 1055; Palma Ramalho, *Direito do Trabalho, Parte I – Dogmática Geral*, 3ª edição, Almedina, Coimbra, 2012, p. 254.

[23] Sobre a matéria, por exemplo, Pedro Maia, "Conflitos Internacionais de Convenções Colectivas de Trabalho", *Boletim da Faculdade de Direito da Universidade de Coimbra*, volume LXVIII, 1992, pp. 181 e ss, em especial pp. 243 e ss; Moura Ramos, *Da Lei Aplicável ao Contrato de Trabalho Internacional*, «Colecção Teses», Almedina, Coimbra, 1990, em especial pp.

§ 2º) Âmbito Espacial da Convenção Colectiva

I. O horizonte territorial está, como vimos, implícito na aplicação do princípio da filiação.

Para além da relevância em termos negociais[24], o âmbito espacial é ainda importante por delimitar as situações jurídicas que são reguladas pela fonte convencional. Estamos, deste modo, perante um limite do poder normativo dos outorgantes.

II. Apesar da pouca atenção que a matéria tem merecido – tanto por parte da doutrina como da jurisprudência, eventualmente demonstrativa de que os destinatários da convenção não têm encontrado aqui especiais dificuldades – não podemos ignorar que o assunto gera problemas, considerando-se a sua simplicidade[25] meramente aparente.

Os outorgantes têm como limite regulatório a intersecção do âmbito geográfico previsto nos seus estatutos e expresso na sua denominação (artigo 450º, nº 1, alínea a), e nº 3). Dito de outro modo: a autonomia colectiva tem como circunscrição máxima o espaço geográfico de inter-

33 e ss; Moura Vicente, "O Direito Internacional Privado no Código do Trabalho", AAVV, *Estudos do Instituto de Direito do Trabalho*, IV Curso de Pós-Graduação em Direito do Trabalho e da Segurança Social, volume IV, coordenação de Romano Martinez, Almedina, Coimbra, 2003, pp. 15 e ss, em especial pp. 23 e 26-27; bem como, do mesmo Autor, "Destacamento Internacional de Trabalhadores", *Estudos em Homenagem ao Professor Doutor Raúl Ventura*, volume II, Faculdade de Direito de Lisboa, 2003, pp. 789 e ss. E, na doutrina espanhola, por exemplo, Ramos Quintana, "La Aplicación Territorial de las Normas Laborales: Diferentes Realidades y Nuevas Tendencias", *Revista del Ministerio de Trabajo e Inmigración*, 88, 2010, pp. 89 e ss, analisando especialmente a ordem jurídica comunitária. Veja-se também Wolfgang Däubler, *Direito do Trabalho e Sociedade na Alemanha*, LTr, São Paulo, 1997 (tradução de *Arbeitsrecht und Gesellschaft in Deustschland*, s.d., s.e., tradução de Alfred Keller), pp. 255-256.

[24] Como sabemos, o espaço geográfico de regulação do instrumento convencional releva em diversas matérias, tal como, e desde logo, na correlação retribuição/custo de vida, necessidades de transporte, apoios sociais (*v.g.*, creches), elementos cuja intensidade pode variar ao longo do território nacional; por isso mesmo, o âmbito espacial é igualmente preponderante na formação da vontade das partes.

[25] Esta posição (inexistência de especiais problemas) é, por exemplo, sustentada por João Caupers e Pedro Magalhães, *Relações Colectivas de Trabalho*, Empresa Literária Fluminense, s.l., 1979, pp. 57-58. E também por Lobo Xavier, *Curso de Direito do Trabalho*, 2ª edição, Verbo, Lisboa, 1993, p. 282, que escreve: "podem ocorrer também conflitos de competência no plano espacial relativamente às CCT, mas os factos não têm tido suficiente relevância dentro do nosso Ordenamento".

secção abrangido pelas associações outorgantes[26], sob pena de ilegitimidade destas; inversamente, nada impede que possam restringir o âmbito espacial de regulação, optando as partes por reduzir a sua intervenção (por exemplo, a uma empresa, estabelecimento[27] ou localidade)[28].

Perante isto, e o facto de caber às partes a indicação do "âmbito geográfico", surge como decorrência natural que estas possam proceder à delimitação espacial da convenção[29], sem prejuízo, reiteramos, dos limites decorrentes da representação das entidades outorgantes e, por outro, de normas imperativas[30]. Ou seja: dentro deste quadro delimitativo, as partes da convenção colectiva têm liberdade para definir o espaço de regulação, fixando o âmbito territorial da fonte; e, deste modo, cabendo-lhes designar o âmbito geográfico, constituindo este elemento um modo de delimitar a aplicação da fonte convencional, os outorgantes

[26] Tratando-se de um empregador, releva, em regra, o espaço em que esta desenvolve a sua actividade.

[27] Estando em causa um acordo de empresa, não há obstáculo a que a sua aplicação fique circunscrita a um estabelecimento; veja-se, aliás, a noção de acordo de empresa fixada no artigo 2º, nº 3, alínea c). E, portanto, no caso de haver um acordo apenas aplicável a um estabelecimento (artigo 2º, nº 3, alínea c)), o trabalhador para ser destinatário da convenção terá de realizar a actividade no estabelecimento em causa.

[28] Neste sentido, quanto ao âmbito territorial, no ordenamento francês (então artigos L. 132-5 e 132-11, actuais L. 2222-1 e 2222-2, e 2232-1 e 2232-5, respectivamente), Michel Despax, *Droit du Travail – Négociations, Conventions et Accords Collectifs*, tome 7, dirigido por G. H. Camerlinck, deuxième édition, Dalloz, Paris, 1989, p. 260. Contra este entendimento, referindo-se ao âmbito territorial e perante o artigo 85º, nº 3, alínea b), do *Estatuto de los Trabajadores* – norma idêntica à do Código do Trabalho –, Molero Manglano, Sánchez-Cervera Valdés, López Álvarez Díaz-Caneja, *Manual de Derecho del Trabajo*, «Tratados y Manuales», Thomson Reuters, Civitas, Navarra, 2010, p. 934, afirmando que as partes "... não podem fixar um âmbito nem superior nem inferior aquele em que têm competência para negociar".
Em nossa opinião as partes tanto podem fixar os âmbitos nacional, regional ou local como, dentro destes, proceder a delimitações específicas; as duas situações integram a autonomia colectiva, naturalmente com o limite do espaço de representação dos outorgantes.

[29] Maurice E. Aubert, *Les Conflits de Conventions Collectives de Travail*, Thèse de Licence et de Doctorat, Facolté de Droit - Université de Lausanne, Impremerie Henri Jaunin, Lausenne, 1957, p. 142, salienta a possibilidade de intervenção da autonomia colectiva, mas com a necessidade de respeitar os limites fixados pelo legislador no plano pessoal.

[30] Estamos a pensar, por exemplo, na noção de local de trabalho para efeitos de acidente de trabalho, não podendo da definição convencional resultar um esvaziamento ou diminuição da tutela legalmente conferida (artigo 12º, nº 1, da Lei nº 98/2009, de 4 de Setembro, Lei dos Acidentes de Trabalho, doravante LAT).

podem escolher uma área específica para determinar a aplicação do instrumento convencional, incluindo, por exemplo, um local de trabalho apenas para este efeito[31].

De facto, esta é a posição que melhor se adequa ao espaço de liberdade que constitui a autonomia colectiva e, por outro lado, à prescrição legal que determina o dever de as partes indicarem o âmbito geográfico de aplicação (artigo 492º, nº 1, alínea c)), porquanto constituiria uma restrição desnecessária e, portanto, uma afectação da auto-regulação, se não pudessem delimitar efectivamente a territorialidade, adequando a regulação estabelecida ao espaço que considerarem que melhor satisfaz os seus objectivos, atendendo, por exemplo, a factores sociais e económicos.

III. Está então a cargo da autonomia colectiva a definição do âmbito espacial da convenção[32]. Temos, no entanto, de ter presente que a doutrina tem comummente apontado o local de trabalho como elemento de conexão para efeitos de aplicação da fonte convencional[33], o que significa que estaremos perante um factor determinante e delimitativo do âmbito regulatório da convenção[34].

[31] Neste sentido, PEDRO MAIA, "Conflitos Internacionais de Convenções Colectivas de Trabalho", cit., p. 208.
Note-se que não está em causa apurar o conteúdo dos nºs 2 e 6 do artigo 194º, mas sim sublinhar que os outorgantes da fonte convencional podem acordar um local de trabalho apenas para efeitos de aplicação da convenção colectiva. Sobre aquela matéria, por exemplo, MADEIRA DE BRITO, em ROMANO MARTINEZ, LUÍS MIGUEL MONTEIRO, JOANA VASCONCELOS, MADEIRA DE BRITO, GUILHERME DRAY e GONÇALVES DA SILVA, *Código do Trabalho Anotado*, cit., pp. 465 e ss.

[32] Sem prejuízo, reiteramos, dos limites já apontados.

[33] Neste sentido, por exemplo, MADEIRA DE BRITO, *Do Local de Trabalho*, Dissertação de Mestrado, Faculdade de Direito de Lisboa, policopiado, 1995, p. 59; e, do mesmo Autor, "Local de Trabalho", AAVV, *Estudos do Instituto de Direito do Trabalho*, I Curso de Pós-Graduação em Direito do Trabalho, coordenação de Romano Martinez, Almedina, Coimbra, 2001, p. 356; MENEZES CORDEIRO, *Manual de Direito do Trabalho*, cit., p. 685; MENEZES LEITÃO, *Direito do Trabalho*, 4ª edição, Almedina, Coimbra, 2014, pp. 275-276; BARROS MOURA, *A Convenção Colectiva entre as Fontes de Direito do Trabalho*, cit., p. 226; PALMA RAMALHO, *Direito do Trabalho, Parte II – Situações Laborais Individuais*, 5ª edição, Almedina, Coimbra, 2014, p. 497.

[34] O local de trabalho assume relevância em muitas outras situações laborais, como é o caso, por exemplo: a noção de falta (artigo 248º, nº 1), pagamento da retribuição (artigo 277º, nº 1) e acidentes de trabalho (artigo 8º, nº 1, da LAT). Recorde-se que o empregador tem o dever de informar o trabalhador do "local de trabalho ou, não havendo um fixo predomi-

Esta posição poderá ser mantida, mas apenas perante a ausência de vontade das partes, i.e., se estas não tiverem identificado (expressa ou tacitamente), dentro do espaço geográfico e com respeito das normas imperativas, um ou mais elementos específicos de conexão[35]. E, nestes termos, o local de execução do contrato de trabalho[36] condicionará

nantemente, a indicação de que o trabalho é prestado em várias localizações" (artigo 106º, nº 3, alínea b)).

Para uma análise geral da matéria do local de trabalho, entre outros, LEAL AMADO, "Local de Trabalho, Estabilidade e Mobilidade: O Paradigma do Trabalhador on the Road", AAVV, *O Direito do Trabalho nos Grandes Espaços – Entre a Codificação e a Flexibilidade*, organização de Lobo Xavier, Universidade Católica Editora, Lisboa, 2005, pp. 155 e ss; MENDES BAPTISTA, "Notas sobre a Mobilidade Geográfica dos Trabalhadores", AAVV, *VII Congresso Nacional de Direito do Trabalho – Memórias*, coordenação de António Moreira, Almedina, Coimbra, 2004, pp. 25 e ss; CATARINA CARVALHO, "A Mobilidade Geográfica dos Trabalhadores no Código do Trabalho", AAVV, *VII Congresso Nacional de Direito do Trabalho – Memórias*, coordenação de António Moreira, Almedina, Coimbra, 2004, pp. 43 e ss; MENEZES CORDEIRO, *Manual de Direito do Trabalho*, cit., pp. 683 e ss; JÚLIO GOMES, *Direito do Trabalho – Relações Individuais de Trabalho*, volume I, Coimbra Editora, 2007, pp. 636 e ss; J. ANDRADE MESQUITA, *Direito do Trabalho*, 2ª edição, Associação Académica da Faculdade de Direito de Lisboa, 2004, pp. 569 e ss; LOBO XAVIER, "O Lugar da Prestação do Trabalho", *Estudos Sociais e Corporativos*, ano IX, nº 33, 1970, pp. 11 e ss; e, em especial, MADEIRA DE BRITO, *Do Local de Trabalho*, cit., *passim*.

No quadro actual e tendo presente essencialmente a manualística, com amplas indicações doutrinárias, LEAL AMADO, *Contrato de Trabalho*, 4ª edição, Coimbra Editora, 2014, pp. 245 e ss, bem como, "Modificação Substancial das Condições de Trabalho: O Caso da Mobilidade Geográfica (Ou a Submissão do Novo Direito do Trabalho ao «Imperialismo do Contrato»)", *Questões Laborais*, ano XV, nº 32, 2008, pp. 169 e ss; MONTEIRO FERNANDES, *Direito do Trabalho*, 17ª edição, Almedina, Coimbra, 2014, pp. 387 e ss; MENEZES LEITÃO, *Direito do Trabalho*, cit., pp. 275 e ss; ROMANO MARTINEZ, *Direito do Trabalho*, cit., pp. 497 e ss e 698 e ss; PALMA RAMALHO, *Direito do Trabalho, Parte II – Situações Laborais Individuais*, cit., pp. 495 e ss, LOBO XAVIER, com a colaboração de FURTADO MARTINS, A. NUNES DE CARVALHO, JOANA VASCONCELOS, GUERRA DE ALMEIDA, *Manual de Direito do Trabalho*, Verbo, Lisboa, 2014, pp. 513 e ss. Veja-se também MENDES BAPTISTA, "A Mobilidade Geográfica no Código do Trabalho Revisto", AAVV, *Código do Trabalho – A Revisão de 2009*, coordenação de Morgado de Carvalho, Coimbra Editora, 2011, pp. 235 e ss; MADEIRA DE BRITO, em ROMANO MARTINEZ, LUÍS MIGUEL MONTEIRO, JOANA VASCONCELOS, MADEIRA DE BRITO, GUILHERME DRAY e GONÇALVES DA SILVA, *Código do Trabalho Anotado*, cit., pp. 461 e ss. E na doutrina italiana, por todos, PIERPAOLO CIPRESSI, *Il Luogo della Prestazione di Lavoro Subordinato*, Guiffrè, Milão, 1967, *passim*.

[35] Falamos em "elemento de conexão", pois consideramos, como afirmámos, que, apesar de essa qualificação ser atribuída à filiação, em bom rigor uma análise desagregada desta, permite identificar outros que estão implícitos ou são pressupostos.

[36] Também assim se tem pronunciado a jurisprudência espanhola, por exemplo, a Sentencia do Tribunal Superior de Justicia de Cataluña, nº 3317/2009, de 23 de Abril, www.poder

espacialmente a aplicação da convenção colectiva, uma vez que, reitere-se, o que está em causa são os limites territoriais da fonte resultante da área de representação dos outorgantes, o que significa que a autonomia colectiva tem este espaço como limite.

Na verdade, e perante a não intervenção da autonomia colectiva, julgamos que esta posição – local de trabalho como elemento de conexão – surge como natural e é a que melhor se adequa ao quadro do Código do Trabalho. Comecemos por ter presente que este diploma tem como pressuposto de inscrição do filiado a área da sua actividade (artigo 444º, nºs 1 e 3)[37]; por outro lado, saliente-se a relevância concedida pelo legislador laboral ao local de trabalho (por exemplo, artigos 193º e ss e 277º, nº 1), da qual decorre a sua importância também em matéria de determinação da fonte convencional aplicável, reconhecendo-se que esse espaço físico corresponde normalmente à localização da empresa (unidade técnico-laboral)[38]. E isto porque parece claro que na regulação das situações jurídicas (activas e passivas) realizadas pela fonte convencional assume especial relevo o espaço em que o contrato de trabalho

judicial.es, p. 3, onde se afirma, invocando diversas decisões, que a convenção aplicável é a do lugar da prestação de serviços (*lex loci executionis*). Veja-se também MERCADER UGUINA, "La Silenciosa Decadencia del Principio de Norma Más Favorable", *Revista Española de Derecho del Trabajo*, nº 109, 2002, pp. 40 e ss, sublinhando que também se tem recorrido à aplicação da convenção mais favorável.

Este "caminho" pressupõe, repita-se, que a autonomia colectiva não resolveu a questão, por exemplo, através de cláusulas que expressamente regulam as diversas situações atinentes ao local de trabalho ou autolimitam a sua aplicação espacial ou ainda que não resulta de forma expressa do seu conteúdo, pois é importante ter presente que podem existir cláusulas cujo âmbito aplicativo surge como natural e que regulam apenas situações exteriores ao denominado local de trabalho (por exemplo, um subsídio de viagem ao estrangeiro).

[37] O que em nossa opinião abrange tanto a actividade (propriamente dita) como o espaço geográfico em que esta se desenvolve, pois não sendo assim teríamos sujeitos filiados em entidades que representam uma área territorial onde aqueles não realizam qualquer actividade; por outro lado, atente-se no conteúdo do artigo 450º, nº 1, alínea a), que, sob pena de esvaziamento, impõe esta interpretação ao determinar que os estatutos das associações sindicais devem regular, entre outros elementos, o âmbito subjectivo (sector profissional), objectivo (sector de actividade económico) e geográfico (territorial). Parece ser também esta a posição de LOBO XAVIER, com a colaboração de FURTADO MARTINS, A. NUNES DE CARVALHO, JOANA VASCONCELOS, GUERRA DE ALMEIDA, *Manual de Direito do Trabalho*, cit., p. 125, e com interesse p. 189, referindo-se ao artigo 450º, nº 1, alínea a).

[38] Assim, BARROS MOURA, *A Convenção Colectiva entre as Fontes de Direito do Trabalho*, cit., pp. 226-227.

é executado, porquanto é no local de trabalho que quotidianamente a prestação se materializa e o contrato se desenvolve, justificando-se, deste modo, que aquele releve como elemento de ligação entre a fonte convencional e as situações conformadas por esta.

Também por via negativa, obteremos idêntico resultado. Na realidade, consideramos que outros elementos, tais como o lugar da celebração (do contrato de trabalho ou até mesmo da convenção colectiva)[39] ou a sede dos outorgantes da fonte convencional, não apresentam motivos justificativos para serem qualificados como elemento de conexão. De facto, qualquer um deles traduzir-se-ia na escolha de um elemento meramente formal decorrente de opções aleatórias, nada tendo a ver com o espaço em que o contrato de trabalho é executado, ignorando, por isso, o *habitat* do seu desenvolvimento, ou seja, o quadro territorial que constitui um elemento essencial para os outorgantes e respectivos destinatários (trabalhador e o empregador)[40]; por outro lado, bastaria que existisse uma pulverização de locais de outorga para termos um resultado aplicativo que nada reflectiria em termos de prestação laboral.

IV. Tomando o local de trabalho como pressuposto geográfico e natural da filiação, a que as partes também poderão recorrer para fixar o âmbito espacial da convenção, aquele elemento pode constituir a nossa base de análise dos limites regulatórios; somos, no entanto, forçados a sublinhar os condicionalismos da apreciação por duas razões: por um lado, devido, como vimos, ao facto de a autonomia colectiva ter nesta matéria um amplo espaço de intervenção; por outro, tendo presente que o conceito de local de trabalho é polissémico, a sua concretização pode assumir diversas variações atendendo aos temas regulados. Estes dois motivos impedem que se obtenham resultados que vão para além de uma orientação geral e sempre face ao silêncio da regulação convencional, pois esta, reiteramos, dentro dos limites de representação dos

[39] Em sentido crítico sobre o lugar da celebração, ainda que noutra área jurídica, Moura Ramos, *Da Lei Aplicável ao Contrato de Trabalho Internacional*, cit., em especial pp. 519 e ss.

[40] A relevância do lugar de cumprimento da obrigação é há muito reconhecida, cfr. Madeira de Brito, *Do Local de Trabalho*, cit., pp. 7 e ss, bem como noutras áreas, por exemplo, Moura Ramos, *Da Lei Aplicável ao Contrato de Trabalho Internacional*, cit., pp. 526 e ss; Vaz Serra, "Lugar da Prestação", *Boletim do Ministerio da Ivstiça*, nº 50, 1955, pp. 5 e ss, em especial 14 e ss.

outorgantes e do respeito das normas imperativas, pode determinar a sua amplitude.

V. Como tem sido sublinhado, o local de trabalho "... não se define por ser um ponto no espaço ou a localização física onde o trabalhador se encontra, mas sim por enunciar o âmbito potencial, em termos geográficos, de realização da prestação"[41], o que significa então que podemos concretizar a expressão local de trabalho, em termos gerais, como o espaço em que o trabalhador está adstrito a realizar a prestação e o empregador a recebê-la[42]. Acontece, no entanto, que devemos ter presente que, como referimos, para além de um enquadramento geral, o local de trabalho não tem unidade, podendo afirmar-se que as várias normas que o regulam têm subjacentes realidades diferentes[43].

[41] MADEIRA DE BRITO, "Local de Trabalho", cit., p. 357.

[42] Sobre a noção de local de trabalho, LEAL AMADO, *Contrato de Trabalho*, cit., pp. 247-248; MENEZES CORDEIRO, *Manual de Direito do Trabalho*, cit., p. 683, ensina que "o local de trabalho corresponde ao sítio onde o trabalhador deve concretizar a prestação a que se encontra adstrito"; MONTEIRO FERNANDES, *Direito do Trabalho*, cit., p. 388, escreve que "o local de trabalho é, em geral, o *centro estável (ou permanente) de actividade de certo trabalhador* e a sua determinação obedece essencialmente ao intuito de se dimensionarem no espaço as obrigações e os direitos e garantias que a lei lhes reconhece", itálico no original; MENEZES LEITÃO, *Direito do Trabalho*, cit., p. 275, define-o como o "... sítio físico onde o trabalhador realiza habitualmente a sua actividade e onde se encontra, por isso, na disponibilidade do empregador"; PALMA RAMALHO, *Direito do Trabalho, Parte II – Situações Laborais Individuais*, cit., p. 500, ensina que o local de trabalho é "... *centro estável ou predominante do desenvolvimento da actividade laboral* (o que permite incluir tanto os casos do local de trabalho diluído com as deslocações do trabalhador ao serviço da empresa)" itálico no original.

[43] MENEZES CORDEIRO, *Manual de Direito do Trabalho*, cit., pp. 684-685, que se refere ao local de trabalho efectivo (espaço onde o trabalhador deve executar as suas tarefas), ao local de trabalho potencial (espaço geográfico onde o trabalhador pode ser obrigado a realizar a sua prestação, com base no poder de direcção), local de trabalho para efeitos disciplinares (área geográfica onde o comportamento do trabalhador pode ser relevante rem termos disciplinares), local de trabalho para efeitos de risco (espaço dentro do qual os acidentes são qualificados como de trabalho para efeitos de responsabilidade objectiva do empregador). Veja-se também, por exemplo, JÚLIO GOMES, *Direito do Trabalho – Relações Individuais de Trabalho*, volume I, cit., pp. 636-637, que fala num conceito que se apresenta como teleológico; e PALMA RAMALHO, *Direito do Trabalho, Parte II – Situações Laborais Individuais*, cit., pp. 496-497. Na doutrina italiana, pode ver-se PIERPAOLO CIPRESSI, *Il Luogo della Prestazione di Lavoro Subordinato*, cit., pp. 16 e ss, salientando também a ausência de uma noção geral e unívoca de local de trabalho (p. 27).

O conteúdo de local de trabalho – e sem esquecer, por um lado, que compete às partes a sua definição (artigo 193º, nº 1) e, por outro, a consagração do princípio da inamovibilidade (artigo 129º, nº 1, alínea f)) – pode assim assumir algumas variações consoante a matéria em causa[44], o que o permite qualificar como um conceito varável[45] e eventualmente justificar que se fale antes em "locais de trabalho"; esta questão assume particular relevo quando a convenção colectiva pode abranger um amplo catálogo de matérias que, em regra, não estarão imunes às situações específicas que são objecto de regulação.

VI. Tendo presente a amplitude regulativa em matéria de âmbito espacial da convenção colectiva atrás referida e, por outro lado, dando como adquirido que a noção geral de local de trabalho corresponde ao espaço em que o trabalhador está adstrito a executar a prestação e o empregador a recebê-la, podemos identificar alguns pontos.

Como referimos, a intersecção do espaço de representação dos outorgantes constitui o limite do âmbito regulativo destes, sob pena de ilegitimidade das partes. Assim, o âmbito geográfico da convenção determinado pelos outorgantes deve situar-se dentro do espaço de representação, podendo naturalmente ficar aquém, uma vez que as partes podem restringir o seu poder normativo, devendo considerar-se que sendo o

[44] Em alguns casos, a noção de local de trabalho recebe resposta específica da lei. Para efeitos de acidentes de trabalho, local de trabalho "é todo o lugar em que o trabalhador se encontra ou deva dirigir-se em virtude do seu trabalho e em que esteja, directa ou indirectamente, sujeito ao controlo do empregador" (artigo 8º, nº 1, alínea a), da LAT). Idêntica é a noção no que respeita à promoção da segurança e saúde no trabalho, em que o local de trabalho é definido como "o lugar em que o trabalhador se encontra ou de onde ou para onde deva dirigir-se em virtude do seu trabalho, no qual esteja indirecta ou indirectamente sujeito ao controlo do empregador" (artigo 4º, alínea e), da Lei da Segurança e Saúde no Trabalho (Lei nº 102/2009, de 10 de Setembro, com alterações). Em matéria de aspectos da organização do tempo de trabalho dos trabalhadores móveis em actividades de transporte rodoviário, a lei consagra uma definição precisa do local de trabalho: "... uma instalação da empresa, bem como outro local, nomeadamente o veículo utilizado, onde seja exercida qualquer tarefa ligada à realização do transporte" (artigo 2º, alínea a), do Decreto-Lei nº 237/2007, de 19 de Junho).

[45] E não se ignore que há diversas situações em que a própria actividade do trabalhador influencia o local de trabalho, como bem sublinham, por exemplo, Romano Martinez, *Direito do Trabalho*, cit., p. 498; e Palma Ramalho, *Direito do Trabalho, Parte II – Situações Laborais Individuais*, cit., pp. 499-500.

âmbito geográfico inferior ao espaço de representação, aquelas encontram-se ainda dentro da faculdade de regulação e, portanto, agem no quadro da autonomia colectiva; o que significa que uma convenção colectiva não pode fixar validamente normas que produzam os seus efeitos fora do âmbito de representação das partes, considerando-se inválida as disposições que determinem uma aplicação que o ultrapasse[46].

Quer isto então dizer que se as cláusulas convencionais prevêem (expressa ou implicitamente) a sua aplicação a situações que se encontram fora do âmbito (geográfico) dos outorgantes, as cláusulas em causa serão nulas, devendo ser objecto de redução do âmbito espacial previsto, reconduzindo-se a amplitude do poder normativo ao espaço de representação das partes (artigo 121º, nº 2), assim o determinando uma interpretação conforme a lei[47]. Com a nulidade parcial e consequente redução, impede-se que a existência de uma cláusula que exorbita a representação das partes – ou de uma delas – coloque em causa o aproveitamento da fonte, regulando a convenção as situações laborais que se subsumam no espaço de actuação dos outorgantes; aliás, entendimento diverso seria "premiar" o autor – ou autores – do incumprimento da lei, permitindo que a sua violação afectasse a validade de toda a fonte; estamos assim perante uma manifestação do princípio da conservação dos negócios jurídicos[48].

[46] Sentencia do Tribunal Superior de Justicia de Aragón, nº 641/2010, de 27 de Septiembre, http://tsj.vlex.es/vid/-223719491, p. 6.

[47] No sentido da nulidade como consequência geral da ilegitimidade, *vd.*, por exemplo, Menezes Cordeiro, *Tratado de Direito Civil, – Parte Geral*, I, Tomo IV, Almedina, Coimbra, 2005, p. 24, para quem "a falta de legitimidade conduz à nulidade, quando esteja em causa a transmissão de bens", considerando o artigo 892º "tendencialmente aplicável aos diversos contratos onerosos, segundo o artigo 939º do Código Civil"; Carvalho Fernandes, *Teoria Geral do Direito Civil*, volume II, Universidade Católica Editora, Lisboa, 5ª edição, 2010, p. 156, considerando como paradigma o regime da venda de coisa alheia como própria (artigo 892º do Código Civil), "nomeadamente por o regime deste contrato se aplicar a outros contratos onerosos (art. 939º do C. Civ.)".

Para uma análise das consequências relativas à nulidade das cláusulas convencionais, Gonçalves da Silva, *Da Eficácia da Convenção Colectiva*, cit., volume II, em especial pp. 784 e ss.

[48] Também designado de aproveitamento do negócio jurídico inválido, Carvalho Fernandes, *Teoria Geral do Direito Civil*, volume II, cit., pp. 517-518. Sobre o tema, *vd.* também Menezes Cordeiro, *Tratado de Direito Civil*, II, 4ª edição, Almedina, Coimbra, 2014, pp 947 e ss; Carvalho Fernandes, *A Conversão dos Negócios Jurídicos Civis*, Quid Iuris, Lisboa, 1993,

VII. O local de execução da prestação para efeitos de aplicação da fonte convencional deve situar-se dentro dos limites decorrentes, quer do espaço de representação, quer da amplitude determinada pelas partes. Deste modo, sabendo que o elemento de conexão a ter em conta para a aplicação da convenção é o local de trabalho e que este condiciona a área territorial de regulação da fonte, podemos afirmar que na situação em que o trabalhador realiza a sua prestação num espaço que se subsume no âmbito geográfico de representação e, por outro lado, no determinado pelos outorgantes, a aplicação da fonte convencional não coloca acrescidas dificuldades.

E esta clareza aplicativa da fonte, revela-se quer estejamos perante um local de trabalho fixo e claramente delimitado, quer o mesmo seja *diluído*[49], desde que, repetimos, qualquer deles se subsuma no espaço de representação e determinação das partes[50]. Apesar das diferenças e mesmo estando perante um amplo espaço de realização da prestação,

pp. 515 e ss, José Alberto Vieira, *Negócio Jurídico – Anotação ao Regime do Código Civil (artigos 217º a 295º)*, Coimbra Editora, 2006, pp. 115 e ss.

[49] Na terminologia de Palma Ramalho, *Direito do Trabalho, Parte II – Situações Laborais Individuais*, cit., p. 499, itálico no original, ou seja, fora, portanto, do espaço físico da empresa; por exemplo, camionistas, inspectores, mecânicos itinerantes, etc..
A Autora, *idem*, separa este tipo de situações ("*contratos de trabalho em que a natureza da actividade laboral não se compadece com a fixação de um local de trabalho único ou mesmo preponderante*") das dos "*contratos de trabalho em que o local de trabalho se sujeita a alterações periódicas por força da actividade desenvolvida pela empresa* (por exemplo, os trabalhadores de construção civil que desenvolvem a sua actividade sucessivamente nas diversas obras da empresa, em localidades diferentes", itálicos no original. Neste caso, também nos parece que as partes podem definir um local de trabalho amplo, de modo a abranger as actuais e futuras situações, de modo a que não se justifique falar em alteração do local de trabalho.
Já Pedro Maia, "Conflitos Internacionais de Convenções Colectivas de Trabalho", cit., pp. 209 e ss, dando exemplos, como o motorista de automóveis, o piloto de avião, o comandante de avião, o carteiro e o paquete, afirma que o trabalho não é prestado num local determinado, defendendo que o local a ter em atenção é o espaço em que o trabalhador se deve apresentar para que o empregador exerça o poder de direcção; não sendo possível fixar o local nestes termos, então deve relevar o local da empresa, i.e., onde se encontra a unidade técnica laboral.

[50] Poderá haver também uma pulverização de locais de execução atendendo, por exemplo, à diversidade de funções dos diferentes trabalhadores, mas o círculo aplicativo será delimitado pelo espaço de representação dos outorgantes.

este será necessariamente delimitado[51]. Ou seja: nesta situação estamos ainda dentro do local de trabalho que deverá subsumir-se no espaço circunscrito pela convenção colectiva, sendo a sua regulação o resultado natural da vontade dos outorgantes.

VIII. É importante sublinhar, apesar de resultar do exposto, que a delimitação da zona geográfica da convenção colectiva assume uma perspectiva positiva, estabelecendo o espaço de regulação e consequente aplicação do instrumento convencional; por outro lado, revela também uma vertente negativa, uma vez que constitui o limite regulatório e aplicativo da fonte; estas duas vertentes são indissociáveis do ponto de vista analítico. De facto, estando em causa a aplicação de um instrumento a contratos de trabalho cuja execução se realiza na zona territorial prevista por aquele e para a qual os outorgantes da fonte convencional têm a necessária legitimidade, a sua aplicação constitui o reconhecimento do poder normativo legalmente conferido.

Importa ainda ter presente que estando em causa o elemento de conexão local de trabalho, podem naturalmente existir situações em que este é objecto de modificações, pelo que se impõe apurar as condições em que o poder normativo se mantém e consequentemente se preserva a aplicação da fonte; em suma: está em causa apurar a "elasticidade" do poder regulatório e subsequente aplicação do instrumento convencional perante alterações do elemento de conexão (local de trabalho)[52].

[51] Delimitação em que releva naturalmente o conjunto de funções a que o trabalhador se vinculou. Sobre a determinação do local de trabalho, por exemplo, Leal Amado, *Contrato de Trabalho*, cit., p. 248; Madeira de Brito, *Do Local de Trabalho*, cit., pp. 70 e ss, bem como "Local de Trabalho", cit., pp. 358 e ss; e, do mesmo Autor, em Romano Martinez, Luís Miguel Monteiro, Joana Vasconcelos, Madeira de Brito, Guilherme Dray e Gonçalves da Silva, *Código do Trabalho Anotado*, cit., pp. 462 e ss; Júlio Gomes, *Direito do Trabalho – Relações Individuais de Trabalho*, volume I, cit., pp. 637 e ss Menezes Leitão, *Direito do Trabalho*, cit., p. 276; Romano Martinez, *Direito do Trabalho*, cit., pp. 497 e ss.

[52] Como vimos, a convenção pode ter, por exemplo, uma circunscrição local, regional ou nacional. No caso de haver uma alteração administrativa à delimitação territorial utilizada pelas partes, o âmbito de aplicação da convenção deve ser mantido, quer estejamos perante uma diminuição ou ampliação da área geográfica administrativa, salvo se da vontade das partes resultar posição diversa. Em sentido próximo, Michel Despax, *Droit du Travail – Négociations, Conventions et Accords Collectifs*, cit., p. 260

§ 3º) Alterações do Local de Trabalho

I. É necessário, desde logo, começar por analiticamente destrinçar as *alterações definitivas das temporárias (critério temporal)*.

Não parece haver especiais dificuldades em reconhecer que uma *alteração definitiva do elemento de conexão (transferência definitiva do local de trabalho)*[53] para uma área exterior ao poder regulatório e aplicativo da convenção gerará a inaplicação da fonte; nesta situação, opera-se a desconexão, uma vez que as partes não possuem capacidade normativa ou a convenção não abrange o novo espaço de execução, situando-se as situações jurídicas laborais numa zona "além fronteiras" convencional. Um dos elementos subjacentes ao princípio da filiação – e, recorde-se, são todos cumulativos[54] – deixou de estar presente, uma vez que o novo espaço de execução do contrato tem de se situar no âmbito de aplicação da convenção, sem o qual inexiste o elemento de conexão e, portanto, falta um dos pressupostos aplicativos[55].

Significa isto, portanto, que para a alteração definitiva do elemento de conexão não gerar a inaplicação da fonte, é preciso que, por um lado, a nova zona territorial se inclua ainda na área de intervenção das partes e, por outro, que a mesma tenha sido concretamente consagrada na convenção colectiva[56], pois, recorde-se, os outorgantes podem ter restringido a sua amplitude regulatória[57].

[53] Defendendo Madeira de Brito, "Local de Trabalho", cit., p. 363, que só há alteração do local do trabalho "... quando sejam excedidos os limites geográficos fixados para a realização da prestação do trabalho e agravadas as condições topográficas da realização da prestação do trabalho", o que não significa para nós a existência de qualquer dano. De facto, não deixa de existir alteração do local de trabalho se o trabalhador passar a exercer a sua actividade em Leiria, em vez de Lisboa, apesar de residir naquele espaço. Por outro lado, tais alterações abrangerão tanto as situações transitórias como as definitivas (artigo 194º).

[54] Estamos a falar dos elementos atrás referidos, a condição de filiado (pessoal), o âmbito territorial (geográfico), o sector de actividade e a profissão abrangido (funcional) e o momento determinante de produção de efeitos da filiação (temporal).

[55] Note-se que o fim da aplicação de uma fonte convencional poderá gerar a aplicação de uma nova fonte (aplicação sucessiva), desde que naturalmente estejam verificados os seus pressupostos; é o caso, por exemplo, de um acordo colectivo para o sul, passando agora o trabalhador a executar a sua actividade no norte, espaço para o qual também o seu sindicato celebrou uma outra convenção com o mesmo empregador.

[56] Isabelle Desbarats, *L'Entreprise à Établissements Multiples en Droit du Travail*, cit., p. 39, distingue entre transferência definitiva para outro estabelecimento do mesmo empregador de uma alteração temporária, defendendo, na primeira hipótese, que o trabalhador, salvo

II. Operando a desconexão, está ainda uma situação em aberto: saber se o fim da regulação da fonte convencional é imediata ou deve aplicar-se analogicamente o previsto no artigo 496º, nº 4.

A nossa posição é de não aplicação do preceito citado e, portanto, preconizamos a cessação imediata da aplicação da fonte. Na verdade, é relevante notar que a norma em causa regula a ausência do elemento pessoal da filiação, pressupondo a manutenção dos demais; ou seja: mantém-se a possibilidade de representação laboral, mas em virtude da ausência daquele elemento ela não ocorre. Ora, na nossa situação, verifica-se a impossibilidade de manutenção de representação, face à ausência de outro elemento que não integra a parte da norma; por outro lado, essa impossibilidade de representação decorre de uma opção das associações em causa, uma vez que definiram estatutariamente os seus limites normativos (artigo 450º, nº 1, alínea a)) – ou restringiram o âmbito regulatório da fonte –, escolha que deve ser respeitada; acresce ainda que a zona geográfica é um elemento relevante na ponderação das soluções acordadas, pelo que não pode ser ignorada tal situação.

Em síntese, é necessário respeitar a delimitação (estatutária e convencional) realizada pelas partes, não se devendo impor o que elas, no âmbito da sua autonomia, rejeitaram; e, por isso, a ausência de um pressuposto aplicativo tem como efeito a inaplicação da fonte, salvo quando a lei o disser de forma diferente, o que no presente caso não se verifica.

III. Importa ainda sublinhar que, estando em causa uma deslocação (transitória) do espaço em que habitualmente o trabalhador realiza a prestação e naturalmente o empregador a recebe[58], neste tipo de

indicação em contrário, não poderá reivindicar a aplicação da convenção, pois não pertence ao conjunto de trabalhadores do seu anterior estabelecimento; na segunda situação, ele continuará a beneficiar da convenção aplicável.

[57] Se, por exemplo, estiver em causa um acordo de empresa, subsumindo-se ainda o novo local no espaço de representação da associação sindical, a convenção colectiva mantém o seu elemento de conexão e, deste modo, a sua aplicação, não sendo afectado o poder normativo dos outorgantes.

[58] Por exemplo, o trabalhador vai participar na reunião anual de quadros da empresa no Porto, realizando a sua prestação em Lisboa; ou vai participar numa acção de formação da empresa nos mesmos termos.

Para uma destrinça entre deslocações e transferências temporárias (alteração do local de trabalho), em regime diverso do actual Código do Trabalho, Madeira de Brito, "Local de

situações estamos perante a realização da prestação fora do âmbito geográfico habitual[59], tendo o legislador determinado que o trabalhador está obrigado a realizá-las quando inerentes às suas funções ou indispensáveis à sua formação profissional (artigo 193º, nº 2), incluindo-as, portanto, no espaço geográfico de cumprimento da prestação laboral[60]. Não estamos, assim, perante alterações do local de trabalho, inexistindo modificação do elemento de conexão para efeitos de aplicação da fonte convencional[61]. Deste modo, e apesar de o trabalhador poder

Trabalho", cit., pp. 363 e ss, para quem existe "... uma transferência temporária nos casos em que o trabalhador seja integrado numa outra organização, fora do âmbito geográfico da sua prestação e aí execute as funções correspondentes a um posto de trabalho ..." e "pelo contrário, se o trabalhador realiza a sua prestação fora do seu âmbito normal, mas isso não corresponde a um novo local de trabalho então estaremos no âmbito das deslocações" (p. 363); e, do mesmo Autor, *Do Local de Trabalho,* cit., pp. 122 e ss. J. Andrade Mesquita, *Direito do Trabalho,* cit., 2004, pp. 576-577, refere-se às deslocações em serviço e alterações do local de trabalho, concluindo: "A deslocação em serviço caracteriza-se, portanto, pela manutenção do centro laboral, enquanto sítio onde o trabalhador pode receber a correspondência profissional, ter um telefone fixo, gabinete de trabalho e preparar e executar as tarefas, incluindo as que vai desempenhar durante a deslocação" (p. 576); e no quadro actual, Lobo Xavier, com a colaboração de Furtado Martins, A. Nunes de Carvalho, Joana Vasconcelos, Guerra de Almeida, *Manual de Direito do Trabalho,* cit., pp. 529 e ss, distingue curtas deslocações e transferências temporárias, afirmando, a propósito do artigo 193º, nº 2, que estarão em causa "... deslocações de curta duração, que não afectam seriamente a estabilidade do trabalhador".

[59] Assim, Madeira de Brito, "Local de Trabalho", cit., p. 364.

[60] Ensina Romano Martinez, *Direito do Trabalho,* cit., p. 698, que as meras deslocações ao serviço da empresa não acarretam alteração do local de trabalho. Como bem escreve Madeira de Brito em Romano Martinez, Luís Miguel Monteiro, Joana Vasconcelos, Madeira de Brito, Guilherme Dray e Gonçalves da Silva, *Código do Trabalho Anotado,* cit., p. 464, "o exercício de funções assim definido geograficamente é ainda objecto contratual". Na mesma linha, Júlio Gomes, *Direito do Trabalho – Relações Individuais de Trabalho,* volume I, cit., p. 640, que fala numa expansão do local de trabalho, não estando em causa a modificação do local, "mas de exigir que o trabalhador se desloque ou se apresente noutro ponto que cabe ainda dentro do seu local de trabalho; Catarina Carvalho, "A Mobilidade Geográfica dos Trabalhadores no Código do Trabalho", cit., p. 45, que também sublinha que nestas situações não está em causa uma verdadeira mobilidade geográfica e, por outro lado, que o vocábulo deslocação é utilizado pelo Código para designar este género de alterações que "encontram cobertura no próprio contrato por inerência com o desempenho das funções acordadas, ou por força deste alargamento legal do âmbito geográfico contratualmente definido".

[61] Neste sentido, embora com pressuposto diferente, Pedro Maia, "Conflitos Internacionais de Convenções Colectivas de Trabalho", cit., p. 208.

encontrar-se temporariamente fora do âmbito de aplicação da convenção, inexistindo alteração do local de trabalho, não existe fundamento para modificar o quadro normativo aplicável, devendo, por isso, manter-se a uniformização de condições de trabalho dos trabalhadores destinatários do instrumento convencional[62]. Ou seja: a convenção continua a aplicar-se, uma vez que o elemento de conexão (local de trabalho) se mantém inalterado, não havendo justificação para paralisar a aplicação da fonte convencional[63].

IV. Como referimos, a alteração do local poder ser *definitiva ou temporária (critério temporal)*; vimos atrás que a definitiva gerava a inaplicação da fonte convencional quando o novo espaço não se subsumisse no âmbito do poder normativo das partes e no quadro territorial previsto na convenção.

Poder-se-á dizer que em quaisquer dos casos estamos perante uma modificação do elemento de conexão, o que deveria produzir os mesmos efeitos em termos aplicativos da fonte. Acontece, no entanto, que há semelhança material entre a *deslocação (transitória) do espaço*, em que habitualmente o trabalhador realiza a prestação e o empregador a recebe, e a *alteração também temporária do local de trabalho (transferência temporária do local de trabalho)*. Se do ponto de vista formal a diferença é facilmente identificável, porquanto num caso existe um novo local de trabalho e

[62] O Tribunal de Funchal, em decisão de 12 de Junho de 1985, processo nº 34/84, não publicado, defendeu que estando um trabalhador do continente temporariamente deslocado na Ilha da Madeira, se deveria continuar a aplicar o Contrato Colectivo de Trabalho Vertical para a Indústria de Construção Civil e Obras Públicas do Sul, afirmando: "a lei não prevê a existência de conflitos de instrumentos de regulamentação colectiva no espaço, pelo que tem de ser sempre aplicável ao mesmo trabalhador, independentemente da área territorial onde vá exercer sucessivamente a profissão, o mesmo instrumento de regulamentação colectiva".
Deve, no entanto, destacar-se, e apesar da diminuta fundamentação, que as partes no contrato de trabalho tinham estabelecido a aplicação desta fonte convencional e, por outro lado, a possibilidade de o trabalhador realizar a sua actividade noutras obras do empregador, independentemente da sua localização.

[63] Parece ser também a posição de Barros Moura, *A Convenção Colectiva entre as Fontes de Direito do Trabalho*, cit., p. 227, que, sem distinguir as situações, afirma: "se o trabalhador se encontra temporariamente deslocado do local onde estavelmente presta trabalho, a convenção, não deixa, por isso, de se lhe aplicar".

noutro não, devemos apreciar se tal diferença justifica o fim da "soberania normativa" dos outorgantes e o corte aplicativo da fonte convencional.

Consideramos que a materialidade da situação se deve sobrepor ao aspecto formal, pelo que, mesmo havendo uma *transferência temporária do local de trabalho*, a convenção deverá manter a sua aplicação. De facto, o espaço de realização da prestação continua a ter como referência o local anterior à mudança (temporária), situação que permite falar em alteração (temporária) do local de trabalho; por outro lado, tendo presente a preocupação do legislador com a estabilidade aplicativa no regime convencional, não parece justificar-se esta ruptura regulatória da convenção, em especial, atendendo ao lugar paralelo, que constitui a desfiliação (elemento pessoal, artigo 496º, nº 4). Nestes termos, julgamos que as partes mantêm ainda o seu poder normativo e consequentemente a convenção deve continuar a aplicar-se, identificando-se o elemento de conexão com a referência ao local de trabalho que constitui a base referencial (o anterior à transferência temporária)[64].

[64] A jurisprudência espanhola – Sentencia do Tribunal Superior de Justicia de Extremadura, nº 815/2007, de 20 de Diciembre de 2007, cit., p. 6 – tem considerado que no caso de alteração temporária, a convenção aplicável deve continuar a ser a do lugar de outorga do contrato, coincidente com o da prestação inicial dos serviços.

Da Escolha do Trabalhador da Convenção Colectiva Aplicável*/**

Sumário: § 1º Considerações Prévias § 2º Breve Enquadramento Histórico § 3º Apreciação Geral § 4º Apreciação na Especialidade

§1º Considerações Prévias

I. A convenção colectiva integra os instrumentos de regulamentação colectiva de trabalho negociais (artigos 1º e 2º) que, por sua vez, fazem parte da área do Direito do Trabalho, mais precisamente do direito colectivo. E se "o Direito colectivo do trabalho constitui seguramente a área mais original do juslaboralismo"[1], facilmente se percebe não ser exagero afirmar que a fonte convencional é um dos principais marcos do

* O presente texto foi previamente publicado na *Revista Jurídica Luso Brasileira,* ano 4, 2018, nº 4, www.cidp.pt, pp. 1969-2034.

** Todos os preceitos sem indicação de fonte, referem-se ao Código do Trabalho aprovado pela Lei nº 7/2009, de 12 de Fevereiro, com alterações.

[1] Menezes Cordeiro, "Direito do Trabalho e Cidadania", AAVV, *III Congresso Nacional de Direito do Trabalho – Memórias,* coordenação de António Moreira, Almedina, Coimbra, 2001, p. 40, que acrescenta: "efectivamente, a capacidade reconhecida aos operadores colectivos, à margem das estritas regras de representação, de celebrar convenções colectivas aplicáveis aos diversos sujeitos surge como criação *a priori* incompreensível, para o Direito civil. Também a licitude da greve, à margem do monopólio estadual da justiça, dá corpo a institutos genericamente laborais", itálico no original.

Direito do Trabalho; há mais de 50 anos, já se ensinava que o "direito do trabalho moderno é um direito de acentuado carácter colectivo, em oposição ao direito do trabalho individualista de tempos passados"[2].

E entre as principais manifestações deste colectivismo está a convenção colectiva, compreendendo-se, por isso, que Gino Guigni, afirme que "o contrato colectivo é, juntamente, com o direito de greve, o instituto mais típico do Direito do Trabalho, no sentido de ser específico de tal ramo do Direito"[3], constituindo, portanto, nas palavras de Júlio Gomes, "... um dos traços idiossincráticos..." do Direito do Trabalho[4]; ou, noutros termos, o instrumento convencional é, desde há muito, o "mais representativo da especial natureza jurídica do Direito do Trabalho"[5]. De facto, a convenção colectiva constitui um tema de inegável relevância nas modernas sociedades, não sendo Portugal uma excepção. A sua importância permite mesmo que se fale, como no caso dos sindicatos, de direitos humanos básicos[6], sendo, aliás, comum destacar-se o exercício da negociação colectiva como a função mais importante da actividade sindical[7]. Entende-se, por isso, que autorizada doutrina afirme que o reconhecimento da convenção colectiva, decorrência da autonomia colectiva e "uma das chaves da abóbada do sistema de relações laborais"[8], foi um dos mais importantes factos no campo económico e

[2] Walter Kaskel e Hermann Dersch, *Arbeitsrecht*, 5ª edição, Verlag, Berlin, 1957, p. 19.

[3] Gino Guigni, *Autonomia e Autotutela Colectiva no Direito do Trabalho*, Associação Académica da Faculdade de Direito de Lisboa, 1983, p. 5. Também Alonso Olea, *Pactos Colectivos y Contratos de Grupo*, «Crítica del Derecho», Comares, Granada, 2000, reedição 1954, p. 10, assertivamente escreve: "a dogmática da convenção colectiva de trabalho é um dos pontos fundamentais, além de ser um dos mais característicos ...". Carlos Alberto Amorim, *Direito do Trabalho – Da Convenção Colectiva de Trabalho*, edição de João Abrantes, Coimbra, 1978, pp. 51-52, salientando a originalidade jurídica dos fenómenos colectivos, nomeia a convenção colectiva. e Montoya Melgar, "La Interpretación del Convenio Colectivo (Apuntes de Derecho Comparado)", *Revista Ministerio Trabajo Asuntos Sociales*, nº 68, 2007, p. 101, qualifica a convenção como um dos elementos "definidores da peculiaridade e autonomia do Direito do Trabalho".

[4] Júlio Gomes, *Direito do Trabalho – Relações Individuais de Trabalho*, volume I, Coimbra Editora, 2007, p. 43.

[5] Gustav Radbruch, *Introducción a la Ciencia del Derecho*, tradução, Revista de Derecho Privado, Madrid, 1930, p. 116, que acrescenta, ao contrato colectivo, a constituição da empresa (*Betriebverfassungesetz*, de 4 de Fevereiro de 1920), como medidas mais representativas.

[6] Erminda Uriarte, "Globalizacion y Relaciones Laborales", policopiado, 1999, p. 7.

[7] Por exemplo, Montoya Melgar, *Derecho del Trabajo*, 37ª edición, Tecnos, Madrid, 2016, p. 110.

[8] Gino Giugni, *Introduzione allo Studio della Autonomia Collettiva*, Giuffrè, Milano, 1977, p. 5.

social da história contemporânea[9], continuando a ser a negociação colectiva, não obstante alguns gostarem de "«tocar a canção da morte» da autonomia colectiva", um instrumento essencial que permite "compensar diferentes interesses para se alcançar uma forma de equilíbrio entre eficiência económica e protecção social"[10].

Demonstrativa dessa relevância no nosso ordenamento é, desde logo, a atenção conferida pela Constituição à convenção colectiva[11]. Com efeito, compulsando a Lei Fundamental facilmente se verifica que o Estado não detém o monopólio da elaboração normativa (*v.g.*, artigos 56º, nº 3, 227º e 241º), apresentando uma concepção pluralista da produção jurídica, em especial, no que respeita às condições de trabalho, o que expressa que o Estado não possui o exclusivo da produção normativa[12]. Assim sendo, cabe invocar, desde logo, a autonomia normativa que confere a determinadas entidades intermédias, nomeadamente às associações de trabalhadores e de empregadores, uma efectiva *potestas normandi*, i.e., "... um poder de criação de autênticas regras de conduta, de atribuição de direitos e deveres relacionados com a sua situação de assalariados (artigo 56º/3)" da Constituição[13].

II. A autonomia colectiva, mais exactamente o direito de contratação colectiva, corolário natural da liberdade sindical, encontra, como decorre do exposto, arrimo na Constituição Portuguesa (artigo 56º, nºs 3 e 4), tal como em diversos documentos internacionais[14].

[9] Guido Zanobini, "El Contrato Colectivo del Trabajo en la Legislación y en la Doctrina Italianas", *Revista de Derecho Privado*, ano XVIII, núm. 209, Febrero, 1931, p. 33.

[10] Ulrich Zachert, "La Estrutura de las Relaciones Laborales en Alemania", *Anuario da Facultade de Dereito da Universidade da Coruña*, nº 11, 2007, p. 1038.

[11] Pode ver-se uma análise (qualitativa e quantitativa) da fonte convencional em Nunes de Carvalho e Paula Agapito, *Relatório Anual sobre a Evolução da Negociação Coletiva em 2017*, Lisboa, 2018, www.crlaborais.pt, em especial pp. 43 e ss.

[12] Jorge Leite, *Direito do Trabalho*, volume I, Serviços de Acção Social da Universidade de Coimbra, 2004, p. 53.

[13] Jorge Leite, *Direito do Trabalho*, cit., p. 53.

[14] Entre os diversos textos internacionais, saliente-se, desde logo, da Organização Internacional do Trabalho, em especial: *a)* Convenção nº 87, datada de 1948, aprovada pelo Decreto-Lei nº 45/77, de 19 de Abril; *b)* Convenção nº 98, de 1949, aprovada, para ratificação, pelo Decreto-Lei nº 45 758, de 12 de Junho de 1964; *c)* Recomendação nº 91, de 1951.
Importa salientar que existe uma diferente abordagem dos instrumentos internacionais ratificados por Portugal e aquela que é apresentada pela nossa Lei Fundamental. Com efeito,

Prescreve a Lei Fundamental, no preceito referido, que "compete às associações sindicais exercer o direito de contratação colectiva, o qual é garantido nos termos da lei". Pode, então, inferir-se que o poder normativo das associações sindicais, associações de empregadores e destes[15] se alicerça directamente na Constituição, sendo assegurado pela lei. Ou seja: com base no preceito constitucional, o direito de contratação colectiva não necessita do posterior reconhecimento de qualquer acto infraconstitucional, cabendo apenas à lei garanti-lo, conforme prescrição constitucional[16].

III. Celebrada por associações de direito privado, como são consideradas as associações sindicais e de empregadores, a convenção colectiva – sem prejuízo da outorga directa pelo empregador[17] –, depois de uma fase de negociação (artigos 486º e ss), tem de ser celebrada por escrito (artigo 477º) e depositada nos serviços do Ministério que tutela a área do trabalho (artigos 494º e 495º).

Não ocorrendo nenhum dos casos taxativamente previstos no Código do Trabalho para a recusa do depósito[18], segue-se a publicação da con-

enquanto as convenções nºs 87 – versa a liberdade sindical e a protecção do direito sindical – e 98 – incide sobre o direito de organização e de negociação colectiva – revelam uma igualdade, no que respeita à sua matéria, de tratamento entre trabalhadores e empregadores, a nossa Lei Fundamental não consagrou expressamente o direito de os empregadores se coligarem através de associações para defesa dos seus direitos e, consequentemente, o direito de contratação colectiva, ou qualquer referência à participação na elaboração da legislação do trabalho. Dizemos que a Constituição não consagrou expressamente, pois, pelo menos no que respeita ao direito de contratação colectiva, entendemos que tal faz parte do conteúdo da liberdade de iniciativa económica – na sua vertente de direito de contratação –, que é considerado pela doutrina como um direito fundamental de natureza análoga aos direitos, liberdades e garantias; neste sentido, Gomes Canotilho e Vital Moreira, *Constituição da República Portuguesa Anotada*, Coimbra Editora, volume I, 4ª edição, 2007, p. 789 (II); Ferreira Mendes, em Jorge Miranda e Rui Medeiros, *Constituição Portuguesa Anotada*, tomo I, 2ª edição, Coimbra Editora, 2010, p. 1184.

[15] Cfr. nota anterior.

[16] Para uma análise da convenção colectiva no quadro constitucional, Gonçalves da Silva, *Da Eficácia da Convenção Colectiva*, Dissertação de Doutoramento, Faculdade de Direito da Universidade de Lisboa, volume II, 2012, pp. 589 e ss.

[17] Como se sabe a expressão convenção colectiva abrange, quer os contratos colectivos, quer os acordos colectivos, quer ainda os acordos de empresa, (artigo 2º, nº 3).

[18] Para mais desenvolvimentos, Gonçalves da Silva, "A Administração Laboral e a Convenção Coletiva: Algumas Questões", AAVV, *Trabalho sem Fronteiras? – O Papel da Regulação*, coordenação de Manuel M. Roxo, Almedina, Coimbra, 2017, pp. 184 e ss.

venção no *Boletim do Trabalho e Emprego* (artigo 519º, nºs 1 e 3); uma vez publicada, a convenção entra em vigor nos mesmos termos da lei (artigo 519º, nº 1, *in fine*)[19].

IV. Completado o ciclo final de procedimento da convenção – i.e., depósito, publicação e entrada em vigor –, esta produz os efeitos legal e convencionalmente previstos; o facto de esses efeitos serem, em regra, gerais e abstractos[20], impõe que se considere estarmos, situação que também já decorria do anteriormente exposto, ante uma fonte específica de Direito do Trabalho, posição que tem, como decorre dos artigos 56º, nº 4, *in fine*, da CRP, e do artigo 1º, expresso acolhimento no direito positivo[21].

V. É comum analisar a eficácia da convenção colectiva com base em três elementos gerais (âmbitos) que delimitam os seus efeitos: por um lado, o ***âmbito subjectivo*** (artigo 496º e ss); por outro, o ***âmbito temporal*** (artigos 499º e ss); e, ainda, o ***âmbito geográfico*** (artigo 492º, nº 1, alínea *c), in fine*)[22].

[19] Sobre a entrada em vigor da lei, cfr. artigo 2º da Lei nº 74/98, de 11 de Novembro, com alterações.

[20] Neste sentido, por exemplo, Barros Moura, *A Convenção Colectiva entre as Fontes de Direito do Trabalho*, Almedina, Coimbra, 1984, nomeadamente, pp. 125 e 129-130. Não ignoramos, contudo, a possibilidade de uma convenção ter uma cláusula individual e concreta, mas será uma excepção e não a regra, sob pena de descaracterização do interesse colectivo. Sobre a questão, *vd.* Nikitas Aliprantis, *La Place de la Convention Collective dans la Hierarchie des Normes*, «Bibliothèque d'Ouvrages de Droit Social», Tome XXII, Libraire Generale de Droit et de Jurisprudence, Paris, 1980, pp. 78-79. Menezes Leitão, *Direito do Trabalho*, 5ª edição, Almedina, Coimbra, 2016, p. 79, defende que só constitui fonte a parte normativa. Para uma crítica da dicotomia das vertentes normativa e obrigacional, Gonçalves da Silva, *Da Eficácia da Convenção Colectiva*, cit., volume II, pp. 682 e ss.

[21] Também a jurisprudência, perante diversos regimes legais, tem considerado que a convenção colectiva é fonte de Direito do Trabalho, *vd.*, por exemplo, Acórdão da Relação do Porto, de 8 de Outubro de 1984, *Colectânea de Jurisprudência*, 1984, nº 4, pp. 277 e ss; Acórdão do Supremo Tribunal de Justiça, de 21 de Outubro de 1998, *Boletim do Ministério da Justiça* nº 480, pp. 205 e ss; Acórdão do Supremo Tribunal de Justiça, de 12 de Abril de 2012, processo nº 229/09.6TTBRR.L1.S1,www.dgsi.pt.

[22] Para uma análise dos preceitos, e com indicações doutrinárias, Gonçalves da Silva, em Romano Martinez, Luís Miguel Monteiro, Madeira de Brito, Guilherme Dray e Gonçalves da Silva, *Código do Trabalho Anotado*, 11ª edição, Almedina, Coimbra, 2017, anotações aos artigos. Sobre o âmbito geográfico, Gonçalves da Silva, "A Relevância do Local de Trabalho na

Concentrando a nossa análise na eficácia pessoal (âmbito subjectivo) da fonte convencional, retenhamos que o nosso ordenamento[23] estabe-

Aplicação da Convenção Colectiva", *Estudos Dedicados ao Professor Doutor Bernardo da Gama Lobo Xavier, Revista Direito e Justiça,* volume II, Universidade Católica Editora, Lisboa, 2015, pp. 387 e ss. Com maior desenvolvimento, Gonçalves da Silva, *Da Eficácia da Convenção Colectiva,* cit., volume II, pp. 1097 e ss.

[23] Os efeitos subjectivos da convenção colectiva nos ordenamentos jurídicos estrangeiros não são idênticos.

Na Alemanha, por exemplo, a convenção colectiva tem uma eficácia limitada, produzindo efeitos inter-partes, mais exactamente é apenas obrigatória para os sujeitos outorgantes e respectivos filiados (§§ 3, nº 1, e 1, nº 1, *Tarifvertragsgesetz, TVG*)). Tenha-se, no entanto, presente que a TVG (§ 4 *a)* prevê, desde 2015, a hipótese de o princípio da filiação ser afastado no caso de paralelismo convencional, aplicando-se nesta caso a fonte outorgada pelo sindicato com o maior número de filiados na empresa.

Por outro lado, o mesmo princípio é também excepcionado em matéria de questões empresariais e jurídicas de organização democrática da empresa, sendo suficiente o empresário estar vinculado à convenção para ter de cumprir o estipulado no instrumento (§ 3º, nº 2); *vd.*, para mais desenvolvimentos, nomeadamente, Brecht-Heitzmann, "La Nueva Pluaralidad de Convenios Colectivos en el Derecho Alemán del Trabajo", *Anuario da Facultade de Dereito da Universidade da Coruña,* 15, 2011, pp. 261 e ss, em especial pp. 267 e ss; Bernhard Kneller, «Le Tarifeinheitsgesetz en Allemagne, une Menace pour le Paysage Syndical?», *Revue du Droit Allemand,* Juin 2016, pp. 1 e ss, http://www.droit-allemand.org.; Hueck-Nipperdey, *Compendio de Derecho del Trabajo,* Editorial Revista de Derecho Privado, Madrid, 1963 (tradução castelhana de Miguel Rodriguéz Piñero e Luis Enrique de la Villa, *Grundriss des Arbeitsrecht*, s.e., 1962), pp. 342-343; Ulrich Zachert, "La Eficacia de los Convenios Colectivos en Alemania", *Anuario Coruñés de Derecho Comparado del Trabajo,* volume II, 2010, pp. 135 e ss; Wolfgang Däubler, *Derecho del Trabajo,* cit., pp. 149-150; Volker Rieble, "Die Akteure im Kollektiven Arbeitsrecht", "Die Akteure im Kollektiven Arbeitsrecht", *Recht der Arbeit,* 2004, März/April, pp. 81-82; Alfred Söllner, *Grundrib des Arbeitsrechts,* Verlag Vahlen, Munchen, 1994, p. 150.

Já em Espanha a convenção colectiva produz efeitos gerais – sem esquecer a destrinça, feita, em regra, pela doutrina e jurisprudência entre convenções colectivas estatutárias e extra-estatutárias – ou seja, abrange, durante a vigência, todos os trabalhadores e empregadores incluídos no âmbito funcional e territorial da convenção, independentemente da existência de inscrição sindical ou associativa – artigo 82º, nº 3, do Estatuto do Trabalhador (*Estatuto de los Trabajadores de 2015*), cfr., por exemplo, Monereo Pérez, Molina Navarrete e Moreno Vida, *Manual de Derecho Sindical,* 12ª edición, Comares, Granada, 2017, pp. 212 e ss; Rojas Miño, "Concepto y Eficacia del Convenio Colectivo", AAVV, *Comentarios al Estatuto de los Trabajadores. Libro Homenaje a Tomás Sala Franco,* coordenador Goerlich, Tirant lo Blanch, Valencia, 2016, pp. 1444 e ss; Sala Franco, *Derecho Sindical,* 2ª edición, Tirant lo Blanch, Valencia, 2017, pp. 250 e ss.

Em França, o elemento de conexão relevante é a *situação do empregador.* Ou seja: é necessário e suficiente que o empregador celebre directamente ou esteja filiado na associação outorgante, pois caso tal não se verifique, ainda que o trabalhador esteja inscrito em associação

leceu a regra segundo a qual a convenção coletiva tem somente *eficácia inter partes* (artigo 496º, nºs 1 e 2[24]). Nestes termos, o âmbito subjetivo – ou pessoal – da convenção é determinado, em regra, pela filiação do empregador (caso não celebre a convenção diretamente) e do trabalhador nas associações outorgantes. A isto se chama princípio da filiação ou, talvez mais corretamente, princípio da dupla filiação[25].

outorgante, a convenção não poderá obrigar aquele a seguir o regime acordado (artigo L. 2254-1 *Code du Travail*). Nestes termos, a vinculação do empregador a uma convenção colectiva é elemento bastante para que os efeitos desta se produzam na empresa, e abranjam quer os trabalhadores filiados, quer os não filiados; para mais pormenores, Antoine Mazeaud, *Droit du Travail*, 10ª édition, LGDJ, Paris, 2016, pp. 282 e ss.

Finalmente, em Itália existem quatro tipos de convenções colectivas: *a)* as *corporativas*, que foram celebradas pelas organizações sociais fascistas, durante o regime corporativo, que lhes atribuía eficácia geral – os contratos colectivos de direito corporativo viram os seus efeitos serem mantidos, não obstante o fim do regime, pelo Decreto-Lei «Luogotenenziale», nº 369, de 23 de Novembro de 1944; *b)* as de *direito comum*, que se regem pelas regras previstas para o direito comum dos contratos, e que têm o seu âmbito de aplicação definido pelo próprio contrato; *c)* as quer possuem *eficácia erga omnes*, que segundo a Constituição (artigo 39º, 3º par.) são celebradas pelas associações reconhecidas e têm eficácia obrigatória para todos os membros da categoria; no entanto, este preceito constitucional tem tido problemas de concretização face aos obstáculos políticos e técnicos que têm sido colocados; *d)* e, por último, as que foram objecto da Lei nº 741, de 14 de Julho de 1959, ou seja, têm um efeito idêntico ao que, noutros ordenamentos, se atinge através da portaria de extensão e que este país não consagra; para mais desenvolvimentos, por exemplo, Franco Carinci, Luca Tamajo, Paolo Tosi, Tiziano Treu, *Il Diritto del Lavoro. 1. Il Diritto Sindicale*, 7ª edizione, Utet Giuridica, Wolters Kluwer Italia, 2015, pp. 232 e ss.

[24] A diferença entre o nº 1 e o nº 2 é que o primeiro prescreve a eficácia da convenção outorgada diretamente pelos empregadores ou por associações de empregadores e por sindicatos, enquanto o nº 2 regula a eficácia da convenção subscrita por associações de segundo grau, ou seja, associação de associações. Com efeito, o nº 2 regula as situações em que a convenção é celebrada por organizações de associações de empregadores ou por associações de sindicatos (cfr., respetivamente, artigos 442º, nº 2, e nº 1 alíneas *a)*, *b)*, *c)* e *d)* e nº 2), prescrevendo o preceito que obriga os empregadores e os trabalhadores inscritos nas associações outorgantes representados nos termos previstos nos estatutos quando outorguem em nome próprio ou em conformidade com os mandatos prescritos no nº 2 do artigo 491º.

[25] Sobre os efeitos (subjetivos) da convenção na jurisprudência, *vd.* Ac. do STJ, de 1 de Junho de 1984, *Acórdãos Doutrinais do Supremo Tribunal Administrativo*, nº 274, pp. 1199 e ss; Ac. do STJ, de 2 de Outubro de 1996, *Acórdãos Doutrinais do Supremo Tribunal Administrativo*, nº 423, pp. 380 e ss; Ac. da Rel. de Lx., de 12 de Novembro de 2009, processo nº 384/08.2TBOER.L1-6, www.dgsi.pt; Ac. do STJ, de 9 de Março de 2017, processo nº 161/15.4T8VRL.G1.S1, www.dgsi.pt.

Relativamente ao ónus da prova da situação jurídica de filiado, este está a cargo, nos termos do artigo 342º, nº 1, do Código Civil, de quem invoca o direito. Sobre a matéria, *vd.*, por

Entre as excepções do referido princípio[26], o Código do Trabalho prevê que um trabalhador não filiado opte pela aplicação de uma convenção (ou decisão arbitral), havendo um ou mais instrumentos aplicáveis à empresa (artigo 497º). Com efeito, determina o regime laboral:

> "Caso sejam aplicáveis, no âmbito de uma empresa, uma ou mais convenções colectivas ou decisões arbitrais, o trabalhador que não seja filiado em qualquer associação sindical pode escolher qual daqueles instrumentos lhe passa a ser aplicável" (artigo 497º, nº 1)[27].

§2º Breve Enquadramento Histórico

I. Importa agora realizar um breve excurso histórico, centrando-nos no surgimento do actual artigo 497º.

A consagração do princípio da dupla filiação em matéria aplicativa da fonte convencional remonta ao início do regime democrático[28]. Na verdade, com a Revolução de 25 de Abril de 1974, inicia-se uma nova fase política com acentuados reflexos jurídicos, económicos e sociais[29]. Entre as diversas preocupações políticas sobressai a da área laboral, como se comprova compulsando as medidas preconizadas no Programa do Movimento das Forças Armadas[30], o que não impediu que os diplomas

exemplo, Ac. do STJ, de 1 de Outubro de 2014, processo nº 1202/11.0TTMTS.P1.S1, www.dgsi.pt, ponto 2.1.; Ac. do STJ, de 20 de Janeiro de 1993, *Coletânea de Jurisprudência*, 1993, nº 1, p. 238 e ss.; Ac. do STJ, de 12 de Janeiro de 1994, *Acórdãos Doutrinais do Supremo Tribunal Administrativo*, nº 389, pp. 613 e ss.

[26] Para a análise da matéria, Gonçalves da Silva, *Da Eficácia da Convenção Colectiva*, cit., volume II, pp. 1163 e ss.

[27] Apesar de a epígrafe ser "escolha da convenção aplicável", como se verifica não está apenas em causa a convenção colectiva.

[28] Para uma análise desenvolvida da evolução da convenção colectiva no ordenamento nacional, Gonçalves da Silva, *Da Eficácia da Convenção Colectiva*, Dissertação de Doutoramento, Faculdade de Direito da Universidade de Lisboa, volume I, 2012, pp. 171 e ss.

[29] *Vd.* sobre esta fase, em textos autónomos, Monteiro Fernandes, "A Recente Evolução do Direito do Trabalho em Portugal. Tendências e Perspectivas", *Revista Jurídica*, nº 3, 1984, pp. 11-20, também com referências ao direito individual; M. de F. Rodrigues Prazeres, "Enquadramento Legal do Sistema de Negociação Colectiva de Trabalho em Portugal desde 1974", *Sociedade e Trabalho*, 1999, nº 4, pp. 21-28, sendo de salientar um quadro (p. 28) sobre a evolução da (principal) legislação.

[30] O Programa do Movimento das Forças Armadas está publicado em anexo à Lei nº 3/74, de 14 de Maio de 1974, sendo parte integrante do diploma.

vigentes, tal como as convenções celebradas pelos sindicatos corporativos mantivessem a sua aplicação.

O primeiro quadro geral sobre a contratação colectiva surgiu com Decreto-Lei nº 164-A/76, de 28 de Fevereiro, operando-se então a revogação (artigo 26º) do diploma estruturante do regime corporativo (Decreto-Lei nº 49 212, de 28 de Agosto de 1969).

O novo quadro normativo colocou assim termo à eficácia *erga omnes* constante do regime corporativo, consagrando o princípio da dupla filiação. Com efeito, a convenção colectiva passou a vincular os trabalhadores e as entidades patronais filiados, respectivamente, nas associações sindicais e patronais outorgantes (e as entidades patronais directamente celebrantes) (artigo 9º).

II. Posteriormente, surgiu o Decreto-Lei nº 519-C1/79, de 29 de Dezembro (LRCT), que revogou o Decreto-Lei nº 164-A/76[31], tendo vindo regular uma parte do Direito Colectivo[32], não obstante não possuir grandes inovações face aos diplomas anteriores[33].

O novo diploma manteve a solução legal, segundo a qual a convenção colectiva apenas se aplica às entidades patronais outorgantes ou inscritas nas associações signatárias, bem como aos trabalhadores que estejam ao seu serviço e que se encontrem filiados nas associações cele-

Também demonstrativo do que afirmámos é o Decreto-Lei nº 203/74, de 15 de Maio (definiu o programa do Governo Provisório) onde pode ler-se que "... compete ao Governo Provisório: ... Adoptar uma nova política social que, em todos os domínios, tenha como objectivo a defesa dos interesses das classes trabalhadoras e o aumento progressivo, mas acelerado, da qualidade de vida de todos os portugueses" (2º § do Programa do Governo Provisório); tal como "... dentro das grandes linhas de orientação da actuação do Governo ...", e que respeita à "... Organização do Estado ...", a "Revogação do Estatuto do Trabalho Nacional; regulamentação em ordem a garantir a liberdade sindical dos trabalhadores e do patronato; estabelecimento de novos mecanismos de conciliação nos conflitos do trabalho" (ponto 1, alínea *h)*, do Decreto-Lei cit.).

[31] O Decreto-Lei nº 519-C1/79, de 29 de Dezembro, revogou, de acordo com o artigo 45º nº 3, o Decreto-Lei nº 164-A/76, de 28 de Fevereiro, com as alterações introduzidas pelos Decretos-Lei nºs 887/76, de 29 de Dezembro, e 353-G/77, de 29 de Agosto.

[32] Dizemos uma parte, pois houve matérias que respeitam ao Direito Colectivo (*v.g.*, associações sindicais – Decreto-Lei nº 215-B/75, de 30 de Abril) e não foram objecto de regulação pelo Decreto-Lei nº 519-C1/79.

[33] Apesar de no preâmbulo se afirmar que mediante o diploma em questão se visa estabelecer "... um sistema inovador e coerente de relações colectivas de trabalho ...".

brantes ou inscritas nas associações sindicais celebrantes (artigo 7º, nº 1, da LRCT).

III. A 1 de Dezembro de 2003 entrou em vigor o Código do Trabalho (artigo 3º, nº 1, da Lei nº 99/2003, de 27 de Agosto, LACT2003)[34], que regulou os contratos de trabalho (artigo 8º, nº 1, da Lei nº 99/2003)[35] e, por outro lado, revogou a LRCT (artigo 21º, nº 1, alínea *g)*[36]).

Em matéria de filiação, determinava o diploma que

> "a convenção colectiva de trabalho obriga os empregadores que a subscrevem e os inscritos nas associações de empregadores signatárias, bem como os trabalhadores ao seu serviço que sejam membros das associações sindicais outorgantes" (artigo 552º, nº 1).

O Código prescrevia ainda nesta matéria:

> "a convenção outorgada pelas uniões, federações e confederações obriga os empregadores e os trabalhadores inscritos, respectivamente, nas associações de empregadores e nos sindicatos representados nos termos dos estatutos daquelas organizações quando outorguem em nome próprio ou em conformidade com os mandatos a que se refere o 540º" (artigo 552º, nº 2)[37].

Como se pode verificar, foi mantida a regra geral existente no ordenamento, segundo a qual a convenção colectiva tem somente *eficácia inter-partes*. Nestes termos, o âmbito subjectivo (ou pessoal) da conven-

[34] Sobre a reforma do Código do Trabalho, *vd.*, com indicações bibliográficas, Romano Martinez, "O Código do Trabalho – Directrizes da Reforma; Sistematização; Algumas Questões", AAVV, *Estudos de Direito do Trabalho em Homenagem ao Prof. Manuel Olonso Olea*, coordenação de Monteiro Fernandes, Almedina, Coimbra, 2004, pp. 561 e ss; Gonçalves da Silva, "Visita Guiada ao Código do Trabalho: A Primeira Fase da Reforma Laboral", *Estudos de Direito do Trabalho (Código do Trabalho)*, volume I, 2ª edição, Instituto de Direito do Trabalho da Faculdade de Direito de Lisboa, Almedina, Coimbra, 2008, pp. 113 e ss.

[35] Para mais desenvolvimentos sobre a aplicação temporal do Código, *vd.* Romano Martinez, em Romano Martinez, Luís Miguel Monteiro, Joana Vasconcelos, Madeira de Brito, Guilherme Dray e Gonçalves da Silva, *Código do Trabalho Anotado*, Almedina, Coimbra, 6ª edição, 2008, pp. 46 e ss.

[36] Foi assim revogada a LRCT, que tinha sido alterada pelos Decretos-Lei nºs 87/89, de 23 de Março, 209/92, de 2 de Outubro – objecto de rectificação –, e pela Lei nº 118/99, de 11 de Agosto.

[37] Corresponde, com alterações formais, ao artigo 7º da LRCT.

ção continuou a ser determinado, em regra (cfr. artigos 553º e 554º), pela filiação do empregador – (caso este não a celebre directamente) e do trabalhador – directa ou indirectamente – nas associações outorgantes.

Há ainda que salientar uma nova excepção ao princípio da dupla filiação, constante do artigo 15º da Lei nº 99/2003, de 27 de Agosto[38/39].

Neste preceito, o legislador[40] permitiu que um trabalhador – não filiado em sindicato outorgante e cuja situação jurídico-laboral (sectorial ou profissional) se subsumisse no âmbito de aplicação do instrumento – escolhesse, por escrito, sem carecer do acordo do empregador, a aplicação de uma convenção que regulasse a situação na empresa, desde que, por um lado, existisse um instrumento posterior à entrada em vigor do Código do Trabalho (1 de Dezembro de 2003, artigo 3º, nº 1) e, por outro, fosse aplicável à empresa um ou mais instrumentos anteriores a essa data.

Com o intuito de evitar a constante alteração da convenção aplicável – face aos efeitos nefastos que uma situação destas acarretaria – fixou-se que após a opção do trabalhador, a convenção se aplicaria até ao final do seu prazo ou, sendo esta objecto de alteração, até à respectiva entrada em vigor (artigo 15º, nº 2); não tendo a convenção prazo de vigência, o prazo de aplicação era de um ano (artigo 15º, nº 3).

O trabalhador poderia usufruir deste regime, i.e., utilizar o mecanismo da opção, dentro dos limites temporais dos nºs 2 e 3, e, por outro lado, desde que se mantivesse o pressuposto da existência de conven-

[38] Para uma análise da história do preceito, incluindo o Ac. do Tc. nº 306/2003, de 25 de Junho, Gonçalves da Silva, em Romano Martinez, Luís Miguel Monteiro, Joana Vasconcelos, Madeira de Brito, Guilherme Dray e Gonçalves da Silva, *Código do Trabalho Anotado*, cit., 2008, pp. 60 e ss.

[39] Existiam, tal como em regimes anteriores, outras excepções que, aliás, já constavam da LRCT, podendo exemplificar-se com os artigos 553º e 555º do Código do Trabalho de 2003. Para mais desenvolvimentos, cfr. Gonçalves da Silva, *Notas sobre a Eficácia Normativa das Convenções Colectivas*, «Cadernos Laborais», nº 1, Instituto de Direito do Trabalho da Faculdade de Direito de Lisboa, Almedina, Coimbra, 2002, pp. 54 e ss. Gonçalves da Silva, em Romano Martinez, Luís Miguel Monteiro, Joana Vasconcelos, Madeira de Brito, Guilherme Dray e Gonçalves da Silva, *Código do Trabalho Anotado*, cit., 2008, pp. 779 e ss e 782 e ss.

[40] Para mais desenvolvimentos sobre o preceito, *vd*. Gonçalves da Silva, em Romano Martinez, Luís Miguel Monteiro, Joana Vasconcelos, Madeira de Brito, Guilherme Dray e Gonçalves da Silva, *Código do Trabalho Anotado*, cit., 2008, pp. 66-67.

ções posteriores e anteriores à entrada em vigor do Código aplicáveis na empresa.

IV. Em 2009, entrou em vigor[41] a revisão do Código do Trabalho de 2003 que passou a regular os contratos de trabalho existentes (artigo 7º da Lei nº 7/2009)[42].

O quadro normativo manteve a eficácia inter-partes do instrumento convencional, prescrevendo:

> "A convenção colectiva obriga o empregador que a subscreve ou filiado em associação de empregadores celebrante, bem como os trabalhadores ao seu serviço que sejam membros de associação sindical celebrante" (artigo 496º, nº 1).

A esta norma, acrescenta o diploma laboral:

> "A convenção celebrada por união, federação ou confederação obriga os empregadores e os trabalhadores filiados, respectivamente, em associações de empregadores ou sindicatos representados por aquela organização quando celebre em nome próprio, nos termos dos respectivos estatutos, ou em conformidade com os mandatos a que se refere o nº 2 do 491º" (artigo 496º, nº 2).

Não houve, portanto, novidades no regime de aplicação da convenção colectiva, mantendo-se a regra geral existente, segundo a qual a convenção colectiva tem somente *eficácia inter-partes*. Nestes termos, o âmbito subjectivo – ou pessoal – da convenção continuou a ser determinado, em regra, pela filiação do empregador (caso não celebre a convenção directamente) e do trabalhador – directa ou indirectamente – nas associações outorgantes.

Houve, no entanto, uma novidade na temática das excepções ao princípio da filiação: trata-se da possibilidade de o trabalhador optar pela aplicação de uma convenção colectiva.

[41] Mais precisamente a 17 de Fevereiro do mesmo ano, nos termos da *vacatio legis* comum.

[42] Para uma análise do preceito, *vd.* Romano Martinez em Romano Martinez, Luís Miguel Monteiro, Joana Vasconcelos, Madeira de Brito, Guilherme Dray e Gonçalves da Silva, *Código do Trabalho Anotado*, cit., 2017, pp. 77 e ss.

Segundo a nova norma,

> "Caso sejam aplicáveis, no âmbito de uma empresa, uma ou mais convenções colectivas ou decisões arbitrais, o trabalhador que não seja filiado em qualquer associação sindical pode escolher qual daqueles instrumentos lhe passa a ser aplicável" (artigo 497º, nº 1).

O presente preceito permite que um trabalhador não filiado escolha, por acto unilateral – aplicando-se, no âmbito da empresa, uma ou mais convenções colectivas ou decisões arbitrais –, ser destinatário de um destes instrumentos. Este direito potestativo conferido pelo legislador torna naturalmente irrelevante a posição do empregador.

Poderá dizer-se que o artigo 497º se inspira no artigo 15º da LACT2003, que constituiu uma novidade da reforma de 2003. Importa, no entanto, sublinhar que o artigo 497º tem um alcance substancialmente diferente, constituindo, portanto, uma inovação: *a)* por um lado, e a título exemplificativo, a norma (artigo 15º da LACT2003) aplicava-se quando estavam em causa instrumentos negociais anteriores e posteriores ao Código do Trabalho; *b)* por outro lado, era, quer pela sua natureza, quer pela sua inserção sistemática, uma norma transitória; *c)* finalmente, aquele preceito referia-se apenas aos instrumentos negociais; ora, nenhuma destas situações se verifica na situação da escolha da convenção aplicável (artigo 497º), agora em análise.

E, desta forma sumária, se chegou à actual solução legal que consagra a escolha, por parte do trabalhador, da convenção colectiva aplicável.

IV. Apesar de a presente análise incindir sobre a redacção da norma actualmente vigente, registe-se que está em curso uma nova alteração ao artigo 497º. Com efeito, a Resolução o Conselho de Ministros nº 72/2018, de 4 de Junho[43], prevê no *Eixo II* (*Promover um maior dinamismo da negociação coletiva*), entre diversas medidas, "27. Fixar um prazo razoável para efeitos de adesão individual dos trabalhadores a convenções coletivas de trabalho e estabelecer uma duração máxima para a vigência dessa adesão".

No mesmo dia, foi também aprovada a Proposta de Lei nº 136/XIII (*Altera o Código de Trabalho, e respetiva regulamentação, e o Código dos Regimes Con-*

[43] Resolução do Conselho de Ministros nº 72/2018, de 4 de Maio, *Diário da República*, de 6 de Junho de 2018, 1ª série, nº 108, pp. 2392 e ss.

tributivos do Sistema Previdencial de Segurança Social)[44], que, entre outras novidades, identifica na Exposição de Motivos a alteração relativa ao artigo 497º do seguinte modo:

"Reforçar as estruturas de representação coletiva do trabalho e promover a dimensão coletiva da regulação laboral, fixando-se um prazo de três meses a contar da data de entrada em vigor da convenção coletiva ou do início do contrato de trabalho, se este for posterior, para efeitos de adesão individual de trabalhador a convenção coletiva de trabalho, e estabelecendo-se a duração máxima de um ano para a aplicação da convenção coletiva de trabalho ao trabalhador que a ela haja aderido"[45].

E com base nesta explicação, o Governo propôs esta redacção (artigo 497º):

"1 – Caso sejam aplicáveis, no âmbito de uma empresa, uma ou mais convenções coletivas ou decisões arbitrais, o trabalhador que não seja filiado em qualquer associação sindical pode escolher qual daqueles instrumentos lhe passa a ser aplicável, desde que o mesmo se integre no âmbito do setor de atividade, profissional e geográfico do instrumento escolhido.

2 – O trabalhador pode efetuar a escolha a que se refere o número anterior nos três meses posteriores à entrada em vigor do instrumento escolhido, ou ao início da execução do contrato de trabalho, se este for posterior.

3 – A aplicação da convenção nos termos do nº 1 mantém-se até ao final da sua vigência, com o limite de um ano.

4 – O trabalhador pode revogar a escolha, cessando de imediato a aplicação da convenção.

5 – O trabalhador só pode fazer uso da faculdade prevista no nº 1 uma vez enquanto estiver ao serviço do mesmo empregador, ou de outro a que sejam aplicáveis as mesmas convenções coletivas ou decisões arbitrais".

Posteriormente, no dia 18 de Junho, seria ainda assinado, no quadro da Comissão Permanente de Concertação Social, o Acordo Tripartido (*Combater a Precariedade e Reduzir a Segmentação Laboral e Promover um Maior Dinamismo da Negociação Coletiva*), que replica a Resolução do Conselho de Ministros acima identificada[46].

[44] Proposta de Lei nº 136/XIII, de 4 de Junho, *Separata nº 94/XIII/3, Diário da Assembleia da República*, de 12 de Junho de 2018.

[45] Exposição de Motivos da Proposta de Lei nº 136/XIII, de 4 de Junho, cit., p. 13 (ponto 8).

[46] O Acordo foi assinado pelo Governo e demais parceiros, com excepção da CGTP, podendo ser consultado em www.ces.pt.

§3º Apreciação Geral

I. Como acima vimos, o artigo 497º permite que, através de um acto individual, o trabalhador possa usufruir dos benefícios (e desvantagens) gerais decorrentes da aplicação de um regime convencional; o preceito confere ao trabalhador um direito potestativo de opção, tornando irrelevante a vontade do empregador[47], bem como dos outorgantes da fonte convencional[48]. Trata-se, portanto, de um acto unilateral que o trabalhador não filiado pode praticar livremente, sem qualquer fundamentação, estando o empregador adstrito a cumprir a escolha e a suportar os efeitos desse acto; a sua vontade é juridicamente irrelevante, restando-lhe suportar a modificação unilateral realizada pelo trabalhador dos direitos e obrigações existentes, com base no artigo 497º, permitindo assim uma modificação unilateral do acordado, ao arrepio do quadro geral constante do artigo 406º, nº 1, 2ª parte, do Código Civil.

Importa sublinhar que não estamos perante uma adesão (individual) ao instrumento convencional, pois o trabalhador não passa, naturalmente, a ser parte – continua a não ter capacidade para o efeito – em virtude do preceito em análise[49]. O que aqui está em causa é somente – e já não é de diminuta relevância – a possibilidade de um trabalhador, titular de um direito potestativo, conferido pelo Código do Trabalho, optar pela aplicação de um instrumento convencional (ou decisão arbitral); e, deste modo, a sua escolha não necessita do acordo do empregador ou das associações outorgantes.

[47] Recorde-se que o empregador tem o dever de informar o trabalhador sobre as fontes aplicáveis (artigo 106º, nº 3, alínea *l*)).

[48] Neste sentido, Júlio Gomes, "Nótula sobre o artigo 497º do Código do Trabalho de 2009", *Questões Laborais*, ano XXI, nº 44, 2014, p. 7, que se refere ao empregador; Lobo Xavier, "Eficácia Geral ou Eficácia Restrita nas Convenções Colectivas de Trabalho. Poderá ainda Falar-se do «Princípio da Filiação»? Os «Usos Laborais» e a «Escolha» do Trabalhador na Aplicação Geral das Convenções Colectivas", *Revista de Direito e de Estudos Sociais*, ano LVIII (XXXI da 2ª série), 2017, nºs 1-4, p. 97, salientando a posição do empregador e dos outorgantes.

[49] Contrariamente ao que foi preconizado, de forma pouco feliz, pelo *Livro Branco das Relações Laborais*, Ministério do Trabalho e da Solidariedade Social, Lisboa, 2007, pp. 119-120; e na doutrina é referido por Monteiro Fernandes, *Direito do Trabalho*, 18ª edição, 2017, p. 789, que alude à "... *adesão individual* dos trabalhadores não sindicalizados a uma convenção colectiva vigente na empresa em que exercem a sua actividade", itálico no original.

II. Com este mecanismo, o legislador terá pretendido *a)* assegurar (alguma) uniformização regulativa nas empresas, tendo presente que o quadro legal diferencia – e bem – a relação da lei com a convenção colectiva (artigo 3º, nº 1) e daquela com o contrato de trabalho (artigo 3º, nº 4)[50], impedindo assim que através da autonomia individual (geral) se alcance igual resultado ao colectivamente estabelecido; *b)* por outro, terá sido também importante a relevância em matéria de gestão de algumas previsões específicas que conferem monopólio à intervenção da fonte convencional (por exemplo, artigos 204º e 208º)[51]; e, deste modo, o legislador visará suprimir as limitações decorrentes da eficácia limitada do instrumento convencional, criando um mecanismo de extensão do âmbito pessoal da convenção[52]; *c)* acresce que o legislador terá ainda considerado que a opção do trabalhador pela aplicação de uma fonte convencional lhe conferiria um estatuto mais adequado e eventualmente protector – não obstante o artigo 3º, nº 1 – do que a mera aplicação da lei.

Para esse desiderato determinou um desvio ao princípio da filiação do trabalhador – apenas quanto a este –, abrangendo o elemento pessoal e temporal da filiação, mas não dispensou a verificação dos restantes elementos (funcional e geográfico e relativamente ao empregador ainda pessoal e temporal)[53]. Na verdade, a norma em causa não suprime a ausência de conexão no que respeita ao empregador, tal como exige que o trabalhador se enquadre nos demais elementos em que se decompõe a filiação, o que se compreende, pois não seria sustentável que o traba-

[50] Sobre o preceito, Gonçalves da Silva em Romano Martinez, Luís Miguel Monteiro, Joana Vasconcelos, Madeira de Brito, Guilherme Dray e Gonçalves da Silva, *Código do Trabalho Anotado*, cit., 2017, respectiva anotação; e, com desenvolvimento, Gonçalves da Silva, *Da Eficácia da Convenção Colectiva*, cit., volume II, pp. 727 e ss e 809 e ss.

[51] O que poderá explicar que esta norma conste do *Acordo Tripartido para um Novo Sistema de Regulação das Relações Laborais, das Políticas de Emprego e da Protecção Social em Portugal*, 25 de Junho de 2008, versão final corrigida – 01.07.08, www.mtss.gov.pt, p. 10.

[52] Aliás, acrescidamente limitada pela diminuta taxa de sindicalização, cfr. *Atualização do Livro Verde sobre as Relações Laborais 2016*, Ministério do Trabalho, Solidariedade e Segurança Social, Lisboa, 2018, www.portugal.gov.pt, p. 14, onde se pode ler: "De acordo com os dados reportados pelos empregadores no âmbito do Relatório Único, Quadros de Pessoal 2016, as taxas de filiação de empresas e trabalhadores em estruturas de representação coletiva terão sofrido um ligeiro decréscimo em 2016 face ao ano anterior, situando-se nos 17,1% no caso das empresas (18% em 2015) e nos 8,3% no caso dos trabalhadores (8,8% em 2015)".

[53] Para uma análise destes elementos da filiação, Gonçalves da Silva, *Da Eficácia da Convenção Colectiva*, cit., volume II, pp. 1097 e ss.

lhador pudesse impor ao empregador um regime sem qualquer ligação profissional e geográfica com a sua actividade[54].

Trata-se, em suma, de determinar os efeitos vinculativos semelhantes ao da filiação em matéria de contratação colectiva de um trabalhador não filiado[55], bastando que o trabalhador proceda a essa escolha dentro de determinados pressupostos legais[56].

III. Os objectivos do mecanismo não podem deixar de estar presentes nas respostas às questões que a opção do trabalhador suscita. Igualmente relevante para essa tarefa é o quadro da filiação, que deve constituir um limite na interpretação do artigo 497º; quer isto dizer que não se poderá sustentar – sem expressa previsão legal – que o trabalhador não inscrito alcance um resultado jurídico não permitido pela lei a um filiado, embora sejamos forçados a reconhecer que, como certeiramente

[54] Neste sentido, Júlio Gomes, "Nótula sobre o artigo 497º do Código do Trabalho de 2009", cit., p. 7.

[55] Esta era, aliás, a posição da Comissão do Livro Branco das Relações Laborais que, no *Livro Branco das Relações Laborais*, cit., p. 119, defendia "... a adesão individual do trabalhador não sindicalizado a uma convenção colectiva aplicável na empresa que abranja a respectiva profissão, como meio de estender a cobertura das convenções e, eventualmente, promover a unidade da regulamentação colectiva na empresa". No entanto, os pressupostos de que parte não se verificaram na consagração legal da figura. Com efeito, escreve ainda a Comissão, *op. cit., idem*, "no caso de trabalhadores não abrangidos por qualquer convenção colectiva, os procedimentos de regulamentação de extensão ou a determinação legal da aplicabilidade das convenções celebradas por organizações representativas de trabalhadores não sindicalizados assegurarão a aplicabilidade da convenção.
Por isso, a adesão individual só se colocará se nenhum desses mecanismos existir. Nestas situações, se a lei atribuir à adesão o mesmo efeito vinculante que decorre do princípio da filiação, não é posto em causa o direito de contratação colectiva, constitucionalmente reconhecido a todas as associações sindicais, porque a convenção anteriormente aplicável ao trabalhador continua em vigor". Ora, como sabemos, inexiste qualquer determinação legal da aplicabilidade das convenções outorgadas por organizações representativas a trabalhadores não sindicalizados.

[56] Esta opção não se confunde com as cláusulas de remissão. No caso da escolha da convenção aplicável, estamos perante um acto unilateral de um trabalhador que decide ser destinatário de uma convenção colectiva, passando esta a regular a sua relação com o empregador; na situação das cláusulas de remissão (estática ou dinâmica), estamos perante um acordo entre empregador e trabalhador, em que o contrato de trabalho se "apropria" do conteúdo convencional. Para Júlio Gomes, "Nótula sobre o artigo 497º do Código do Trabalho de 2009", cit., p. 7, "a existência de uma destas cláusulas não parece afastar o exercício posterior pelo trabalhador da faculdade contida no artigo 497º".

nota Júlio Gomes, em virtude de o trabalhador não filiado poder realizar esta escolha, ao contrário do se passa com o associado, a situação "... é como se o trabalhador filiado estivesse reduzido ao prato único e o não filiado pudesse escolher o menu à carta"[57], tendo, aliás, a possibilidade de esperar pelo resultado da negociação para tomar a sua decisão, contrariamente ao que se verifica com o filiado (artigo 496º, nº 1, 1ª parte).

IV. A solução legal constante do artigo 497º não está isenta de críticas, porquanto ao permitir que um trabalhador usufrua, por acto unilateral, da aplicação de uma convenção colectiva outorgada por uma associação em que não se encontra filiado, poderá esvaziar[58] parte do conteúdo útil da filiação e, com isso, fragilizar a actividade sindical, revelando "um claro efeito anti-sindical"[59]. Na verdade, do artigo resulta um potencial desincentivo à filiação sindical[60] com todos os efeitos nefastos que isso acarreta, uma vez que o trabalhador passa a poder usufruir de uma das principais – existem outras, é certo – vantagens da filiação: a aplicação convencional. De facto, parece ainda claro – mesmo para quem critica a solução constante do artigo 3º, nº 1 – que um dos principais benefícios da filiação é a possibilidade de o trabalhador ter a sua situação jurídica regulada por uma fonte convencional, colmatando, deste modo, a debilidade existente na situação individual.

V. Sublinhe-se também que o legislador entendeu associar a esta norma uma outra não menos susceptível de observações negativas: trata-se da possibilidade de a convenção colectiva estabelecer para efeitos

[57] Júlio Gomes, "Código do Trabalho de 2009 e a Promoção da Desfiliação Sindical", *Novos Estudos de Direito do Trabalho*, Coimbra Editora, 2010, p. 179.

[58] Dizemos "poderá" porque está por apurar as consequências, em matéria de filiação, da norma.

[59] Júlio Gomes, "Código do Trabalho de 2009 e a Promoção da Desfiliação Sindical", cit., p. 162, referindo-se mesmo, nas diversas críticas ao preceito, *op. cit.*, pp. 161 e ss, a uma "... norma de conteúdo (quando não de escopo) anti-sindical" (p. 178). Também em sentido crítico, Palma Ramalho, *Tratado de Direito do Trabalho, Parte III – Situações Laborais Colectivas*, 2ª edição, Almedina, Coimbra, 2015, pp. 306 e ss.

[60] Como bem referia o Ac. do Tc. nº 306/2003, de 25 de Junho, *Diário da República*, 18 de Julho de 2003, I série A, número 164, p. 4164, a propósito da alínea *a)* do nº 1 do artigo 15º do Decreto da Assembleia da República nº 51/IX, idêntico à actual redacção, aresto que defendeu não padecer de inconstitucionalidade a referida alínea.

da escolha acima referida, que o trabalhador "pague um montante nela estabelecido às associações sindicais envolvidas, a título de comparticipação nos encargos de negociação" (artigo 492º, nº 4)[61]. E, como bem salientou Júlio Gomes, o preceito "... pode propiciar fenómenos de gestão de interesses patrimoniais dos sindicatos pelos empregadores, quando não verdadeiros «apadrinhamentos» de certos sindicatos por alguns empregadores, permitindo a referida norma contornar a exigência legal de independência dos sindicatos face aos empregadores"[62].

O novo mecanismo gera, desde logo, fundadas dúvidas sobre a sua compatibilidade constitucional, especialmente com o direito (fundamental) de contratação colectiva conferido às associações sindicais. O Tribunal Constitucional já teve, no entanto, ocasião de se pronunciar sobre o assunto, entendendo que a norma em apreço não violava a Constituição[63], posição que nos merece profundas reservas.

Na verdade, o Tribunal Constitucional, na sequência de um pedido de fiscalização sucessiva abstracta, entendeu que a norma não merecia censura. Para o efeito, o Tribunal começou por se interrogar sobre se os trabalhadores não sindicalizados não deveriam estar afastados das vantagens da actividade sindical, incluindo as decorrentes da contratação colectiva, reconhecendo que tal situação deve ocorrer e, por outro lado, que o artigo em questão "... não promove a inscrição dos trabalhadores nos sindicatos, visto que esta não lhes trará benefício adicional em termos de contratação colectiva".

[61] Lobo Xavier, "Eficácia Geral ou Eficácia Restrita nas Convenções Colectivas de Trabalho. Poderá ainda Falar-se do «Princípio da Filiação»? Os «Usos Laborais» e a «Escolha» do Trabalhador na Aplicação Geral das Convenções Colectivas", cit., p. 97, nota 196, admite "... que, independentemente da estipulação, possa haver obrigações de pagamento automático de mínimo legal (tipo uma percentagem elevada das quotizações e com o regime legal inerente a estas)".

[62] Júlio Gomes, "Código do Trabalho de 2009 e a Promoção da Desfiliação Sindical", cit., p. 162, acrescentando ainda (*op. cit.*, p. 192, nota 40): "O perigo é o de, acoplado ao desincentivo à filiação sindical representado pelo artigo 497º, o nº 4 do artigo 492º servir para «premiar» financeiramente os sindicatos «convenientes». Mas note-se que há, mesmo assim, perigos mais insidiosos para a liberdade sindical negativa: para além de o trabalhador não filiado passar a estar frequentemente sujeito a «sugestões», mais ou menos «vivas» de escolha de uma determinada convenção pelos empregadores, não há qualquer garantia de que o que lhe vai ser cobrado a título de contrapartida corresponda ao custo real das negociações suportadas pelo sindicato ...".

[63] Ac. do Tc. nº 338/2010, de 22 de Setembro, www.tribunalconstitucional.pt, ponto 11.

Argumentou, no entanto:

1) O facto de as convenções colectivas serem também aplicáveis através de portarias de extensão a trabalhadores não filiados nos sindicatos outorgantes, afirmando: "e ninguém defende a inconstitucionalidade de tais portarias de extensão pelo facto de permitirem a trabalhadores não filiados nos sindicatos terem os mesmos direitos que os trabalhadores filiados em sindicato que tenha celebrado convenção colectiva";

2) O princípio da igualdade em matéria de condições de trabalho (artigo 59º da Constituição), defendendo que, ressalvadas as diferenças decorrentes dos contratos de trabalho, "os trabalhadores de unidades ou sectores de produção semelhantes devem, tendencialmente, estar sujeitos ou beneficiar de condições gerais de trabalho semelhantes";

3) E considerando que "é este o fundamento das chamadas portarias de extensão e é isto que, em conjugação com a liberdade sindical negativa (a liberdade de não inscrição num sindicato), legitima que, nos termos do artigo 497º do Código do Trabalho, o trabalhador não inscrito ou filiado possa aderir a uma convenção colectiva ou a uma decisão arbitral aplicável a outros trabalhadores da mesma unidade ou do mesmo sector de produção";

4) Finalmente, invocou o preceituado no nº 4 do artigo 492º para "... dizer que o próprio Código do Trabalho tem um mecanismo que visa garantir que as associações sindicais se possam salvaguardar face à hipótese de um trabalhador não filiado num determinado sindicato vir a beneficiar de convenção colectiva celebrada por esse sindicato", permitindo esta cláusula "... que as associações sindicais se salvaguardem em face do aproveitamento da sua actividade por parte de pessoas que não se associam ao sindicato. Na verdade, ela permite tornar a solução da filiação sindical, que automaticamente aplica a convenção colectiva, mais vantajosa do que o pagamento de uma verba específica para beneficiar dessa mesma convenção colectiva. Tanto mais que o pagamento de tal verba é, já por si, uma forma de envolvimento com a associação sindical";

5) Em suma, concluiu o Tribunal: "consegue-se, assim, uma concordância prática entre a liberdade individual de inscrição ou não inscrição nos sindicatos conjugada com o princípio da igualdade (que postula iguais con-

dições gerais de trabalho, para trabalhadores em igualdade de situações, dentro das mesmas unidades ou sectores de produção), por um lado, e o direito das associações sindicais a quem compete a contratação colectiva, por outro lado", não havendo, portanto, violação dos direitos das associações sindicais (artigo 56º, nº 1 e 2) e, em especial, do direito de contratação colectiva (artigo 56º, nº 3, da Constituição).

Não acompanhamos a posição do Tribunal Constitucional no argumentário apresentado. Na verdade, ainda que reconheçamos estar o preceito em análise numa "zona cinzenta" de inconstitucionalidade, os argumentos expendidos não nos parecem procedentes:

1) Antes de mais, a invocação da portaria de extensão ignora o fundamento e a natureza específico do instrumento regulamentar, cuja existência já mereceu reservas dentro do Tribunal Constitucional[64], devendo notar-se que, no caso da portaria de extensão, estamos perante um instrumento heterónomo, que assenta no poder regulamentar;

2) Por outro, dá como adquirido os fins da portaria de extensão (a que chama de fundamentos), não obstante os mesmos não constarem directa ou indirectamente dos respectivos preceitos legais (artigo 514º), invocando o princípio da igualdade em matéria de condições de trabalho (artigo 59º da Constituição), o que significa tornar irrelevante a filiação, tratando de forma igual trabalhadores que estão numa posição substancialmente diferente, gerando uma desigualdade sem fundamento[65];

3) Mais: o ponto substancial é o facto de a norma, ao invés do mandato constitucional de garantir o direito de contratação colectiva (artigo 56º, nº 3) – permitindo a escolha de convenção aplicável, desde logo, sem quaisquer limites temporais –, enfraquecer o movimento sindical e restringir o direito de contratação colectiva[66], porquanto os outorgantes

[64] Estamos a referirmo-nos, por exemplo, à declaração de voto do Conselheiro Paulo Mota Pinto, no Ac. do Tc. nº 580/2004, de 28 de Setembro, www.tribunalconstitucional.pt.

[65] Sobre o assunto, Gonçalves da Silva, "Pressupostos, Requisitos e Eficácia da Portaria de Extensão", AAVV, *Estudos do Instituto de Direito do Trabalho,* volume I, coordenação de Romano Martinez, Almedina, Coimbra, 2001, pp. 690 e ss, bem como, do mesmo Autor, *Da Eficácia da Convenção Colectiva,* cit., volume II, pp. pp. 1163 e ss, especificamente sobre o princípio da igualdade.

[66] Palma Ramalho, *Tratado de Direito do Trabalho, Parte III – Situações Laborais Colectivas,* cit., p. 308, sustenta que o preceito "... não só contribui para desincentivar a filiação sindical,

do instrumento convencional não poderão regular de forma diferente – por se tratar de uma norma imperativa de conteúdo fixo[67] – o regime da escolha da convenção aplicável, impondo que trabalhadores alheios ao esforço do associativismo não precisem de se filiar para usufruir do conteúdo convencional, sem que se identifique valor constitucional que o fundamente[68];

4) E não se argumente que o artigo 492º, nº 4, permite envolver o trabalhador na actividade sindical, pois o que este preceito faz, bem vistas as coisas, é admitir que o empregador intervenha num espaço que é de reserva da associação sindical, legitimando acordos que poderão colocar em causa a independência face aos empregadores (artigo 55º, nº 4, da CRP e 405º, nº 2)[69], além de poder colidir com o preceituado no artigo

como constitui materialmente uma violação do princípio da liberdade sindical e, indirectamente, do princípio da autonomia colectiva".

[67] De facto, consideramos que a convenção não poderá regular, sem a devida habilitação legal, o regime do artigo 497º, desde logo, por estarem em causa terceiros, uma vez que, como vimos, a aplicação subjectiva da fonte convencional está sujeita ao princípio da filiação; aliás, o artigo 492º, nº 4, constitui uma situação excepcional ao prever que as partes da convenção poderão regular o pagamento de um não filiado.

[68] Gomes Canotilho e Vital Moreira, *Constituição da República Portuguesa Anotada (artigos 1º a 107º)*, volume I, cit., 2007, p. 748, afirmam a este propósito: "Sendo a actividade sindical e a contratação colectiva suportada somente pelos trabalhadores sindicalizados, merece protecção constitucional o seu interesse em reservar para si as regalias que não sejam obrigatoriamente uniformes, sob pena de premiar o fenómeno do «free rider», ou seja, os trabalhadores que tiram proveito da acção colectiva, sem nela se envolverem e sem suportarem os respectivos encargos".

[69] Neste sentido, Júlio Gomes, "Código do Trabalho de 2009 e a Promoção da Desfiliação Sindical", cit., pp. 191 e ss, alertando, como acima referimos, para os perigos reais das "sugestões" dos empregadores aos trabalhadores para estes exercerem a opção de uma determinando convenção – também Lobo Xavier, "Eficácia Geral ou Eficácia Restrita nas Convenções Colectivas de Trabalho. Poderá ainda Falar-se do «Princípio da Filiação»? Os «Usos Laborais» e a «Escolha» do Trabalhador na Aplicação Geral das Convenções Colectivas", cit., p. 97, nota 196, e p. 98, nota 198 – fala em riscos de uma pressão patronal – em detrimento de outra, premiando assim os sindicatos mais "flexíveis". É certo que, por exemplo, em Espanha se admite (artigo 11º, nº 1, da LOLS) a possibilidade de a convenção conter cláusula em que os trabalhadores incluídos no âmbito de aplicação da convenção contribuam economicamente para os custos de negociação (*canon de negociación* ou *cuota de solidaridad por negociación*), devendo, por um lado, a vontade individual do trabalhador ser respeitada e, por outro, expressar-se por escrito e no prazo que a convenção determinar. Importa ter presente que, como vimos, em Espanha a convenção colectiva tem, como vimos, eficácia *erga omnes*, o que torna a situação diferente. Diversa é a *cuota empresarial por gastos del convenio*, cabendo aos

empregadores abrangidos pela convenção contribuir para os custos que os sindicatos tiveram com a negociação, atendendo ao número de trabalhadores que cada empregador tem e se encontra abrangido pela convenção; esta cláusula tem sido considerada ilícita pela jurisprudência espanhola. Sobre os dois tipos de cláusulas, cfr. Alfonso Mellado, Ballester Pastor, Blasco Pellicier *et al.*, *Relaciones Laborales*, Director Sala Franco, 3ª edición, Tirant lo Blanch, Valencia, 2011, pp. 1040-1041.

Por outro lado, resta saber se não existe o risco de a norma "abrir a porta" ao financiamento (indirecto ou mesmo directo) dos sindicatos por parte dos empregadores, realidade que – apesar de se verificar noutros países, por exemplo, em França, Jean-Emmanuel Ray, "Sur le Financement des Syndicats", *Droit Social*, 2008, nº 2, pp. 139 e ss, que parece ser comum (p. 144) – constituiria uma transmutação do movimento sindical e consequentemente das relações colectivas, cujos efeitos seriam potencialmente nefastos, em especial face à ausência de reflexão sobre a matéria; este poderá ser um passo, por agora "envergonhado", para o financiamento, o que o tempo nos dirá.

E, como bem sublinhou o Conselheiro Sousa Ribeiro, em declaração de voto: "Representando uma restrição legal à autonomia colectiva (na medida em que a convenção vai ter uma eficácia pessoal não resultante do âmbito do substrato pessoal do sindicato outorgante, eficácia nela não prevista e, o que é mais, insusceptível de ser por ela excluída) a solução não seria, só por isso, inconstitucional, dado que o nº 4 do artigo 56º comete à lei a tarefa de estabelecer as regras respeitantes, além do mais, à eficácia das normas convencionais.

Simplesmente, no desempenho dessa tarefa, o legislador está condicionado pelo papel que, na ordem jurídico-constitucional portuguesa, está institucionalmente atribuído às associações sindicais, em geral e muito particularmente enquanto titulares do direito à contratação colectiva.

Cabe à lei, nesse quadro, consagrar soluções que, sem ferirem a liberdade sindical negativa, promovam condições normativas de fortalecimento do associativismo sindical. Este depende, antes do mais, do maior envolvimento possível dos trabalhadores nas organizações representativas dos seus interesses laborais, o que, por sua vez, depende da atractividade que, a seus olhos, a filiação tenha.

Ora, a norma sub judicio funciona exactamente em sentido contrário, promovendo a desfiliação, em vez da filiação – como "uma norma de conteúdo (quando não de escopo) anti-sindical" a considera Júlio Gomes, ob. cit., 178. Do ponto de vista dos seus interesses, o trabalhador não tem qualquer incentivo a filiar-se, para assim poder beneficiar das melhorias da condição laboral conseguidas por via da negociação colectiva: "mais vale ao trabalhador não se filiar e esperar pelo resultado das negociações das várias associações sindicais para depois escolher a que mais lhe aprouver" (ob. cit., 179).

A filiação faz o trabalhador, além do mais, correr o risco do êxito ou do malogro das negociações, com vista à convenção colectiva: se o sindicato em que estiver filiado não chegar a acordo com a parte patronal, a circunstância de estar filiado inibe-o de utilizar o poder potestativo de escolha que o artigo 497º reserva aos não filiados em qualquer sindicato. Nessa medida, os trabalhadores filiados são pior tratados do que os não-filiados, o que é mais um desencorajamento à inscrição nas associações sindicais.

55º, nº 2, alínea *b)*, da CRP[70], na medida em que produz um resultado semelhante à filiação – e, deste modo, torna esta menos atractiva – sem que o trabalhador realize a respectiva inscrição, ou seja, o trabalhador paga uma quota sem filiação[71];

5) Há ainda um outro ponto importante: o objecto da escolha do trabalhador pode ser uma decisão arbitral e, ao que parece, mesmo obrigatória (incluindo a necessária), o que coloca em causa uma dimensão acrescida da restrição à autonomia colectiva que a arbitragem não voluntária constitui e, portanto, uma desconformidade com o direito de contratação colectiva face à afectação desproporcional deste;

É certo que a norma do artigo 492º, nº 4, do CT, ao facultar à convenção colectiva «prever que o trabalhador, para efeito da escolha prevista no artigo 497º pague um montante nela estabelecido às associações sindicais envolvidas, a título de comparticipação nos encargos da negociação», elimina um dos efeitos deletérios do associativismo sindical que esta solução traz, obstando ao resultado inequitativo de alguém poder obter vantagens de um acto, sem contribuir para os respectivos encargos.
Mas a salvaguarda dos aspectos patrimoniais atenua, mas não elimina, o enfraquecimento da organização sindical que esta solução coenvolve. Na verdade, uma presença forte dos sindicatos no tabuleiro da negociação colectiva depende, em primeira linha, da sua representatividade, que a norma em causa contribui para fazer decrescer».
Em suma, como escreve Jean-Emmanuel Ray, "Sur le Financement des Syndicats", cit., p. 140, tendo presente o ordenamento francês, mas que também retrata a realidade nacional: "qual é hoje o interesse do *homo economicus* francês em sindicar-se? Nenhum, a nenhum nível: efeitos *erga omnes* dos acordos de empresa, extensão rápida e sistemática das convenções de ramo que leva a uma taxa de cobertura das mais elevadas do mundo (98% dos trabalhadores em 2007), apesar de uma das mais baixas taxas de sindicalização (5% no sector privado). *That is the question*", itálicos no original.

[70] Lobo Xavier, com a colaboração de Furtado Martins, A. Nunes de Carvalho, Joana Vasconcelos, Guerra de Almeida, *Manual de Direito do Trabalho,* 3ª edição, Rei dos Livros, Lisboa, 2018, p. 213, refere-se a questionável constitucionalidade do artigo 497º face ao artigo 55º, nº 2, alínea *b)*, da CRP. Veja-se também Lobo Xavier, "Eficácia Geral ou Eficácia Restrita nas Convenções Colectivas de Trabalho. Poderá ainda Falar-se do «Princípio da Filiação»? Os «Usos Laborais» e a «Escolha» do Trabalhador na Aplicação Geral das Convenções Colectivas", cit., p. 101, onde alerta para a possibilidade de "... haver uma eficácia geral dirigida pelos empregadores: não são boas notícias para as associações sindicais (desestímulo à filiação e ao pluralismo, controlo patronal das opções, problemas quanto à liberdade sindical)".

[71] Diferentemente, Jorge Leite e Coutinho de Almeida, *Colectânea de Leis do Trabalho,* Coimbra Editora, 1985, p. 418 (III), defendiam que a lei deveria impor uma taxa única aos trabalhadores que não sendo filiados usufruíssem de uma convenção como forma de contribuir para os custos que a mesma acarreta.

6) Em síntese, o que este regime faz é suprimir a necessidade de filiação, com a particularidade de o trabalhador não ter de suportar os custos (financeiros[72] e pessoais) de fazer parte de uma associação sindical; deste modo, procede-se à descapitalização humana e material do associativismo sindical, ou seja, opta-se por uma solução "desestruturante dos nexos de representação sindical"[73] e das funções sindicais; e, por outro lado, incumpre-se o mandato constitucional que impõe ao legislador ordinário a função de garantir o direito de contratação colectiva, o que é substancialmente diferente de optar por uma regulação que potencia o seu esvaziamento[74];

7) Deve, no entanto, reconhecer-se que a redacção constante da Proposta de Lei nº 136/XIII, limitando o exercício deste direito, atenua a intensidade das críticas ao mitigar a equiparação entre trabalhador filiado e não filado em matéria de efeitos pessoais da convenção colectiva; estamos essencialmente a referi-nos ao prazo de 3 meses para realizar a escolha da convenção a contar da entrada em vigor da fonte ou do início da execução do contrato, sendo este posterior (artigo 497º, nº 2), bem como a possibilidade de exercer o direito de opção apenas uma vez, "... enquanto estiver ao serviço do mesmo empregador, ou de outro a que sejam aplicáveis as mesmas convenções colectivas ou decisões arbitrais" (artigo 497º, nº 5).

VI. O regime constante do artigo 497º gera ainda um amplo conjunto de dúvidas e inerentes dificuldades aplicativas[75] que não podem

[72] Cuja discrepância o artigo 492º, nº 4, tenta atenuar, mas a situação entre filiado e não filiado será sempre diferente.

[73] A expressão, noutro contexto, mas igualmente válida, é de Monteiro Fernandes, "Notas sobre o Controlo de Constitucionalidade do Código do Trabalho", *Questões Laborais*, ano X, nº 22, 2003, p. 244.

[74] Também no *Livro Branco das Relações Laborais*, cit., p. 119, se afirmou: "Compete à lei estabelecer o âmbito pessoal de eficácia das normas da convenção colectiva, sendo a solução que se baseia no princípio da filiação resultante de uma escolha do legislador que pode ser derrogada pela atribuição à adesão individual do trabalhador do mesmo efeito vinculante que decorre do princípio da filiação".

[75] Algumas delas apresentadas – e não obstante as substanciais diferenças, como acima referimos, no quadro do artigo 15º na redacção constante do Decreto da Assembleia da República nº 51/IX, que seria submetido ao Tribunal Constitucional e objecto de censura –, no processo legislativo do Código do Trabalho de 2003, por Jorge Leite, "Código do Trabalho

deixar de merecer reparo, especialmente quando o trabalhador, através de um acto unilateral, decide um conjunto de efeitos que se repercutem na esfera do empregador, causando na gestão deste acrescidas incertezas e imprevisões[76].

§4º Apreciação na Especialidade

I. O preceito (artigo 497º, nº 1) tem na previsão os seguintes pressupostos (expressos):

1) *Natureza da fonte*: aplicabilidade de uma ou mais convenções colectivas ou decisões arbitrais;

2) *Âmbito de aplicação*: empresa;

3) *Trabalhador*: não filiado em qualquer associação sindical.

O que dito de outro modo, significa afirmar que a titularidade do direito depende de dois elementos (subjectivos): 1) aplicabilidade no âmbito da empresa de uma ou mais convenções colectivas (ou decisões arbitrais); 2) o trabalhador não ser filiado em qualquer associação sindical.

Cabe agora proceder a uma análise destes elementos expressos, bem como de outros implícitos.

II. Iniciando a nossa análise pela *aplicabilidade no âmbito da empresa de uma ou mais convenções colectivas ou decisões arbitrais*, impõe-se determinar exactamente quais as fontes que o legislador elegeu como objecto da escolha do trabalhador.

A norma em apreço indica "convenções colectivas ou decisões arbitrais".

– Algumas Questões de (In)Constitucionalidade", *Questões Laborais*, ano X, nº 22, 2003, pp. 254 e ss.

[76] Não se diga que a situação é igual à que se verifica com a possibilidade de filiação posterior ao momento da outorga da convenção, pois, e desde logo, tendo mais uma possibilidade, aumenta a instabilidade na definição das condições de trabalho. Note-se, no entanto, que os trabalhadores que escolhem uma convenção aplicável não relevam, por exemplo, para efeitos do número de delegados sindicais (artigo 463º).

Relativamente às convenções colectivas, consideramos que a mesma abrangerá qualquer das suas espécies (artigo 2º, nº 3). É certo que – no que respeita ao acordo de empresa apenas aplicável a um estabelecimento – face à referência do preceito à *aplicabilidade no âmbito da empresa de uma ou mais convenções colectivas (ou decisões arbitrais)* dir-se-ia que havendo um instrumento regulador de um estabelecimento, a previsão da norma não estaria preenchida.

Apesar de o preceito se referir à aplicação na empresa, não se identifica nenhum motivo com base, desde logo, na letra e no elemento teleológico da norma para afastar do seu âmbito a mesma possibilidade estando em causa o estabelecimento. Na verdade, havendo um ou mais acordos de empresas aplicáveis a um estabelecimento (artigo 2º, nº 3, alínea *c), in fine*), entendemos que o pressuposto legal está igualmente verificado, assim apontando, aliás, a letra da norma ("no âmbito de uma empresa"), bem como a sua *ratio*, ou seja, permitir que os não filiados usufruam dos regimes convencionais (ou decisão arbitral) aplicáveis à empresa.

Não poderá, no entanto, um trabalhador optar por um instrumento convencional apenas aplicável a um estabelecimento no qual não realiza a sua actividade, pois tal aplicação não se verificaria mesmo com a filiação[77].

III. Quanto às decisões arbitrais, temos de ter presente que a expressão inclui instrumentos de diferente natureza, abarcando negociais (decisão em arbitragem voluntária, artigo 2º, nº 2, *in fine*) e não negociais (decisões em arbitragem obrigatória e necessária, artigo 2º, nº 4, *in fine*).

Dir-se-á que a questão é facilmente resolúvel, pois determina o Código do Trabalho que "a decisão arbitral produz os efeitos da convenção colectiva" (artigo 505º, nº 3) e com base neste preceito seria indiferente estarmos ou não perante um instrumento convencional atenta a identidade de efeitos.

[77] Neste sentido, escreve Júlio Gomes, "Código do Trabalho de 2009 e a Promoção da Desfiliação Sindical", cit., p. 180, "... parece estranho admitir que trabalhadores de outros estabelecimentos da mesma empresa possam optar pela aplicação do referido acordo".

Não obstante existirem diferenças entre ser destinatário de uma convenção colectiva em virtude da filiação na associação outorgante ou sê-lo no decurso de uma decisão arbitral (obrigatória e necessária) – desde logo pela presença ou ausência da autonomia colectiva na elaboração da fonte –, o legislador ao identificar o objecto da escolha do trabalhador referiu-se ao género (decisão arbitral) e não a nenhuma das suas espécies em particular, o que parece revelar que teve a intenção de abranger todas; por outro lado, para realizarmos uma interpretação restritiva teríamos de ter uma justificação plausível para diminuir o âmbito de aplicação da norma e no caso concreto tal não se verifica, uma vez que as disfunções existentes em matéria de autonomia colectiva decorrem autonomamente da existência dos dois regimes (decisão arbitral obrigatória e necessária, bem como escolha da convenção aplicável) e não pelo facto do objecto da opção do trabalhador incindir sobre um instrumento heterónomo, embora possa torná-las ainda mais patentes.

IV. Relativamente aos instrumentos atrás identificados, consideramos ser pressuposto da norma estarmos perante fontes vigentes[78].

Na realidade, para que o trabalhador possa escolher o instrumento aplicável é naturalmente necessário que se tenha verificado a sua entrada em vigor e inexista a sua cessação. Entendemos, por isso, que a publicação não é suficiente, na medida em que esta é apenas um pressuposto da entrada em vigor, e só a partir desta última o instrumento está apto a produzir efeitos. Logo, é com a entrada em vigor da fonte aplicável que se completa o seu ciclo de produção – podendo, aliás, acontecer que aquela nunca chegue a produzir efeitos, facto que deve relevar[79] –, tornando-se então a mesma objecto de escolha.

Dito de outro modo: só é possível ocorrer a escolha do instrumento aplicável e consequentemente os seus efeitos, se estes existirem, pois

[78] O próprio *Acordo Tripartido para um Novo Sistema de Regulação das Relações Laborais, das Políticas de Emprego e da Protecção Social em Portugal*, cit., p. 10, refere "convenções colectivas em vigor". Lobo Xavier, "Eficácia Geral ou Eficácia Restrita nas Convenções Colectivas de Trabalho. Poderá ainda Falar-se do «Princípio da Filiação»? Os «Usos Laborais» e a «Escolha» do Trabalhador na Aplicação Geral das Convenções Colectivas", cit., p. 97, nota 196, advoga que deve estar em causa uma convenção "... plenamente *vigente*, nos termos da própria força e eficácia temporal que lhes é concedida pelas partes e não meramente sobrevigente", para depois, no entanto, admitir que "ou pelo menos deveria ser o princípio" (italico no original).

[79] Por exemplo, se for objecto de revogação antes da sua entrada em vigor.

caso contrário não há objecto para exercer a respectiva opção. Assim, consideramos que a escolha referida no artigo em análise deve incidir sobre um instrumento publicado e em vigor, como aliás se pretende com a expressão "caso sejam aplicáveis" constante do preceito (artigo 497º, nº 1)[80].

V. Face à letra da norma, pode dizer-se que basta uma das fontes previstas no artigo 497º, nº 1, ser fontes aplicáveis à empresa para estar preenchido o primeiro pressuposto, mas daqui decorre, desde logo, uma dúvida: a aplicabilidade tem de ser efectiva ou pode ser meramente potencial[81].

Em nossa opinião não decorre da norma que a convenção tenha de estar a ser efectivamente aplicada na empresa[82]. Na verdade, não só assim aponta a letra do preceito ("caso sejam aplicáveis" e não "caso sejam aplicadas")[83], como o facto de a norma dispensar da parte do trabalhador a filiação, uma vez que estando o empregador potencialmente abrangido, caso houvesse filiação daquele, a fonte regularia as condições de trabalho; é certo que um outro objectivo do mecanismo, a padronização do regime laboral, poderá não ser plenamente atingido, mas também não o será sempre que houver uma diminuta taxa de filiação relativamente ao instrumento em causa ou se tratar de fonte outorgada por uma associação minoritária[84] e consequente reduzida aplicação do instrumento convencional na empresa, não se justificando restringir a

[80] Neste sentido, e recorrendo ao lugar paralelo da portaria de extensão, com indicações doutrinárias, Gonçalves da Silva, *A Portaria de Extensão: Contributo para o seu Estudo*, cit., pp. 232-233, no quadro da LRCT; a exigência de se tratar de uma fonte em vigor consta do artigo 514º.

[81] Por exemplo, a convenção não é aplicável à empresa em virtude de o empregador não ter nenhum trabalhador filiado na associação outorgante. O artigo 15º, nº 1, da Lei nº 99/2003 utilizava a expressão " ... susceptíveis de serem abrangidos pelo âmbito sectorial ou profissional de aplicação do instrumento de regulamentação colectiva de trabalho negocial ...".

[82] Como, aliás, também acontece com a portaria de extensão (artigo 514º, nº 1).

[83] Além de, como acima referimos, o *Acordo Tripartido para um Novo Sistema de Regulação das Relações Laborais, das Políticas de Emprego e da Protecção Social em Portugal*, cit., p. 10, afirmar "convenções colectivas em vigor".

[84] Como escreve Lobo Xavier, com a colaboração Furtado Martins, Nunes de Carvalho, Joana Vasconcelos e Guerra de Almeida, *Manual de Direito do Trabalho*, cit., p. 265, "... não se exige que a CCT à qual se adere seja a convenção dominante na empresa ou sequer acordado por um sindicato representativo".

norma e exigir a efectiva aplicação. Nestes termos, o trabalhador não fica "refém" de eventuais filiados na associação abrangida pela convenção ou da opção por parte de outros subordinados[85].

Tendo presente que sustentamos que basta a aplicação potencial, decorre então do exposto que a escolha do trabalhador não produzirá efeitos se estiver em causa uma convenção colectiva cuja vigência tiver sido suspensa (artigo 502º, nº 2), devendo, neste caso, aguardar pelo fim da suspensão para que a sua decisão produza efeitos; por outro lado, se o trabalhador optou por uma convenção que foi posteriormente objecto de suspensão de vigência, esta modificação abrangerá também o trabalhador em causa, impedindo-se assim que este seja destinatário de uma fonte que não é aplicável na empresa e da qual os restantes trabalhadores estão privados por vontade dos outorgantes.

Diversa deve ser a resposta se existir uma situação de concorrência de fontes, aplicando-se, em virtude do princípio da especialidade (artigo 482º, nº 1, alíneas *a)* e *b)*), o instrumento mais restrito. Ou seja: havendo duas ou mais fontes aplicáveis à mesma situação jurídica – por exemplo, contrato colectivo e acordo de empresa, e se este for o aplicável, consideramos que o trabalhador não pode optar pelo contrato colectivo, uma vez que – apesar de ambos serem potencialmente aplicáveis, apenas não se aplicando este em virtude do critério da especialidade – tal significaria esvaziar, desde logo, a vinculatividade imposta pelo Código do Trabalho à deliberação dos trabalhadores (artigo 482º, nºs 2 e 4)[86].

[85] Também Lobo Xavier, "Eficácia Geral ou Eficácia Restrita nas Convenções Colectivas de Trabalho. Poderá ainda Falar-se do «Princípio da Filiação»? Os «Usos Laborais» e a «Escolha» do Trabalhador na Aplicação Geral das Convenções Colectivas", cit., p. 97, sustenta que o Código não exige que se aplique na prática à empresa. Contra, Júlio Gomes, "Nótula sobre o artigo 497º do Código do Trabalho de 2009", cit., p. 9, referindo-se a uma situação de um contrato colectivo celebrado por uma associação de empregadores, integrada pelo empregador em causa, mas inexistindo na empresa filiados nos sindicatos outorgantes, reconhecendo, no entanto, que "... a solução não é inteiramente clara porquanto o preceito se refere a convenções coletivas ou decisões arbitrais «aplicáveis» e não propriamente «aplicadas»". Em texto mais recente, Júlio Gomes, "Algumas Questões sobre o Âmbito Pessoal de Aplicação da Convenção Coletiva à Luz do Código do Trabalho", *Revista de Direito e de Estudos Sociais,* ano LVII (XXX da 2ª série), 2016, nºs 1-4, pp. 59-60, parece admitir que basta ser aplicável.

[86] Neste sentido, Júlio Gomes, "Nótula sobre o artigo 497º do Código do Trabalho de 2009", cit., p. 9, sustentando que "... só se deve considerar em rigor aplicável na empresa, o acordo

VI. Como acima referimos, a norma constitui uma excepção à filiação do trabalhador (elemento pessoal e temporal), mas não deixa de exigir a verificação dos restantes elementos, desde logo, a filiação em entidade celebrante ou outorga directa do empregador, pelo que se este não estiver abrangido pela fonte convencional, o trabalhador não poderá realizar a escolha legalmente prevista. Com efeito, atendendo, desde logo, ao elemento literal deste pressuposto (serem "aplicáveis, no âmbito de uma empresa,") significa dizer que o legislador não permite que o trabalhador possa optar por um instrumento sem qualquer conexão – desde logo pessoal e geográfica – com a sua situação[87], uma vez que a convenção não é sequer susceptível de aplicação na empresa. Por outro lado, esta posição decorre ainda do facto de estarmos perante uma excepção ao princípio da filiação relativamente ao trabalhador, como inequivocamente o revela a letra do preceito e a sua inserção sistemática; o que significa então que o trabalhador poderá naturalmente apenas realizar a escolha se estivermos perante um instrumento outorgado por um sujeito no qual ele se poderia filiar de acordo com os parâmetros legais[88] (artigo 444º, nº 1)[89] e, sendo filiado, lhe seria aplicável, por estarem preenchidos os demais pressupostos.

de empresa, não podendo, pois, o trabalhador não filiado pretender escolher o contrato coletivo, em vez do acordo de empresa". E acrescenta ainda o Professor, *ibidem*: também no caso de existir uma cláusula de articulação (artigo 482º, nº 5, alínea *b)*), em que o acordo de empresa regula a maioria das matérias, mas o contrato coletivo regula outras matérias, por exemplo, a organização do tempo de trabalho, "nesta situação afigura-se-nos que o trabalhador não filiado não pode pretender escolher um arranjo ou combinação diferente daquela que é aplicável ao trabalhador filiado por força das regras do artigo 482º relativamente ao trabalhador filiado", uma vez que, complementa (nota 11), "o artigo 497º não terá pretendido tão pouco afastar ou revogar o artigo 482º, nº 2".

[87] Ou seja: num hospital, poderíamos ter um médico a optar por uma convenção celebrada pelos sindicatos dos enfermeiros ou, mais caricato, os trabalhadores administrativos a escolher a dos médicos.

[88] Dizemos de acordo com os parâmetros legais, pois o que aqui está em causa não é saber se em concreto a associação sindical tinha ou não restrições quanto à inscrição – porventura ilegais –, mas se em abstracto face à categoria que o sujeito colectivo representa, o trabalhador se poderia inscrever.

[89] Esta parte final visa deixar claro que mesmo que o sindicato o pudesse representar, se a outorga da convenção (ou a decisão arbitral) tem como destinatários apenas uma parte dos trabalhadores inseridos na categoria em causa e se o trabalhador não se subsume nela, então não poderá escolher aquela fonte; por exemplo, o sindicato dos médicos celebra um acordo

Deste modo, apesar de o legislador não o dizer expressamente, o trabalhador só pode realizar a escolha de uma convenção (ou decisão arbitral) aplicável, desde que verificados os demais pressupostos aplicativos (empregador abrangido e inserção funcional e espacial do trabalhador no âmbito da fonte escolhida)[90].

VII. O legislador considera suficiente a aplicabilidade de uma ou mais convenções (ou decisões arbitrais) no âmbito da empresa, ou seja, o objecto da escolha tem de ser uma fonte vigente, como referimos, não determinando qualquer critério, razão pela qual o trabalhador poderá escolher um instrumento mais antigo ou mais recente, bem como o que se aplique à maioria ou a um número diminuto de trabalhadores. De facto, no caso de haver duas ou mais fontes aplicáveis, o Código do Trabalho permite que a escolha do trabalhador seja discricionária, ou seja, poderá optar pela fonte que tem maior[91] ou menor número de destinatários – ou mesmo nenhum, como referimos –, assim indicando a letra do preceito – ao não impor qualquer requisito relativamente ao exercício do direito – bem como a *ratio* da norma.

A sua opção é, portanto, nesta parte, incondicionada, não carecendo de qualquer fundamentação.

VIII. Coloca-se ainda a questão de saber se o trabalhador poderá escolher uma convenção que foi objecto de portaria de extensão, i.e., se o conteúdo do instrumento em causa for aplicável na empresa aos não filiados por via do instrumento não negocial (artigo 514º, nº 1).

O trabalhador pode ter interesse em fazer essa opção, pois é substancialmente diferente ser destinatário de uma convenção colectiva (ou decisão arbitral) através de um acto unilateral ou do conteúdo desta

de empresa apenas para a especialidade de pediatras e o trabalhador é psiquiatra, naturalmente que não pode optar por ele.

[90] Refira-se que a Proposta de Lei nº 136/XII, cit., acrescenta no final do nº 1 do artigo 497º "... desde que o mesmo se integre no âmbito do setor de atividade, profissional e geográfico do instrumento escolhido".

[91] Mesmo que exista na empresa uma convenção colectiva que tenha sido objecto de portaria de extensão e outra que não, a possibilidade de escolha mantém-se, pois, como bem nota Júlio Gomes, "Código do Trabalho de 2009 e a Promoção da Desfiliação Sindical", cit., p. 180, nota 25, não existe nenhuma razão "... para que um trabalhador que tem em princípio a liberdade para optar entre vários resultados negociais visse essa liberdade cerceada por uma intervenção administrativa pretensamente no seu interesse".

fonte mediante portaria de extensão; basta recordar que a extensão pode ser total ou parcial (artigo 514º, nº 1), bem como os diferentes regimes a que estão sujeitas as duas figuras (por exemplo, o espaço de intervenção de uma convenção colectiva não é coincidente com o da portaria), conforme decorre da diversa natureza dos dois instrumentos (negocial e não negocial, artigo 2º)[92].

Na situação em que um trabalhador é destinatário do conteúdo convencional através de portaria de extensão, importa sublinhar que a convenção não é, em bom rigor, aplicada na empresa[93], pois aplicado é o conteúdo da convenção da qual a portaria se "apropriou"; dir-se-á que a diferença é meramente formal e sem relevância, mas tal apreciação não é exacta, uma vez que ignora que a fonte dos direitos e obrigações que regulam a situação jurídica laboral é a portaria de extensão e não a convenção colectiva, pois, por exemplo, se o empregador incumprir o conteúdo a que está vinculado, não há violação da convenção, mas sim da portaria de extensão; aqui não há autonomia colectiva.

Poderá ainda pensar-se que o assunto não tem relevância, devido ao facto de termos defendido que basta a mera aplicabilidade da convenção. No entanto, tal raciocínio não é preciso, porquanto não é suficiente a existência de uma portaria de extensão para garantir a aplicabilidade do conteúdo da fonte convencional e, portanto, a escolha do trabalhador.

Para maior clareza expositiva, cabe trazer à colação que a convenção colectiva (ou decisão arbitral) em vigor pode ser aplicada – na terminologia legal – a empregadores e a trabalhadores integrados no âmbito do sector de actividade e profissional definido naquele instrumento (artigo 514º, nº 1). Decorre deste preceito que o legislador manteve a possibilidade de a Administração laboral recorrer quer a extensão interna[94],

[92] Para mais desenvolvimentos sobre a natureza da portaria de extensão, Gonçalves da Silva, *A Portaria de Extensão: Contributo para o seu Estudo*, cit., pp. 352 e ss.

[93] Não obstante a letra do artigo 514º, nº 1. Diversamente, PAlma Ramalho, *Tratado de Direito do Trabalho, Parte III – Situações Laborais Colectivas*, cit., p. 303, defende: "... uma vez que as convenções colectivas de trabalho podem ser «aplicáveis» a partir de portarias de extensão, o âmbito de escolha do trabalhador é, na verdade, mais amplo".

[94] Aplicável a empregadores do mesmo sector de actividade e a trabalhadores da mesma profissão, exercendo a sua actividade na área geográfica e no âmbito sectorial e profissional fixados nos instrumentos a estender.

quer a extensão externa[95/96]. Estando então em causa uma extensão externa e tendo presente o que acima referimos sobre o facto de o mecanismo da escolha da convenção aplicável substituir apenas o elemento pessoal da filiação relativamente ao trabalhador, resulta claro que a não coincidência do elemento geográfico na extensão externa com a fonte convencional impede o recurso ao artigo 497º. E, por isso, reiterando mais uma vez que o pressuposto legal é a susceptibilidade de aplicação da convenção, não basta a existência de extensão, pois como vimos, no caso do alargamento externo, o pressuposto geográfico da aplicação da convenção não está verificado, ou seja, o trabalhador não poderia ser destinatário daquela convenção, mesmo que se tivesse filiado.

Verificado este elemento (extensão interna), e desde que o empregador esteja abrangido pela fonte colectiva, o trabalhador poderá exercer o direito de escolha da convenção (ou decisão arbitral) aplicável, deixando de ser destinatário, caso isso ocorresse antes da sua opção, do instrumento administrativo, assim o impondo a similitude de efeitos pretendida pelo legislador entre a escolha e o princípio da filiação[97]; o que justifica igualmente que também não seja destinatário de portaria posterior à sua opção.

Admitimos, no entanto, uma restrição a esta opção da convenção aplicável quando o trabalhador for destinatário de uma portaria de ex-

[95] Aplicável a empregadores e a trabalhadores do mesmo âmbito sectorial e profissional, exercendo a sua actividade em área geográfica diversa daquela em que os instrumentos a estender se aplicam. Note-se que o preceito (artigo 514º, nº 1) omite o âmbito espacial, exactamente para abranger também a extensão externa.
As extensões internas e externas estavam antes previstas, de forma expressa, nos nºs 1 e 2 do artigo 575º do CT2003, respectivamente. Para mais desenvolvimentos, Gonçalves da Silva em Romano Martinez, Luís Miguel Monteiro, Joana Vasconcelos, Madeira de Brito, Guilherme Dray e Gonçalves da Silva, *Código do Trabalho Anotado*, cit., 2017, pp. 1105-1106.

[96] Note-se que após a revisão de 2009, deixou de ser condição de admissibilidade de emissão da portaria de extensão (externa) a inexistência de associações sindicais ou de empregadores (artigos 575º, nº 2, do Código do Trabalho de 2003 *vs* 514º, nº 1)

[97] Júlio Gomes, "Nótula sobre o artigo 497º do Código do Trabalho de 2009", cit., p. 10, defende que a opção do trabalhador deve prevalecer relativamente à aplicação da portaria de extensão, escrevendo: "ainda que se trata aqui do exercício pelo trabalhador não filiado de uma autonomia individual, julgamos que este acto de autonomia deverá prevalecer sobre a heteronomia da portaria de extensão, mesmo que tal possa pôr em causa a teleologia das portarias de extensão, já à partida muito duvidosa". Também Palma Ramalho, *Tratado de Direito do Trabalho, Parte III – Situações Laborais Colectivas*, cit., pp. 304-305, sustenta uma prevalência da escolha do trabalhador face à aplicação da portaria de extensão.

tensão, cuja escolha ocorreu nos termos do artigo 482º, nº 2. Com efeito, se houver concorrência de portarias de extensão, o legislador remete a solução para os nºs 2 a 4 do artigo 482º (artigo 483º, nº 2). Significa isto, portanto, que compete aos trabalhadores da empresa, em relação aos quais se verifica a concorrência, escolherem (deliberação), por maioria, no prazo de 30 dias, a contar da entrada em vigor do instrumento de publicação mais recente, o instrumento aplicável[98].

Ora, tendo presente que esta deliberação é irrevogável até ao termo de vigência do instrumento escolhido (artigo 482º, nº 4), seguramente em nome da previsibilidade aplicativa da fonte face aos efeitos que causará na gestão empresarial, consideramos que o trabalhador não poderá recorrer ao artigo 497º, uma vez que tal faculdade constituiria uma afectação do conteúdo útil da norma, permitindo que a vinculatividade legalmente imposta fosse esvaziada.

IX. Registe-se que o artigo em análise é claro quanto ao objecto da escolha: uma convenção (ou decisão arbitral) aplicável à empresa, o que quer dizer que o trabalhador não pode optar pela aplicação parcial da convenção[99]. Esta posição justifica-se, pois a escolha pela aplicação parcial do conteúdo convencional, além de colidir com a razão de ser da norma, colocaria em causa a unidade do instrumento convencional resultante de um equilíbrio alcançado pelos outorgantes; o trabalhador é livre de optar pela aplicação da fonte convencional, mas não tem liberdade para estipular os efeitos do conteúdo da convenção na sua esfera jurídica, havendo, portanto, liberdade de celebração, mas não de estipulação no acto de opção (acto jurídico em sentido estrito).

Por outro lado, o legislador considerou que, apesar de nesta opção estar em causa a autonomia individual, o facto de o conteúdo resultar da autonomia colectiva dispensa a aplicação do artigo 3º, nº 4[100], estando o

[98] Esta escolha deve ser comunicada ao empregador e ao serviço com competência inspectiva do ministério responsável pela área laboral, devendo ter-se presente que estamos perante uma declaração receptícia (artigo 482º, nº 2, *in fine*).

[99] Neste sentido, Lobo Xavier, "Eficácia Geral ou Eficácia Restrita nas Convenções Colectivas de Trabalho. Poderá ainda Falar-se do «Princípio da Filiação»? Os «Usos Laborais» e a «Escolha» do Trabalhador na Aplicação Geral das Convenções Colectivas", cit., p. 96, nota 195.

[100] Parece ser também esta a posição de Lobo Xavier, "Eficácia Geral ou Eficácia Restrita nas Convenções Colectivas de Trabalho. Poderá ainda Falar-se do «Princípio da Filiação»? Os

trabalhador, neste ponto, em condições materiais idênticas à do filiado; a intervenção da associação sindical assegura a igualdade negocial, podendo, nestes termos, o trabalhador optar, através de um acto individual, por um regime sem o crivo daquele preceito[101] e, portanto, excluindo também a aplicação do quadro das cláusulas contratuais gerais previsto no artigo 105º[102].

Em suma, o que aqui está em causa é, como acima referimos, um acto (parcialmente) substitutivo da filiação para efeitos aplicativos da fonte convencional, com a particularidade de o trabalhador não ter de suportar os custos (financeiros e pessoais) de fazer parte de uma associação sindical.

X. Determina o segundo pressuposto que o *trabalhador não pode ser filiado em qualquer associação sindical*[103]. Não obstante a letra do preceito, importa apurar se o legislador não terá dito mais do que efectivamente pretendia.

A ideia central do legislador é impedir que o trabalhador possa optar por uma convenção (ou decisão arbitral) encontrando-se inscrito numa associação, independentemente de esta ter ou não outorgado algum instrumento. Ou seja: o facto de o trabalhador se ter inscrito num sindicato (artigo 444º, nº 1) é impeditivo do exercício do direito aqui previsto, desde logo, por a sua admissibilidade poder colidir com a disciplina estatutária; numa frase: o trabalhador filiado deve estar sujeito ao quadro normativo da sua associação, devendo esta decidir, em cada momento, qual a melhor opção relativamente à fonte convencional, incluindo naturalmente a recusa de celebração.

«Usos Laborais» e a «Escolha» do Trabalhador na Aplicação Geral das Convenções Colectivas", cit., p. 98.

[101] Sobre a aplicação do artigo 476º, cfr. Gonçalves da Silva, *Da Eficácia da Convenção Colectiva*, cit., volume II, pp. 809 e ss.

[102] No sentido da exclusão do regime das cláusulas contratuais gerais, Júlio Gomes, "A Contratação Coletiva *In Peius* e a Representatividade Sindical", AAVV, *Crise Económica: Fim ou Refundação do Direito do Trabalho? – Actas do Congresso Mediterrânico de Direito do Trabalho*, «Estudos APODIT 1», coordenação de Palma Ramalho, AAFDL, 2016, p. 109.

[103] Acompanhamos Júlio Gomes, "Nótula sobre o artigo 497º do Código do Trabalho de 2009", cit., p. 8, quando sustenta que o empregador poderá exigir ao trabalhador uma declaração de honra no sentido de que este não está filiado quando exerce o direito previsto no artigo 497º, bem como que haverá uma infracção disciplinar no caso de prestar falsas declarações, tendo aquele direito à verdade sobre tal filiação.

Esta posição é compreensível, uma vez que o legislador quis impedir que o exercício deste direito tivesse (ainda mais) reflexos na organização sindical, o que aconteceria, por exemplo, se a associação tivesse recusado a outorga do instrumento e posteriormente os seus filiados optassem pela sua aplicação.

XI. Acontece, no entanto, que o trabalhador pode exercer mais do que uma actividade para o mesmo empregador e apenas estar inscrito numa associação sindical relativamente a uma delas, ao abrigo da liberdade de inscrição (artigo 444º, nº 5); e, nesta situação, o trabalhador estaria inscrito relativamente a uma profissão ou actividade, mas não quanto à segunda que exercia também para o empregador.

A letra do preceito impede que o trabalhador seja titular do direito de opção sendo filiado em qualquer sindicato ("não seja filiado em qualquer associação sindical"), mas não parece que o intuito do legislador tenha sido tão amplo como resulta imediatamente do elemento literal. Na verdade, o que o legislador pretende é impedir que o trabalhador exerça o direito de opção respeitante a uma convenção que se subsuma na área de representação (profissional) da associação sindical em que está filiado, mas não relativamente a um instrumento em que o trabalhador, tendo uma dupla profissão, se tenha abstido de inscrever numa delas.

Interpretação diversa da sufragada, teria como consequência a discriminação do trabalhador que exerça mais do que uma profissão, uma vez que a sua filiação a título de uma delas, impossibilitaria que usufruísse do regime convencional, excluindo-o do direito de opção, sem qualquer fundamento. É, por isso, que entendemos que a norma em análise deve ser objecto de uma interpretação restritiva de modo a que o seu conteúdo não impeça o trabalhador de poder, nos casos em que exerce mais do que uma profissão, estando filiado numa associação quanto a uma delas, ser titular do direito de opção relativamente à actividade em que não está filiado, tal como poderia obter este resultado através da filiação (artigo 444º, nº 1).

No caso de dupla profissão para o mesmo empregador e eventualmente podendo a filiação num sindicato e a escolha de convenção aplicável gerar concorrência de fontes – o que nos parece difícil –, esta dever-se-ia dirimir nos termos das regras constantes do Código (artigo 481º e ss).

Note-se, no entanto, que a aplicação das regras de concorrência pode naturalmente impedir a aplicação da fonte outorgada por associação em que o trabalhador está filiado, o que levaria a que através do mecanismo da escolha da convenção aplicável os efeitos da filiação fossem afastados em detrimento de uma fonte celebrada por entidade na qual o trabalhador não está inscrito.

Esta situação não nos parece juridicamente sustentável por colidir com vectores estruturantes do quadro legal, nomeadamente as regras de filiação, para mais quando o legislador impõe a não filiação do trabalhador (artigo 497º, nº 1).

Não vendo motivo para afastar a interpretação restritiva do preceito acima defendida, importa, no entanto, fixar um limite: a escolha da convenção aplicável não poderá gerar a inaplicação do instrumento outorgado por entidade na qual o trabalhador está (directa ou indirectamente) filiado; limite este que estará, aliás, subjacente no espírito da norma ao impedir a filiação.

E, nestes termos, assegura-se o respeito das regras de filiação, cumpre-se a proibição legal (ausência de inscrição), não se impedindo, sem fundamento, que no caso de dupla actividade o trabalhador seja afectado na sua liberdade sindical (positiva).

XII. É ainda importante deixar claro que o trabalhador não poderá exercer este direito de opção se ainda, apesar de já não estar filiado (artigo artigo 444º, nº 6), se encontrar vinculado a um instrumento convencional (artigo 496º, nº 4)[104], porquanto tal situação constituiria uma forma de, através do mecanismo da escolha da convenção aplicável (artigo 497º), desrespeitar os efeitos da desfiliação e, com isso, permitir a afectação dos objectivos da norma. Seria, aliás, incongruente que o legislador conferisse maior protecção ao trabalhador que opta por uma convenção aplicável, isentando-o do período de pós-eficácia da filiação, do que ao trabalhador que após a desfiliação se filia em novo sindicato; a liberdade sindical negativa e a tutela do direito de contratação colectiva não consentiriam tal diferenciação.

[104] Neste sentido, Júlio Gomes, "Algumas Questões sobre o Âmbito Pessoal de Aplicação da Convenção Coletiva à Luz do Código do Trabalho", cit., pp. 53-54; e do mesmo Autor, "Código do Trabalho de 2009 e a Promoção da Desfiliação Sindical", cit., p. 180, bem como, "Nótula sobre o artigo 497º do Código do Trabalho de 2009", cit., p. 10, ainda que com algumas reservas neste texto.

Inversamente, o trabalhador não filiado poderá exercer o direito de opção se o empregador ou a respectiva associação se tiver desfiliado do outorgante de uma convenção colectiva e, portanto, continuar vinculada nos termos legalmente previstos (artigo 496º, nº 4)[105].

XIII. Centrando agora a nossa atenção no momento do exercício do direito do trabalhador, comecemos por sublinhar que o Código não indica qualquer prazo para que o titular possa realizar a sua opção, seja inicial (a partir de quando) ou final (até que momento).

Relativamente ao prazo *a quo*, o trabalhador pode escolher a convenção aplicável a partir da data da sua entrada em vigor, ou seja, desde que esteja vigente ("aplicáveis, no âmbito de uma empresa"), não relevando qualquer outro elemento temporal[106].

XIV. Quanto ao prazo final, a situação apresenta, face à ausência de indicação legal, um grau de complexidade que exige explicitações acrescidas.

Começando por saber se o trabalhador pode exercer o direito de escolha em qualquer momento, entendemos que não cabe destrinçar se a fonte se encontra em regime de vigência (em sentido estrito ou mesmo incluindo a renovação) ou sobrevigência[107], assim depondo os seguintes argumentos:

1) Por um lado, tendo presente que a renovação e a sobrevigência não têm efectivos limites (artigos 499º, nºs 1 e 2, e 501º, nºs 3 e 4), consideramos que poderá estar em causa um período demasiado longo para, sem base legal mínima que o sustente, impedir o exercício do direito legalmente concedido ao trabalhador;

[105] Neste sentido, Júlio Gomes, "Algumas Questões sobre o Âmbito Pessoal de Aplicação da Convenção Coletiva à Luz do Código do Trabalho", *Revista de Direito e de Estudos Sociais*, ano LVII (XXX da 2ª série), 2016, nºs 1-4, p. 50.

[106] A Proposta de Lei nº 136/XIII, cit., prevê, como referimos, alguns limites temporais: *a)* o trabalhador só pode realizar a escolha no prazo de três meses a contar da entrada em vigor da fonte colectiva ou do início da execução do contrato de trabalho, se este momento for posterior (artigo 497º, nº 2)); *b)* por outro lado, o trabalhador só pode exercer o direito de opção uma vez ao serviço do mesmo empregador ou de outro a quem sejam aplicáveis os mesmos instrumentos (artigo 497º, nº 5).

[107] Para uma análise dos diferentes conceitos, Gonçalves da Silva, *Da Eficácia da Convenção Colectiva*, cit., volume II, pp. 940 e ss.

2) Por outro, tratando-se de uma restrição a um direito, uma vez que o regime legal não exclui essa situação, importaria ter base legal mínima ou um bem jurídico invocável que no caso em apreço não se identifica[108].

XV. Diversamente, consideramos estar, desde logo, excluída a possibilidade de o trabalhador exercer o seu direito de opção na situação em que o instrumento convencional, *rectius*, parte do instrumento continua a produzir efeitos por força da lei, encontrando-se, no entanto, a convenção colectiva caducada (artigo 501º, nº 6, 2ª parte)[109]. Em bom rigor já não estamos perante uma fonte convencional vigente nem aplicável (pressuposto do artigo 497º, nº 1), mas face a uma aplicação, por determinação legal, de parte do conteúdo de uma convenção que entretanto caducou; por outro, a própria eficácia pós-legal tem um pressuposto (efeitos "já produzidos pela convenção nos contratos de trabalho", artigo 501º, nº 6) que está igualmente ausente, o que impossibilita, portanto, a opção do trabalhador; e, assim, face à ausência, desde logo, destes dois pressupostos, surge clara a impossibilidade de opção do trabalhador.

Idêntica solução deve ser sustentada, mesmo estando em causa a pós-eficácia acordada pelas partes (nos termos do artigo 492º, nº 2, alínea *h*))[110] ou do artigo 501º, nºs 7 e 8), uma vez que o objecto de tal acordo está bem delimitado – naturalmente sem prejuízo de ser outor-

[108] Júlio Gomes, "Código do Trabalho de 2009 e a Promoção da Desfiliação Sindical", cit., pp. 190-191, considera duvidoso que o não filiado possa exercer o seu direito de opção durante a fase de sobrevigência (legal). Devemos, no entanto, sublinhar que não se considera um óbice inultrapassável o facto de o Código afirmar que a escolha da convenção se mantém "até ao final da sua vigência", pelo facto de entendermos que esta foi uma das situações em que o termo vigência foi utilizado em sentido amplo, ou seja, incluindo vigência e sobrevigência. Em texto posterior o Professor, "Nótula sobre o artigo 497º do Código do Trabalho de 2009", cit. p. 11, já defende que o trabalhador não filiado pode escolher uma convenção denunciada, mas em regime de sobrevigência, afirmando que "... uma convenção em regime de sobrevigência é ainda uma convenção aplicável e vinculante no âmbito da empresa".

[109] Neste sentido, Júlio Gomes, "Código do Trabalho de 2009 e a Promoção da Desfiliação Sindical", cit., p. 182; e, em texto posterior, "Nótula sobre o artigo 497º do Código do Trabalho de 2009", cit., pp. 11-12.

[110] Note-se, aliás, que a norma expressamente identifica os sujeitos abrangidos ao referir-se "aos trabalhadores abrangidos por aquela [i.e., convenção caducada]".

gada uma fonte de cariz diverso – relevando "a manutenção de alguns efeitos da convenção, mesmo após a morte desta, para atenuar as consequências desta morte"[111], o que justifica a exclusão de o trabalhador optar por estes efeitos.

XVI. Na mesma linha expositiva, consideramos que o trabalhador não pode escolher o instrumento resultante das negociações entre os outorgantes com vista a determinar os efeitos decorrentes da caducidade (artigo 501º, nºs 5 e 6, 1ª parte). Na verdade, o acordo constituirá uma convenção colectiva substitutiva dos efeitos legais (artigo 501º, nº 9) e que pressupõe a anterior produção de efeitos da fonte convencional, constituindo um impedimento natural que o trabalhador possa escolher uma fonte que tem um pressuposto que não preenche.

Esta convenção, no entanto, pode ter um objecto mais amplo do que os efeitos decorrentes da caducidade – ou até mesmo constituir uma regulação integral das condições de trabalho – e, neste caso, não existe razão para restringir a liberdade de escolha que o legislador conferiu ao trabalhador.

XVII. Em termos procedimentais é ainda importante apurar o círculo dos destinatários da declaração de opção[112], considerando inequívoco que o empregador se inclui no âmbito deles, sem o conhecimento do qual não se produzirão os efeitos decorrentes da escolha realizada pelo trabalhador, estando, portanto, em causa uma declaração recipienda; igualmente relevante é o dever de o trabalhador comunicar à associação sindical para efeitos do artigo 492º, nº 4[113] – que tem um amplo espaço

[111] Júlio Gomes, "Nótula sobre o artigo 497º do Código do Trabalho de 2009", cit., p. 12.

[112] A lei não determina a comunicação a quaisquer entidades públicas, pelo que não existe nenhum dever de a realizar.

[113] Júlio Gomes, "Nótula sobre o artigo 497º do Código do Trabalho de 2009", cit., p. 8, nota 9, coloca a questão, reconhecendo que será comum o trabalhador comunicar à associação sindical, "... se o empregador não poderá retransmitir a declaração que lhe foi directamente feita aos sindicatos outorgantes". Não identificamos nenhum impedimento que os outorgantes da convenção tenham estabelecido que o empregador fica vinculado a informar a associação sindical da escolha realizada pelo empregador.

de regulação[114/115] –, mas rejeitamos que essa omissão afecte a validade, uma vez que não está em causa "... um vício interno, que ocorre no momento da celebração do negócio"[116]; o mesmo se dirá do não pagamento do valor fixado pelos outorgantes. Na verdade, julgamos que não estamos face a um vício na génese do negócio em causa[117], na esteira do que é comum verificar-se no quadro legal dos demais actos jurídicos[118]; trata-se antes de um elemento exterior à sua formação. Consideramos, deste modo, que estamos perante um requisito de eficácia (comunicação e pagamento), assim depondo a letra do preceito ("... para efeito da escolha

[114] O Código do Trabalho não determina, deixando a cargo dos outorgantes, se o montante a ser pago pelo trabalhador deve ser realizado de uma só vez ou de modo fraccionado; o que nos parece claro é que o seu valor não pode ter como efeito o esvaziamento do artigo 497º.

[115] A contratação colectiva tem intervindo de forma reduzida nesta matéria. Em 2017, registaram-se apenas 18 convenções que regulam a adesão dos não sindicalizados, incluindo a obrigação de pagar a "taxa de opção" (3 contratos colectivos, 2 acordos colectivos e 13 acordos de empresa). Entre os pontos regulados, encontram-se: *a)* a fixação de prazo para que se realize a adesão ("nos 30 ou 90 dias seguintes à publicação da convenção para que os efeitos da adesão sejam plenos, admitindo-se a adesão em momento posterior, mas com produção de efeitos a partir de então"); *b)* a comunicação a realizar ("prevê-se também que a adesão seja comunicada ao empregador, com indicação da associação sindical a favor da qual deve ser realizada a contribuição, caso exista"); *c)* o valor a pagar [«nalgumas convenções, o valor da contribuição associada à adesão é uma percentagem da retribuição mensal – 0,4%, 0,5%, 0,6% 0,7%. Uma convenção consagra um pagamento único, de valor igual ao salário mínimo nacional (podendo ser efetuado em prestações mensais, no máximo de cinco). Noutra estabelece-se que o valor da comparticipação será fixado e comunicado às entidades empregadoras pelo sindicato "no final de cada negociação de revisão". Refira-se que certas convenções estipulam que a interrupção do pagamento da contribuição dá origem à suspensão da adesão do trabalhador à convenção»]; *d)* os trabalhadores temporários ("uma das convenções refere expressamente que a possibilidade da adesão também é aplicável, com as devidas adaptações, aos trabalhadores temporários que se encontrem ao serviço da empresa outorgante da convenção"), cfr. Nunes de Carvalho e Paula Agapito, *Relatório Anual sobre a Evolução da Negociação Coletiva em 2017*, cit., pp. 101 e ss, com indicação dos diversos instrumentos.

[116] Carvalho Fernandes, *Teoria Geral do Direito Civil*, volume II, Universidade Católica Editora, Lisboa, 5ª edição, 2010, p. 491.

[117] Parece ser diferente a posição de Palma Ramalho, *Tratado de Direito do Trabalho, Parte III – Situações Laborais Colectivas*, cit., p. 305, para quem se trata "... de um pagamento com a natureza de condição material ou contrapartida da adesão individual do trabalhador ao instrumento colectivo, uma vez que as convenções colectivas podem, por esta via, fazer depender a sua extensão deste pagamento".

[118] Por exemplo, artigos 879, alínea *c)* (compra e venda), 1158º do Código Civil (mandato); veja-se também a análise de Romano Martinez, *Da Cessação do Contrato*, 3ª edição, Almedina, Coimbra, 2015, pp. 239 e ss, quanto à compra e venda (artigo 886º).

prevista no artigo 497º ..."[119]) e o elemento teleológico; e, nesta medida, o empregador poderá exigir prova da comunicação e do pagamento do montante fixado na convenção para aplicação desta.

Em caso de incumprimento pelo trabalhador da obrigação de pagamento criada pelos outorgantes da convenção colectiva, o trabalhador responde perante as partes nos termos da responsabilidade civil delitual (artigo 483º do Código Civil) – aliás, no quadro do artigo 520º, nº 3[120] – embora, inexistindo filiação, não esteja sujeito aos estatutos e demais fontes aplicáveis aos filiados[121].

[119] A expressão é diferente, note-se, da utilizada, por exemplo, no artigo 491º, nº 2, onde se pode ler "para efeitos do disposto no número anterior ...".

[120] Note-se que o crédito em causa não é compensável – o credor é a associação sindical – nem susceptível de desconto, como decorre do artigo 279º.

[121] Tendo presente que o trabalhador não está filiado no sindicato e, por outro lado, que o pagamento deste ao sindicato não constitui uma quota – veja-se, aliás, o artigo 457º, nº 1 –, consideramos que o regime que regula a temática (artigos 457º a 459º) não se aplica directamente à situação em apreço. Isso não quer dizer que esteja impedida a aplicação analógica, situação que entendemos justificar-se relativamente ao artigo 458º, nº 1, 1ª parte, estando, deste modo, assegurado que a cobrança por parte do empregador apenas pode ser realizada mediante autorização do trabalhador, caso a convenção o preveja (nº 1). Diversamente, já consideramos que a aplicação analógica da 2ª parte do nº 1 – da qual resultaria a obrigação de o empregador proceder à cobrança mediante opção expressa do trabalhador que lhe fosse dirigida (nº 1) – constituiria uma imposição e um encargo na actividade do empregador (sem o seu assentimento) que na falta de norma expressa não deve ocorrer; aliás, as particularidades do regime impedem a sua aplicação automática à situação prevista no artigo 497º. Outro exemplo de inaplicação (analógica) é o artigo 459º, por estar em causa uma situação de natureza penal, onde o princípio da legalidade impede a analogia para qualificar um facto como crime (artigo 1º, nº 3, do Código Penal). Revelando dúvidas quanto à aplicação analógica do regime, Júlio Gomes, "Código do Trabalho de 2009 e a Promoção da Desfiliação Sindical", cit., p. 194; e, em texto posterior, "Nótula sobre o artigo 497º do Código do Trabalho de 2009", cit., p. 12. Para mais desenvolvimentos sobre os artigos 457º e ss, com indicação de outras fontes, Romano Martinez, *Direito do Trabalho*, 8ª edição, Instituto de Direito do Trabalho da Faculdade de Direito de Lisboa, Almedina, Coimbra, 2017, pp. 1114-1115; Gonçalves da Silva em Romano Martinez, Luís Miguel Monteiro, Madeira de Brito, Guilherme Dray e Gonçalves da Silva, *Código do Trabalho Anotado*, cit., 2017, anotação aos preceitos. Note-se que, de acordo com o artigo 7º, nº 1, da Lei nº 67/98, de 26 de Outubro, é proibido o tratamento de dados pessoais respeitantes à filiação sindical. O titular dos dados pode, contudo, autorizar tal tratamento, conforme preceitua o artigo 7º, nºs 2 e 3, alínea *b)*, da Lei nº 67/98; veja-se também o Regulamento (UE) 2016/679 do Parlamento Europeu e do Conselho, de 27 de Abril de 2016, relativo à proteção das pessoas singulares no que diz respeito ao tratamento de dados pessoais e à livre circulação desses dados e que revoga a Diretiva 95/46/CE (Regulamento Geral sobre a Proteção de Dados) – com rectificações –, em

XVIII. Relativamente à forma que deve revestir a comunicação, a lei é omissa, pelo que existindo a regra da liberdade de forma para a celebração dos contratos de trabalho (artigo 110º, aliás, em consonância com o princípio constante do artigo 219º do Código Civil para a declaração negocial) poder-se-á concluir que a opção pode ser comunicada oralmente. É certo que haveria inegáveis vantagens na utilização da forma escrita – desde logo, em termos probatórios –, mas não foi essa a opção final do legislador, tendo eliminado tal prescrição da Proposta de Lei[122], o que é mais um elemento no sentido da liberdade de forma[123]. Temos de reconhecer, por outro lado, que o recurso ao dever geral de informação do trabalhador (artigo 106º, nº 2), do qual resulta a forma escrita (artigo 107º, nº 1), para fundamentar a mesma exigência de forma tem fragilidades, desde logo, face à *ratio* dos preceitos que não visam esta situação, além de que a liberdade de forma para a própria celebração do contrato constitui uma trave mestra do regime laboral.

Consideramos, deste modo, que não existe exigência de forma na comunicação da escolha do trabalhador. Tal posição não impede que os outorgantes da convenção possam, no entanto, dispor sobre a forma de

especial artigos 4º, nºs 1, 2 e 11, 5º, 6º, 7º, 9º e 88º, bem como a Proposta de Lei nº 120/XIII, de 22 de março de 2018 – cujo processo legislativo está em curso –, www.parlamento.pt, em particular artigo 28º.

Sobre o tratamento da filiação sindical do trabalhador, *vd.* Amadeu Guerra, *A Privacidade no Local de Trabalho*, Almedina, Coimbra, 20004, pp. 173 e ss; Romano Martinez, "Relações Empregador – Empregado", AAVV, *Direito da Sociedade da Informação*, volume I, Coimbra Editora, 1999, pp. 198-199; a Deliberação da Comissão Nacional de Protecção de Dados Pessoais nº 15/95, de 1 de Setembro (inclusão do desconto das quotizações sindicais no conceito de processamento de remunerações, no quadro da Lei nº 10/91, de 29 de Abril), www.cnpd.pt; bem como Parecer nº 4/2001 (novo sistema de cobrança e entrega de quotas sindicais), www.cnpd.pt.

[122] Registe-se que determinava a Proposta de Lei nº 216/X (Aprova a revisão do Código do Trabalho), Separata número 81/X do *Diário da Assembleia da República*, de 19 de Julho de 2008, www.parlamento.pt, que deu posteriormente origem à Lei nº 7/2009 (alteração ao Código do Trabalho), no artigo 495º (Escolha de convenção aplicável): "1 – Caso sejam aplicáveis, no âmbito de uma empresa, uma ou mais convenções colectivas ou decisões arbitrais, o trabalhador que não seja filiado em qualquer associação sindical pode escolher, *por escrito*, qual daqueles instrumentos lhe passa a ser aplicável", itálico nosso.

[123] Ainda que se pudesse contra-argumentar com o entendimento que a eliminação resultou da desnecessidade da norma, pois esse regime resultava já do dever de informação; não nos parece, no entanto, procedente o argumento, como veremos.

comunicação[124], podendo invocar-se, quer o artigo 3º, nº 1, quer ainda o artigo 223º do Código Civil[125].

XIX. Realizada a escolha do trabalhador e comunicada nos termos acima analisados, cabe apurar a partir de que momento é que o empregador fica vinculado à opção daquele. Na falta de norma expressa poderá suscitar-se a aplicação do preceituado no artigo 224º do Código Civil (por força do artigo 295º), pelo que tratando-se de uma declaração recipienda, esta produziria efeitos logo que chegasse ao poder do empregador ou dele fosse conhecida (artigo 224º, nº 1, do Código Civil)[126].

Deve, no entanto, clarificar-se que a opção do trabalhador não deverá produzir efeitos no mesmo dia em que a comunica, devendo ter-se presente que esta possibilidade permitiria que o trabalhador modificasse, com efeitos imediatos, os termos da prestação fixada para esse período, sem que o empregador pudesse dispor de um tempo mínimo para adequar a sua gestão ao novo regime, atendendo a que se trata de um acto unilateral com consequências na gestão do empregador.

Justifica-se, por isso, que os efeitos da opção do trabalhador não se possam verificar no mesmo dia em que a sua comunicação chega ao conhecimento do empregador (artigo 224º do Código Civil). Na verdade, e recorrendo a um paralelismo, tal como acontece com a entrada em vigor da convenção – que não pode ocorrer no dia de publicação e em que não está em causa um acto unilateral de um trabalhador –, a decisão do trabalhador não pode ter uma imediaticidade que não é sequer conferida às partes da convenção.

Nestes termos, e considerando que a convenção irá ser integralmente aplicada, incluindo as normas temporais, julgamos que se deverá aplicar o período de *vacatio* da fonte convencional objecto de escolha, ou seja, a opção do trabalhador deverá ser equiparada à publicação e o início dos efeitos à entrada em vigor, aguardando este pelas consequências da sua

[124] Também neste sentido, Palma Ramalho, *Tratado de Direito do Trabalho, Parte III – Situações Laborais Colectivas*, cit., p. 304.

[125] Em caso de desrespeito da forma convencionada, Carvalho Fernandes, *Teoria Geral do Direito Civil*, volume II, cit., p. 305, sustenta ser "... de presumir que o negócio é ineficaz" atenta a segunda parte do nº 1 do artigo 223º do Código Civil.

[126] Vejam-se também os nºs 2 e 3 do artigo 224º do Código Civil. Para mais indicações, cfr. nota *supra*.

decisão, tal como o trabalhador filiado aguardou pelos efeitos da filiação em matéria convencional relativamente ao início da vigência da fonte colectiva; e assim, o empregador terá a possibilidade de ajustar a gestão ao novo quadro normativo.

XX. Relativamente à hipótese de o trabalhador escolher a convenção aplicável, impondo efeitos retroactivos, importa ter presente: 1) se a opção é concomitante com o início da produção de efeitos do contrato de trabalho, o assunto está naturalmente resolvido, uma vez que o trabalhador não realizava antes da sua escolha a actividade naquele empregador o que impede materialmente qualquer retroactividade; 2) no caso de a opção ser posterior ao início dos efeitos contratuais, a questão já se coloca.

Nesta situação consideramos estar vedada a retroactividade[127], impondo-se, por maioria de razão, idêntica solução à do trabalhador que se filia em associação outorgante[128]. De facto, estando, como regra, proibida a retroactividade no caso de filiação[129], não seria congruente permitir ao trabalhador que opta unilateralmente pela aplicação da convenção alcançar tal resultado. Na verdade, a modificação unilateral com carácter retroactivo do regime laboral aplicável, e admitindo que o trabalhador só o faria se lhe fosse vantajoso, constituiria uma violação, desde logo, da liberdade de iniciativa económica (artigo 61º, nº, 1, da CRP), uma vez que o empregador teria a gestão restringida por um acto unilateral do trabalhador; igual violação deorreria em matéria de direitos adquiridos, bastando ter presente, por exemplo, que o empregador já pagou a prestação laboral a um determinado custo, pelo que obrigá-lo a um valor pecuniário diferente seria, sem dúvida, violar um direito adquirido, cujo respeito é considerado um princípio geral de Direito; acresce que se violaria o direito de propriedade privada, que inclui direitos de crédito (artigo 62º da CRP).

[127] Salvo naturalmente havendo acordo do empregador.

[128] Notando-se, que não há a possibilidade de os diversos intervenientes acordarem, porquanto o trabalhador não integra o círculo de vinculação das partes (artigo 496º, nºs 1 e 2), salvo para efeitos do artigo 492º, nº 4.

[129] Para mais desenvolvimentos, Gonçalves da Silva, *Da Eficácia da Convenção Colectiva*, cit., volume II, em especial pp. 1133 e ss.

XXI. Fica, no entanto, uma dúvida: constando da convenção colectiva cláusulas pecuniárias com eficácia retroactiva (artigo 478º, nº 1, alínea *c)*), devem estas aplicar-se ao trabalhador que exerce a escolha da convenção.

É certo que a situação é diversa da acima analisada, porquanto aqui a retroactividade não é determinada pelo trabalhador, estando antes em causa uma consequência da opção da fonte aplicável.

Ainda assim, julgamos que os argumentos *supra* referidos permitem sustentar idêntica solução, ou seja, que o trabalhador não será destinatário da aplicação retroactiva das cláusulas pecuniárias, impondo-se a não equiparação da escolha do trabalhador à filiação.

XXII. Realizada a opção do trabalhador e estando esta a produzir os seus efeitos, cabe saber até que momento fica aquele vinculado.

O Código do Trabalho distingui expressamente duas situações:

1) Um quadro geral, aplicando-se o regime no artigo 497º, nºs 2 e 3;

2) Uma solução especial em que o trabalhador revoga a escolha realizada, regendo os artigos 497º, nº 4, e 496º, nº 4[130].

Iniciando a análise pelo regime geral, deve notar-se que a escolha da convenção aplicável tem uma duração legalmente prevista, conforme estejamos perante uma convenção com ou sem prazo de vigência (artigo 497º, nºs 2 e 3), dicotomia que o legislador não utiliza de forma expressa – pois não se refere à convenção com prazo de vigência –, mas que resulta do confronto entre os nºs 2 e 3 do artigo 497º.

É importante realçar que as soluções acima preconizadas em matéria de desfiliação não são susceptíveis de uma aplicação imediata – salvo

[130] A Proposta de Lei nº 136/XIII, cit., determina que a aplicação da convenção – *rectius*, da convenção ou decisão arbitral – se mantém até ao final da sua vigência, com o limite de um ano (artigo 497º, nº 3); por outro lado – de forma inexplicável, desde logo, por ignorar os efeitos nefastos que a eficácia imediata da decisão do trabalhador terá no funcionamento da empresa – prescreve que "o trabalhador pode revogar a escolha, cessando de imediato a aplicação da convenção" – *rectius* ou da convenção arbitral – (artigo 497º, nº 4), criando um amplo conjunto de problemas, de que é exemplo, a aplicação do regime de adaptabilidade (artigo 204º); basta pensar na situação em que está em execução este mecanismo de flexibilidade temporal, havendo créditos de tempo do trabalhador ou do empregador.

quando o legislador o determinar –, pois no caso do trabalhador que realiza a escolha da convenção não está em causa, desde logo, o valor constitucional da liberdade sindical (negativa), mas o âmbito de vinculação temporal da opção realizada através da autonomia individual, por outro lado, como veremos, as normas que disciplinam a duração da vinculação são substancialmente diferentes; tudo isto impede uma "importação" de soluções.

XXIII. Na situação de convenção com prazo (nº 2 do artigo 497º) –, a escolha do trabalhador produz efeitos "até ao final da sua vigência".

Merece atenção o facto de o legislador ter utilizado uma fórmula diferente da prevista para os efeitos da desfiliação (em que lei refere "até ao final do prazo de vigência que dela constar", artigo 496º, nº 4). Esta diferente redacção, em que o legislador ignora o prazo de vigência previsto e elege como elemento relevante da norma o fim da vigência, prescreve um regime que não se reconduz aos efeitos da desfiliação.

E, de facto, assim teria de ser, sob pena de contradição regulatória, uma vez que as consequências da desfiliação se aplicam à situação de revogação da escolha (artigo 497º, nº 4). Consideramos, por isso, que a expressão legal ("até ao final da sua vigência") inclui a totalidade do período temporal da convenção e não apenas a vigência em sentido estrito; essa interpretação, além da diferença de redacção assinalada, resulta também da articulação dos nºs 2 e 4 do artigo 497º, pois se aquele número não incluísse a vigência em sentido amplo, então o nº 4 perderia sentido, uma vez que apesar de haver revogação, a consequência temporal seria a mesma. E, assim, enquanto o nº 2 do artigo 497º se refere à vigência integral da convenção, o nº 4 permite que, através da revogação da escolha, o trabalhador encurte o prazo de aplicação convencional, sendo a situação regulada nos mesmos termos da desfiliação (artigo 496º, nº 4, por força do artigo 497º, nº 4).

XXIV. No caso de o instrumento não ter prazo de vigência[131], o trabalhador fica abrangido durante o "prazo mínimo de um ano" (artigo 497º, nº 3, *in fine*), o que significa a vinculação do trabalhador durante um ano da convenção a que se aplica o prazo supletivo (artigo 499º, nº 2).

[131] Recorde-se que, nos termos do artigo 499º, nº 2, vigora pelo prazo de um ano e renova-se sucessivamente por igual período.

A dúvida que surge, de imediato, é saber se o *prazo mínimo de um ano* se aplica, mesmo quando a convenção cessa antes de decorrido esse período.

Importa sublinhar que o preceito surgiu, como vimos, em 2009 (artigo 497º), já não tendo a convenção colectiva neste quadro legal qualquer vigência mínima (artigo 499º, nº 1), contrariamente ao que se verificava em 2003 (artigo 556º, nº 1), regra que foi então eliminada; por outro lado, sublinhe-se ainda que, relativamente aos efeitos da desfiliação, não existe referência a um prazo mínimo, no caso de convenção sem prazo (artigo 496º, nº 4); o legislador distinguiu, como vimos, os efeitos gerais da escolha realizada pelo trabalhador (artigo 497º, nºs 2 e 3) da situação em este revoga a sua opção, caso em que aplica a regra da desfiliação (artigo 496º, nº 4, por força do artigo 497º, nº 4). Em face disto não se poderá aparentemente dizer que se trata de uma norma que se manteve inalterada face a um regime legal modificado, havendo, portanto, alguma dificuldade de articulação.

Não se deve, no entanto, ignorar que o mecanismo da escolha da convenção aplicável foi "importado", nos termos acima referidos, do regime constante do artigo 15º da LACT2003, tendo, aliás, a norma em análise (artigo 497º, nº 3) sido literalmente mantida com o conteúdo do artigo 15º, nº 3, da LACT2003 – o que, aliás, poderá explicar ser o único número do artigo em que surge o vocábulo "trabalhadores" e não "trabalhador" – e, nessa medida, não se poderá afastar a hipótese de o legislador ter mantido uma redacção que tinha subjacente a existência de um quadro temporal mínimo da convenção, da qual resultaria a irrelevância do vocábulo "mínimo", posição que nos parece a mais sustentável.

A posição mais sustentável é a de considerar pressuposto da norma a vigência da convenção (em sentido amplo) e, portanto, a fonte para continuar a abranger o trabalhador tem de estar a produzir efeitos, o que significa, por exemplo, que se as partes procederam à revogação da convenção ou esta caducou, a escolha do trabalhador não produzirá efeitos durante um ano, mas apenas durante a sua vigência[132].

Entendimento contrário, além de ignorar que o preceito não trata da vigência da convenção, mas da vinculação do trabalhador à escolha

[132] Parece ser neste sentido que se pronuncia Júlio Gomes, "Código do Trabalho de 2009 e a Promoção da Desfiliação Sindical", cit., p. 191, nota 2.

que realizou, eliminaria um pressuposto legal que é a da aplicabilidade da fonte convencional; por outro lado, teria a opção do trabalhador uma estabilidade temporal superior à de um filiado, resultado que seria incongruente; acresce que se o trabalhador não filiado continuasse a ser destinatário de um instrumento que deixou de produzir efeitos, ser-lhe-ia conferido um estatuto privativo, que nem o filiado possui, impossibilitando, deste modo, qualquer potencial padronização, ainda que mínima, que a norma visa.

Face ao exposto, pode então concluir-se que apesar de a letra prescrever que o trabalhador fica abrangido durante o prazo mínimo de um ano, a norma tem como pressuposto que a convenção se continue a aplicar, no mínimo, durante esse prazo e, portanto, a aplicação ao não filiado terá de coincidir, pelo menos, com o período de vigência, ainda existente, da convenção.

XXV. Este mesmo raciocínio deve ser generalizado. De facto, pode acontecer que antes do fim do período legal de aplicação da convenção (artigo 497º, nºs 2 e 3), surjam factos que gerem a inaplicação da fonte convencional, recordando-se, uma vez mais, que o artigo 497º constitui um desvio do elemento pessoal da filiação do trabalhador, pressupondo, portanto, a existência cumulativa dos demais elementos relativamente ao trabalhador e empregador. Por isso, e a título de exemplo, se ocorrer a desfiliação do empregador da entidade outorgante, a escolha do trabalhador continuará a produzir efeitos até ao momento em que o empregador continue vinculado ao instrumento, i.e., de acordo com o quadro legal constante do nº 4 do artigo 496º; o mesmo se dirá face a qualquer outra situação que gere a inaplicação da fonte convencional.

Com isto pretende-se, portanto, deixar claro, mais uma vez, que o período de aplicação do instrumento que o trabalhador escolheu pressupõe, por um lado, a presença dos restantes elementos de filiação relativamente ao trabalhador (excepção do elemento pessoal da filiação) e a totalidade deles no que respeita ao empregador[133], o que significa dizer que desaparecendo alguns dos elementos de conexão, a escolha do trabalhador deixa de produzir efeitos (cessa), sob pena de ignorarmos,

[133] Naturalmente que a afirmação não afasta as situações de algum desses elementos ter sido eliminado, mas manter-se a vinculação por causa da lei, como acontece com a situação da desfiliação (artigo 496º, nº 4).

desde logo, o elemento (pessoal) da filiação que a norma suprime e alargamos esse supressão aos demais elementos (funcional e geográfico), e conferir maior protecção na aplicação da convenção a um não inscrito do que a um filiado.

XXVI. Há ainda um ponto que deve ser analisado: saber se cessa a vinculação do trabalhador no caso de a convenção ser revista.

Sublinhando-se que o trabalhador tem sempre ao seu dispor a revogação da escolha (artigo 497º, nº 4), na situação da fonte com prazo, a lei refere, como vimos, que fica vinculado "até ao final da sua vigência" (artigo 497º, nº 2), atendendo o legislador à manutenção da convenção e não à estabilidade do conteúdo. Com efeito, como sabemos, a convenção pode ser a mesma e o seu conteúdo ser alterado através de revisão; diversamente, haverá outra convenção no caso de sucessão.

Em nossa opinião, e diferentemente do que se verifica noutros preceitos (artigo 496º, nº 4), o legislador, ao omitir a situação da entrada em vigor da convenção revista para fazer cessar os efeitos da escolha do trabalhador[134], pretendeu mantê-lo vinculado à sua opção, o mesmo é dizer que a sua escolha continuará a produzir efeitos; em bom rigor, a convenção mantém-se a mesma e vigente, pelo que a situação em apreço ainda se subsume na expressão legal "até ao final da sua vigência". Deste modo, a revisão da fonte não faz cessar a vinculação do trabalhador, contrariamente ao se verificará em caso de sucessão.

No caso de fonte sem prazo (artigo 497º, nº 3), e relativamente à possibilidade de a revisão fazer cessar a vinculação do trabalhador, consideramos que a solução deve ser a mesma se estiver em causa um instrumento com prazo, i.e., irrelevância da revisão da fonte para efeitos da vinculação do trabalhador. De facto, face à inexistência de posição expressa do Código do Trabalho e por maioria de razão estando em causa uma fonte sem prazo, com um potencial âmbito temporal mais amplo, não se deverá restringir a aplicação da convenção à ocorrência de revisão; também nesta situação o legislador não realizou a destrinça que fez a propósito da desfiliação[135].

[134] Expressão que constava do artigo 15º, nº 2, *in fine*, da LACT2003 ("... ou sendo esta objecto de alteração até à sua entrada em vigor").

[135] Veja-se, aliás, que também no artigo 15º, nº 3, da LACT2003, e diferente do nº 2 desta mesma norma, a revisão não era identificada pelo legislador para fazer cessar os efeitos de aplicação da fonte convencional.

XXVII. Fixado o quadro geral, vejamos agora a regra que regula a alteração de posição do trabalhador. Conforme já tínhamos feito referência, o legislador prevê que

> "o trabalhador pode revogar a escolha, sendo neste caso aplicável o disposto no nº 4 do artigo anterior" (artigo 497º, nº 4).

O preceito confere ao trabalhador o direito de revogar a sua escolha, diferindo, no entanto, os efeitos revogatórios para momento posterior, o que se compreende de modo a evitar a manipulação do elemento de conexão e a inerente instabilidade aplicativa da fonte pela qual tinha optado, tal como acontece relativamente ao trabalhador filiado.

A norma, ao determinar a remissão para os efeitos previstos para a desfiliação (artigo 496º, nº 4) – já atrás analisada –, prescreve que o trabalhador fica abrangido até ao final do prazo do instrumento; ou, não tendo este prazo, durante um ano; ou, se tal ocorrer antes de quaisquer das duas situações anteriormente referidas, até à entrada em vigor de instrumento revisto.

Cessam assim os efeitos da escolha realizada pelo trabalhador.

Note-se ainda que apesar de o legislador omitir o procedimento necessário para a dita revogação da escolha, consideramos que o trabalhador deve adoptar a tramitação que acima sustentámos para a escolha da convenção aplicável.

XXVIII. A opção realizada pelo trabalhador não impede que ele se filie numa associação sindical durante o tempo em que está abrangido pelo instrumento.

Duas situações são imediatamente configuráveis: 1) o trabalhador filia-se na associação abrangida pela convenção (ou decisão arbitral) que escolheu; 2) filia-se numa associação que é destinatária de outra fonte convencional (ou arbitral).

Na primeira situação, consideramos que a filiação produz imediatamente efeitos, continuando o trabalhador a ser destinatário da fonte convencional[136], alterando-se, no entanto, o fundamento da aplicação; deixa de ser a escolha da convenção aplicável (artigo 497º) para ser o

[136] Como nota Júlio Gomes, "Nótula sobre o artigo 497º do Código do Trabalho de 2009", cit., p. 11, nota 12, se o trabalhador se filiar no sindicato que outorgou a convenção escolhida, essa filiação, embora sem ter efeitos sobre o âmbito pessoal da convenção, gerará outras con-

princípio da filiação (artigo 496º, nº 3, 2ª parte), respeitando-se, deste modo, a liberdade sindical (positiva) e o direito fundamental de filiação (artigo 55º, nº 2, alínea *b*), da CRP), produzindo esta, de forma imediata e na sua plenitude, a totalidade dos efeitos, além de se fortalecer o movimento sindical. Por outro lado, esta posição não afecta a estabilidade aplicativa prescrita pelo legislador, porquanto havendo posterior desfiliação, aplicam-se os efeitos legais (496º, nº 4), o que quer dizer que mesmo tendo o trabalhador o objectivo de se libertar posteriormente do quadro convencional, o mecanismo utilizado mantém o desiderato legal, assimilando-se, aliás, as consequências à da revogação (aplicação do artigo 496º, nº 4, por força do artigo 497º, nº 4).

Relativamente à segunda hipótese, o trabalhador não será abrangido até estar verificada qualquer das situações que o exonere dos efeitos da escolha realizada (conforme o artigo 497º). Na verdade, não se compreenderia que o legislador tivesse prescrito um regime temporal para a revogação da escolha do trabalhador, diferindo os efeitos da sua decisão (artigo 496º, nº 4 por força do artigo 497º, nº 4), mas depois permitisse que através de uma revogação tácita, o trabalhador pudesse alcançar esses mesmos resultados, i.e., ser destinatário de outra fonte através da filiação em associação abrangido por ela[137]; neste caso, o trabalhador terá de aguardar pelo fim da vinculação para a liberdade sindical (positiva) produzir todos os efeitos (aplicação da convenção), constituindo a

sequências, tais como, caso existisse, deixar de pagar qualquer valor nos termos do artigo 492º, nº 4, e passar a pagar as quotizações sindicais.

[137] Vale a pena ter presente que a Exposição de Motivos da Proposta de Lei nº 216/X, cit., que deu posteriormente origem à Lei nº 7/2009 (alteração ao Código do trabalho) sublinhava, a propósito da escolha da convenção aplicável, "... que essa aplicação cessa caso o trabalhador seja abrangido por outra convenção celebrada por associação sindical em que posteriormente se filie".

E consequentemente determinava o articulado:

"Artigo 495º

Escolha de convenção aplicável

1 – Caso sejam aplicáveis, no âmbito de uma empresa, uma ou mais convenções colectivas ou decisões arbitrais, o trabalhador que não seja filiado em qualquer associação sindical pode escolher, por escrito, qual daqueles instrumentos lhe passa a ser aplicável.

2 – A aplicação da convenção nos termos do nº 1 cessa caso o trabalhador seja abrangido por outra convenção celebrada por associação sindical em que posteriormente se filie".

Como vimos, esta redacção não consta da versão aprovada.

filiação, desde que comunicada ao empregador, uma revogação tácita da anterior escolha, mas sem efeitos imediatos[138].

XXIX. Outra questão que cabe esclarecer é se o trabalhador que optou pela aplicação da convenção fica abrangido pelos efeitos da caducidade da fonte convencional (artigo 501º, nºs 6 a 8).

Poderá começar por dizer-se que o assunto tem resposta no próprio regime da escolha da convenção aplicável, uma vez que este estabelece que a decisão do trabalhador gera a aplicação da convenção até ao final da sua vigência (convenção com prazo, artigo 497º, nº 2) ou durante um ano (convenção sem prazo, artigo 497º, nº 3) e a pós-eficácia legal não se subsume no conceito de vigência. Havendo, portanto, um período legal para a vinculação da escolha por parte do trabalhador, o que significa um prazo de aplicação da fonte convencional, não se compreenderia que o espaço temporal de aplicação desta passasse a ser superior ao da vinculação da opção do trabalhador, ou seja, teríamos uma desconexão entre vinculação da escolha do trabalhador e aplicação da convenção. Acresce ainda, se dúvidas existissem, que o artigo 501º, nº 8, mantém os efeitos da pós-eficácia até a entrada em vigor de outra convenção, pressupondo, portanto, a manutenção da representação ou, dito de outra forma, a potencial regulação das condições de trabalho por parte do novo instrumento, o que não se verifica relativamente ao trabalhador que utilizou o mecanismo de opção, uma vez que ele não será (automaticamente) destinatário dele; para o ser terá que recorrer outra vez ao artigo 497º, o que naturalmente demonstra que o preceito (artigo 501º, nº 8) se refere a outras situações na qual não se enquadra o mecanismo da escolha da convenção aplicável[139].

[138] Assim, Júlio Gomes, "Nótula sobre o artigo 497º do Código do Trabalho de 2009", cit., p. 11, ainda que revele dúvidas.

[139] Diversamente, Júlio Gomes, "Nótula sobre o artigo 497º do Código do Trabalho de 2009", cit., p. 12, nota 13, escreve que "... se o trabalhador não filiado escolheu a convenção enquanto ela estava em vigor, parece-nos que, tendo ela, caducado, ficará abrangido pelo disposto nos números 6 e 7 do artigo 501.º CT [actuais nºs 8 e 9, respectivamente]".

ÍNDICE